Concept weberien « éthique protestante - capitalisme » et contexte de pauvreté

Le cas malgache

Intégration épistémologique de la pensée complexe dans une approche par l'histoire de la pensée et l'institutionnalisme économiques

Logiques sociales

Collection dirigée par Bruno Péquignot

En réunissant des chercheurs, des praticiens et des essayistes, même si la dominante reste universitaire, la collection « Logiques Sociales » entend favoriser les liens entre la recherche non finalisée et l'action sociale.

En laissant toute liberté théorique aux auteurs, elle cherche à promouvoir les recherches qui partent d'un terrain, d'une enquête ou d'une expérience qui augmentent la connaissance empirique des phénomènes sociaux ou qui proposent une innovation méthodologique ou théorique, voire une réévaluation de méthodes ou de systèmes conceptuels classiques.

Dernières parutions

Patrick GABORIAU, *Le terrain anthropologique, Archéologie d'une pratique*, 2018.

Gabriele PINNA, *Travailler dans l'hôtellerie de luxe. Une enquête ethnographique à Paris*, 2018.

Michèle BOKOBZA, *Madame la comtesse de Gasparin. Protestantisme radical, genre et pèlerinage au XIXe siècle*, 2018.

Claudine DARDY, *Exister par écrit. Essai sur l'identification en culture de l'écrit*, 2018.

Aurélien DJAKOUANE et Emmanuel NÉGRIER, *Le hip-hop en scènes. Mutations artistiques et innovations politiques*, 2018.

Elodie BORDAT-CHAUVIN, *Les politiques culturelles en Argentine et au Mexique*, 2018.

Lionel CLARIANA, *Protection de l'enfance et familles étrangères, Un rapport socio-politique institutionnalisé*, 2018.

Paul NICOLAS, *La fabrique d'une communauté transnationale, les Jummas entre France et Bangladesh*, 2018.

Claire TAILLANDIER, Philippe CIBOIS, *Adieu à l'Église. Sociohistoire d'un départ*, 2018.

Véronique MATEMNAGO TONLE, *Conflits, coutume et deuil en Afrique subsaharienne, Négociations, transactions sociales et compromis parmi les Bamiléké de l'Ouest Cameroun*, 2018.

Aina Andrianavalona RAZAFIARISON

Concept weberien « éthique protestante - capitalisme » et contexte de pauvreté

Le cas malgache

Intégration épistémologique de la pensée complexe dans une approche par l'histoire de la pensée et l'institutionnalisme économiques

L'Harmattan

Du même auteur

*Apport des traditions dans les successions royales Merina – XVI*e *- XIX*e *siècle, L'Harmattan / Tsipika, 2014*

5-7, rue de l'École-Polytechnique, 75005 Paris
http://www.editions-harmattan.fr
ISBN : 978-2-343-13809-1
EAN : 9782343138091

Le présent ouvrage est une version raccourcie d'une thèse.

À mon épouse Voahirana,
Pour son soutien sans faille dans mes choix et dans les grandes aventures de la vie.

En souvenir de deux fervents protestants qui ont su me transmettre leur foi et leurs valeurs :
Mon père pour son profond attachement à la puissance de la pensée, et à son amour sans limite pour la connaissance.
Mon grand-père maternel, pour m'avoir toujours appris la primordialité de l'éthique et la noblesse du savoir.

En hommage :
Aux pasteurs avec qui j'ai partagé une part de vie et de projets, qui m'ont aidé dans mon long cheminement.

À mes maîtres jésuites pour m'avoir éduqué, inculqué l'esprit de discernement et l'acharnement au travail.

Soli Deo Gloria.

Ad Majorem Dei Gloriam.

REMERCIEMENTS

J'exprime toute ma gratitude à M. Mandrara Thosun Eric, professeur à l'Université d'Antananarivo. Nos enrichissantes discussions m'ont permis d'aller au-delà de l'orthodoxie et vers une analyse qui se veut proche de la réalité sans prétendre être la seule panacée.

Infinis remerciements au professeur Magnouloux Hervé, de l'Université d'Aix-Marseille Provence, avec qui j'ai eu de cordiales relations depuis une vingtaine d'années. Ses analyses méticuleuses et ses remarques judicieuses m'ont permis d'ajuster et de cadrer mes analyses dans l'optique d'une recherche innovante en économie. Sa disponibilité et sa gentillesse me rappellent les excellents souvenirs de ma vie estudiantine aixoise et marseillaise.

J'adresse mes plus vifs remerciements à M. Rakoto David Olivaniaina, Enseignant-chercheur en Economie et Doyen de la faculté de Droit, d'Economie, de Gestion et de Sociologie à l'Université d'Antananarivo, pour toutes les facilitations des démarches indispensables à la réalisation de ce grand projet. Je ne saurais oublier ses judicieux conseils pour approfondir les questions institutionnelles dans mes recherches en sciences économiques.

Je tiens à témoigner mon entière reconnaissance à M. Ravelomanana Mamy, professeur agrégé d'économie à l'Université d'Antananarivo, qui m'a persuadé de revenir apporter ma contribution au département économie de la faculté DEGS et qui m'a motivé à approfondir ma discipline d'origine qu'est l'économie, ayant abouti au présent ouvrage.

A Serge Henri Rodin, membre titulaire de l'Académie malgache, enseignant-chercheur à l'Université d'Antananarivo : toujours à mes côtés, d'une bienveillance sans faille, sans pour autant être complaisant, tout en me prodiguant des conseils judicieux et me montrant sans cesse la voie de la pensée. Eternels remerciements pour mon aîné, mon conseiller, mon correcteur, mon soutien.

A Rabearimanana Lucile, professeur à l'Université d'Antananarivo : elle a toujours été présente depuis le début de mes différentes recherches, prête à m'encourager, à me soutenir, à me corriger. Mes infinis remerciements.

Christophe Tellier : un grand ami, toujours prêt à rendre service, à m'aider dans mes recherches, à me soutenir quand j'en ai besoin. Remerciements sincères et profonds.

Randrianalijaona Tiana Mahefasoa, professeur d'économie à l'Université d'Antananarivo pour ses judicieuses remarques sur la portée présente et future de cette plaidoirie pour la recherche en économie institutionnelle malgache.

Ranaivoson Zakazo, pour le soutien indéfectible qu'il a témoigné à mon égard tout au long de mes recherches. Sincères et profondes gratitudes.

Un grand remerciement à mes chers cousins Holy et Christian Razafindravah, pour leur précieux soutien dans mes démarches d'édition.

Infinis remerciements à mon frère Christian Rakotondrabe pour sa relecture et ses minutieuses corrections.

Une pensée affectueuse à toute ma famille, à ma mère.

SOMMAIRE

PREFACE I

Concept wébérien « éthique protestante-capitalisme » et contexte de pauvreté. Le cas malgache, ouvrage de Aina Andrianavalona Razafiarison (AAR).

Après son ouvrage sur les traditions successorales malgaches - devenu une référence pour « ceux-qui-voudraient-savoir » - et qui continue à être commenté et à provoquer d'âpres discussions, AAR avait « prévenu » que sa prochaine production serait une thèse en économie. Et voilà que c'est fait, avec la manière, une mention très honorable avec félicitations du jury. L'on pourrait dire que AAR est resté dans les mêmes axes/domaines : l'Histoire et la connaissance de *la malgachéïté* et l'offre - à tous ceux qui le voudraient - d'éléments objectifs pour mieux comprendre cette « spécificité malgache », ce protestantisme calviniste ou pas, individualiste ou communautaire, et sûrement pour faire mieux agir pour le développement de Madagascar. Cependant, il est important de dire que là, il est revenu dans son domaine : l'Economie. Et il est resté dans la haute spéculation intellectuelle. Et c'est cela son occupation première, je me plais à le croire pour avoir beaucoup discuté avec lui sur « l'avenir de la Nation et du Monde ».

Comment introduire un tel texte ?

1) En racontant son histoire, en rappelant les discussions qu'il a suscitées : cet ouvrage est d'abord un puissant commentaire sur la pensée économique de Weber, et puis c'est une subtile étude sur le protestantisme calviniste malgache.

2) En parlant de AAR : son passé, son présent, son avenir. AAR est quelqu'un qui connaît Madagascar et les Malgaches, et si c'était une analyse/dénonciation de l'inavoué des Malgaches protestants - c'est moi qui pose cette question -, ce refus constaté du capitalisme productif et cette « célébration cachée du capitalisme hédoniste » ?

3) En commentant son travail, à ma manière : AAR est un ardent au travail et rien que pour cela il est exemplaire, il produit. Cependant, il est allé encore plus loin que ce que l'on pourrait croire.

4) En faisant de la production de sens ? Non ! Laissons le lecteur se faire son interprétation de cet ouvrage - et il faut le dire, maintenant subversif, actuel.

A quoi alors devrait servir cette préface ?

A donner envie non seulement de continuer à lire cet ouvrage, mais surtout à donner envie de chercher des réponses à ce questionnement de AAR, à faire donc évoluer la situation calviniste, protestante, chrétienne, malgache. A continuer ainsi à faire « réfléchir » en Economie dans un espace/temps où l'on entend quotidiennement des « gens sûrement honnêtes » donner des solutions aux problèmes malgaches, et à faire participer « au discours Monde » en Economie.

Et que devrait-on retenir de ce texte ?

Il y aurait au moins deux manières de dire, c'est :

1) Un ouvrage pour un public averti car au fait des pensées économiques du présent

ou

2) Une publication - en recherche-action - pour les Malgaches. Un manuel pour ceux qui voudraient que les choses évoluent vers plus de modernité heuristique et active.

Et il y aurait deux questions pour « ceux qui souhaitent en poser » :

1) Est-ce une thèse économique sur Weber ou un audit du protestantisme/calvinisme malgache ?

2) Les protestants ont-ils « raté » leur vocation à Madagascar ? Et auraient-ils vraiment une vocation économique à Madagascar ?

Dans mes souvenirs, il me semble que j'ai toujours connu AAR, il est devenu notre référence en informations historiques et en analyses économiques documentées ; voilà comment se construit un mythe.

Serge Henri RODIN

Membre titulaire de l'Académie malgache

PREFACE II

« *A vrai dire, il [Max Weber] n'était pas économiste du tout. Dans une atmosphère professionnelle qui ne serait pas agitée par des renverses de courant, il tomberait sous le sens de l'étiqueter sociologue* »[1] . Ainsi s'exprime Joseph Schumpeter dans son *Histoire de l'analyse économique.* Le travail entrepris par Aina Razafiarison est un démenti de cette affirmation. Max Weber connaissait les écrits des économistes de son temps et il a laissé des contributions importantes à la science économique, mais quelque peu oubliées. Ses écrits sont toutefois originaux : membre de l'école historique allemande, il conserve une indépendance d'esprit et ses positions se rapprochent parfois de celles des économistes classiques ou des marginalistes. Mentionnons également qu'il a longuement étudié Karl Marx.

Le modèle analytique de Weber est celui de *l'idéal type* avec lequel il explique le fonctionnement de la société. L'idéal type correspond à la sélection de quelques caractéristiques tirées de la réalité et regroupées pour contribuer à un modèle de compréhension des comportements humains. Ainsi, le modèle économique dominant de l'*homo oeconomicus* est un idéal type, l'idéal type de la rationalité économique, un esprit marqué par « *l'âpreté au gain rationalisée* »[2]. Telle est la valeur première qui, selon Weber, va fonder la société capitaliste. La rationalité microéconomique ne retient de cette logique que le modèle d'un individu autonome, sourd à toute voix qui n'évoque pas son intérêt, une véritable forteresse. Une telle caricature ne pouvait que susciter critiques et sarcasmes : « *Clown... globule homogène... automate... fossile humain de l'âge d'or... abstraction faite chair...épouvantail universel, l'homo oeconomicus n'a pas cessé de susciter l'effarement indigné ou*

---

[1] Joseph Schumpeter, *Histoire de l'analyse économique,* vol. 3 : L'âge de la science, tr. fr. Gallimard, 1983, p. 101.

[2] Karl Pribram, *Les fondements de la pensée économique,* Economica, 1983, p. 232.

l'ironie arrogante de générations d'économistes et de sociologues »[3].

Pour Max Weber, ce modèle ne permet pas de rendre compte de toute l'activité économique, d'autres logiques entrent en jeu. Par la suite, de nombreux économistes contemporains ont cherché à sortir de cette « forteresse vide » de *l'homo oeconomicus*. Aina Razafiarison passe au crible de sa critique plusieurs de ces approches et, finalement, celle dont Weber se rapproche le plus est celle des institutionnalistes américains et de leur notion de causalité cumulative : l'action individuelle est marquée par le cadre institutionnel mais, à son tour, elle va marquer ce même cadre institutionnel. Ainsi fonctionne la logique de Weber.

A partir de ce modèle explicatif, Weber va aborder le développement du capitalisme, système pour laquelle il avait, selon Karl Pribram, peu de sympathie, à l'instar des membres de l'école historique allemande[4]. Nous abordons là le cœur de l'étude d'Aina Razafiarison, qui est d'appliquer l'analyse wébérienne au contexte économique d'un capitalisme particulier, le capitalisme malgache. L'importance qu'occupe la religion calviniste à Madagascar fait de cette île un cas d'école pour y appliquer la célèbre thèse de Weber, reprise par Tawney, sur les liens entre l'esprit du capitalisme et le calvinisme. Le calvinisme s'est implanté à Madagascar au début du XIXe siècle et, son esprit se diffusant dans la société depuis le haut de la hiérarchie sociale, il aurait dû produire un dynamisme économique rappelant celui du monde anglo-saxon. Malheureusement, ce n'est pas le cas, si bien que l'approche de Weber se retrouve en difficulté pour expliquer l'évolution économique de Madagascar. Il est clair que le développement économique n'a pas été au rendez-vous et la situation économique du pays pose question : le PIB par habitant reste très faible et plus de 90% de la population vit avec moins de

---

[3] Alain Mingat, Pierre Salmon, Alain Wolfelsperger, *Méthodologie économique*, PUF, coll. Thémis, 1985, p. 412. Les expressions précédentes sont extraites de la même page de l'ouvrage.

[4] Cf. Karl Pribram, *op. cit.*, p. 232.

deux dollars par jour[5]. Tout l'apport d'Aina Razafiarison est d'expliquer ce qui a fait diverger l'économie malgache des logiques de développement du monde anglo-saxon et comment remédier au retard de développement qui s'est installé dans le pays.

Instruit des travaux de Douglass North, l'auteur de notre ouvrage oriente sa réponse vers l'économie des institutions, particulièrement adaptée à l'analyse de Weber. Le cas de Madagascar n'est pas unique dans l'histoire économique. North a étudié d'autres exemples similaires, parmi lesquels les pays de l'Amérique latine. Lors de leur indépendance dans la première moitié du XIXe siècle, ils se sont généralement dotés de Constitutions s'inspirant de celle des Etats-Unis. Cet élément institutionnel fort n'a pourtant pas suffi pour conduire à un niveau de développement économique comparable. De même, à Madagascar, la religion, autre composante fondamentale du cadre institutionnel, n'a pas conduit à un niveau de prospérité comparable à celui du monde occidental.

North explique cette divergence à partir de l'hypothèse de « *dépendance de sentier* »[6]. La transposition d'éléments institutionnels ne donne pas toujours les résultats économiques comparables à ceux du pays imité car les institutions nouvelles s'insèrent dans une autre histoire, et une autre « idéologie », suivant l'expression de North[7]. Calquer la Constitution des Etats-Unis dans des pays ayant une culture et surtout une organisation administrative marquées par le colonisateur espagnol ou portugais ne pouvait donner des résultats similaires à ceux des Etats-Unis. La même remarque vaut pour la religion à Madagascar.

---

[5] Chiffres énoncés dans *Le bilan du Monde,* édition 2016.

[6] Cf. Douglass North, *Institutions, Institutional Change and Economic Performance,*
Cambridge University Press, 1990, en particulier ch. 11 et 12.

[7] Pour North, une idéologie est une vision du monde cohérente est l'expérience quotidienne, cf. Douglass North, *Structure and Change in Economic History,* Norton and Company, 1981, p. 49.

Aina Razafiarison va rechercher les mécanismes qui freinent les effets bénéfiques potentiels du calvinisme à Madagascar, avec l'objectif d'y remédier. Cette recherche le conduit à explorer plusieurs phénomènes. Il évoque tout d'abord une conception du temps différente de celle du monde occidental. Les réflexions sur le temps sont parmi les réflexions les plus anciennes et les plus importantes de l'humanité. Elles forment une pierre angulaire pour l'étude des cultures et des civilisations. Un des apports du christianisme en Occident a été le passage à la vision d'un temps linéaire, progressif, sans retour du passé, ce qui a donné naissance à l'expression populaire suivant laquelle « l'histoire ne ressert pas les plats ».

Or cette conception est étrangère à la culture malgache. Le temps y est une notion complexe, proche du temps cyclique, avec le retour périodique des saisons. Pour préciser les caractéristiques du temps malgache, Aina Razafiarison, et c'est là une contribution importante de son travail, avance deux caractéristiques. Le temps malgache s'inscrit dans une logique en spirale et il échappe à la computation. En spécialiste de l'histoire de Madagascar, l'auteur a bien conscience qu'un temps simplement cyclique ne rendrait pas compte de l'histoire du pays. Si le Malgache vit bien des répétitions, les structures sociales évoluent. Cette évolution se fait insensiblement, sur la longue période ; le temps suit une logique en spirale[8]. Ainsi les incitations que peut produire l'éthique calviniste se trouvent comme diluées dans une temporalité plus longue qu'en Occident, et sont par-là très affaiblies.

Le temps malgache, seconde caractéristique, est un temps événementiel. Ainsi l'intervalle entre deux événements est un temps qui n'existe pas ou, comme le note l'auteur, « *le temps n'existe pas quand il n'y a pas d'événement* »[9]. L'événement

---

[8] Cf. en particulier son étude sur les traditions dans les successions royales à Madagascar du XVIe siècle à la fin de la monarchie, Aina Razafiarison, *Apports des traditions dans les successions royales Merina, Madagascar, XVIe - XIXe siècle,* L'Harmattan / Tsipika, 2014.

[9] Aina Razafiarison, *Pertinence du concept wébérien « "éthique protestante - capitalisme" dans le contexte malgache »,* 2016, p. 193 (de la thèse).

présent se vit, mais le temps ne se mesure pas. Ainsi toute vision prospective devient difficile et le temps à venir n'a guère de prégnance sur la vie du Malgache.

Cette conception particulière du temps n'est pas le seul facteur explicatif. La pensée calviniste s'est développée depuis longtemps à Madagascar mais, curieusement, elle s'y est fortement sécularisée. C'est une pensée de l'immanence, faiblement marquée par la transcendance. La théorie de la prédestination est pratiquement inconnue et la dimension eschatologique propre au christianisme y est faible. Cette immanence semble avoir donné un certain goût pour l'immédiateté, elle a accru la préférence pour le présent des agents économiques. Il en résulte une valorisation médiatique des modèles de réussite facile, à l'instar du monde occidental. Le travail est alors perçu comme une œuvre, certes digne, mais presque servile. L'homme qui gagne de l'argent grâce à un succès médiatique, voire en participant à l'économie souterraine, se trouve davantage valorisé que celui qui travaille honnêtement mais modestement. Le travail devient ainsi « invisible », pour reprendre l'expression de Pierre-Yves Gomez, il s'estompe dans les références culturelles[10]. La tradition judéo-chrétienne, à l'encontre de la conception servile du travail déjà dominante dans l'Europe Antique, en a diffusé une conception plus valorisante. Le travail est participation à l'œuvre créatrice divine et facteur d'accomplissement de la personne humaine. A Madagascar, cette vision du travail reste largement à redécouvrir pour stimuler l'effort productif et donner au développement un soubassement semblable à celui qui a permis les « miracles » allemands et japonais après la Seconde Guerre Mondiale.

Cet oubli de la dimension transcendante du calvinisme est curieux car l'esprit malgache est fortement religieux et accorde beaucoup d'importance au « monde invisible », au sens *newmanien* de l'expression. Mais la religiosité ambiante conduit facilement à la superstition et à une fuite de la réalité

---

[10] Cf. Pierre-Yves Gomez, *Le travail invisible,* Editions Bourin, 2015.

dans le rêve, tendance accentuée par la médiatisation de la réussite facile. Or, l'esprit calviniste est justement un remède efficace à cette fuite, comme le note Henry Spiegel, car il conduit à « *un processus de rationalisation où l'élément magique est remplacé par la froide efficacité de la pensée factuelle qui devient toujours plus méthodique et systématique* »[11]. Cette rationalisation devrait être apte à fonder un esprit rigoureux et entreprenant et ce n'est pas ce qui se passe à Madagascar pour les raisons évoquées.

Mais comment rendre manifeste ces éléments latents du calvinisme ? Pour y parvenir, Aina Razafiarison utilise alors la lecture que James Buchanan fait de Weber. Sensible à la mentalité puritaine américaine, Buchanan envisage les trois piliers fondamentaux de l'éthique du capitalisme comme étant le travail, l'épargne et « *le prêcheur* »[12]. C'est ce dernier point qu'il s'agit de développer. Le calvinisme malgache a besoin de *prédicateurs* pour se renouveler. Dans ses travaux, Buchanan oppose l'éthique du capitalisme fondée sur le travail et l'épargne à une éthique « *compassionnelle* », selon lui corrosive de ces mêmes valeurs[13]. Aina Razafiarison n'entre pas dans cette dichotomie simplificatrice, il ne suit pas l'école de Virgine dans tous ses méandres, mais souligne la nécessité d'un approfondissement et d'une bonne diffusion de l'éthique calviniste et des exigences qui y sont liées.

L'approche wébérienne se révèle d'une grande richesse ; ses applications en économie du développement révèlent des mécanismes ignorés jusque-là. C'est dans cette perspective que s'insère le travail d'Aina Razafiarison. De telles recherches, riches et novatrices, sont appelées à recevoir des applications concrètes ; la société civile et les Eglises ont un rôle important à jouer pour le développement économique de Madagascar.

---

[11] Henry Spiegel, *The Growth of Economic Tought,* Duke University Press, 1983, p. 429.

[12] James Buchanan, *Ethics and Economic Progress,* University of Oklahoma, 1994.

[13] Cf. James Buchanan, *op. cit.,* pp. 78, 79.

A l'issue de ce travail, force est de souligner l'extrême fécondité de la pensée wébérienne. En réponse à la citation de Schumpeter, les recherches d'Aina Razafiarison confirment une remarque de Lionel Robbins qui soulignait que « *celui qui prend les sciences sociales au sérieux, même s'il est finalement en désaccord avec lui, devrait faire la connaissance de Max Weber* »[14].

Hervé MAGNOULOUX
Aix-Marseille Université
Greqam, Grace, Crices.

[14] Lord Lionel Robbins, *History of Economic Thought, The LSE Lectures*, Princeton University Press, 1998, pp. 244, 245.

INTRODUCTION GENERALE

WEBER : Une pensée complexe

Porter une analyse économique sur l'hypothétique corrélation entre le protestantisme et le capitalisme, relève de la gageure. En effet, la tendance à l'autonomisation de l'étude économique de la sphère socio-culturelle et *a fortiori* de celle de la religion est un courant dominant. En complexifier la démarche par l'intégration de ce concept dans un contexte de pauvreté est ainsi un double défi. L'attractivité d'un tel enjeu est d'autant plus forte que le sujet d'étude ne peut s'appréhender que par une démarche transversale. Loin d'être un sujet exclusivement théorique, le présent essai propose une approche pluridimensionnelle et institutionnelle qui ne prétend pas à l'exhaustivité mais qui rendra compte de l'aspect pluricausal de la pauvreté.

En 1905 fut publié l'ouvrage du socio-économiste allemand Max Weber (1864-1921) : *L'éthique protestante et l'esprit du capitalisme*[15], qui présenta sa célèbre thèse sur l'affinité entre l'ethos du calvinisme puritain et la mentalité de l'entrepreneur capitaliste. Ce postulat de Weber a été critiqué par certains chercheurs, mais parallèlement, a suscité l'engouement d'autres savants qui, jusqu'à aujourd'hui n'est pas prêt de s'éteindre. En tout état de cause, l'intérêt porté au personnage et à ses réflexions témoigne du respect du monde intellectuel et scientifique à son égard. Ses collègues du courant appelé « école de Heidelberg » tels qu'Ernst Troeltsch et Ferdinand-Jakob Schmidt, partagèrent ses analyses, et ses œuvres ont touché diverses disciplines telles que la sociologie, l'histoire, la théologie, voire la philosophie… mais peut-être un peu moins en économie, quand bien même, cette thèse séculaire de Weber étudiant les rapports entre le capitalisme et le protestantisme, figure parmi les théories économiques de référence.

---

[15] M. Weber (2002) : *L'éthique protestante et l'esprit du capitalisme*. Trad. Kalinowski. Paris, 3e éd. Flammarion.

Soumise à diverses critiques (Biéler, Facchini, Tawney, Hauser, Doumergue, Goyau, etc.) mais également citée comme une référence en sciences sociales (Dupuy, Hédoin, Boudon, Habermas, Caillé etc.), l'étude de Weber a été plus ou moins ignorée par les économistes orthodoxes, sous l'influence triomphante de la théorie économique néoclassique[16]. En revanche, les économistes de la convention, les institutionnalistes (Hédoin etc.), les hétérodoxes (Orléan, Aglietta etc.) considèrent la théorie wébérienne comme un élément important de leurs recherches. Ceci est d'autant plus compréhensible que longtemps dominé par l'approche quantitativiste et modélisatrice, la vision orthodoxe de l'économie, le fameux « *mainstream* » a plus ou moins écarté l'analyse de Weber vers un domaine plus sociologique. Cette démarche plus ou moins exclusive s'explique également par une vision qui cloisonne les différentes disciplines et qui les a longtemps empêchées de dialoguer. De l'autre côté, Max Weber n'est pas un auteur facilement classifiable dans l'histoire des pensées économiques dominantes, et il était de ce fait, tentant de le situer à la marge de ces pensées, quand bien même, certaines de ses analyses ont intrigué, comme le concept de « l'idéal-type » ou son vif intérêt pour le débat sur la rationalité qui le rapproche des marginalistes.

Le contexte socio-économique de son ouvrage se situe dans cette Allemagne de la fin du XIXe siècle et début du XXe siècle qui vit un capitalisme industriel allemand triomphant. L'Allemagne recensa (mis-à-part les communautés Juives numériquement faibles) des protestants dans les Länder, systématiquement plus riches et plus prospères que les catholiques et occupant les places les plus élevées dans la hiérarchie des entreprises[17]. Weber avait attiré l'attention en

---

[16] H. Bruhns (2004) : « Max Weber : théorie économique et histoire de l'économie » in *Histoire et économie politique en Allemagne de Gustav Schmoller à Max Weber*. Bruhns H. (dir). Paris, Ed. de la maison des sciences de l'homme.

[17] Au début du siècle, les trois quarts des patrons allemands sont protestants. Les protestants prédominent, y compris dans les Länders catholiques.

reliant la prospérité des familles, des communautés et des nations à leur religion. Cette approche aborde l'influence majeure de l'éthique et de la pratique protestantes, dans l'avènement et la prépondérance du capitalisme.

Cette question a suscité notre vif intérêt, dans le sens où l'analyse de Weber relève une complexité particulièrement dense. En effet, parallèlement à l'individualisme - dont Weber reste une référence déterminante -, se positionne une analyse portée par le même auteur sur l'impact d'une institution qu'est le protestantisme. Cette approche par l'institution intrigue, dans le sens où, l'individualisme dont il se réclame, sans être remis en question, se trouve *a priori* contrebalancé par la structure. Ce qui, de ce fait nécessite une analyse éclairante afin de mieux situer la posture économique d'un auteur qui s'est toujours prévalu de son statut d'économiste. Si l'analyse de Weber a tant soulevé d'ambiguïtés ou d'interprétations contradictoires, c'est que son analyse ne peut être enfermée dans une optique cloisonnée ou toute forme de pensée unique. En effet, il était toujours allé au-delà de toute forme de monisme. S'il est critiqué comme un relativiste[18] par exemple par Leo Strauss (1986), à l'image de cette science de la réalité qu'il voulait défendre, celle-ci peut contenir une vérité et son contraire, un dualisme qui n'est pas forcément dichotomique ou binaire. C'est pour cette raison, que des affinités peuvent être relevées entre Weber et l'école historique allemande de l'économie de Gustave Schmoller, de Marx, de l'école classique ou encore des marginalistes, une vision ambivalente dans une approche orthodoxe et dichotomique, mais parfaitement concevable dans une approche par la complexité.

Bien qu'il l'ait fortement nuancée, l'hypothèse d'une explication culturaliste du développement, concomitante à la

---

M. Hau (1994) : *Histoire économique de l'Allemagne, XIXe-XXe siècles*. Ed. Economica.
M. Hau (1998) : « Religion et capitalisme en Allemagne » in *Alternatives Economiques*
n° 160- juin 1998.
[18] L. Strauss (1986) : *Droit naturel et histoire*. Paris, Flammarion.

place de l'éthique dans le développement du capitalisme, est le postulat de Weber, le dissociant aussi bien de Marx que des économistes néoclassiques[19]. Pour autant, la religion, et par extension la culture, ne sont pas, pour Weber, le principal moteur de développement et il serait illusoire, voire hors-sujet, de prétendre que le capitalisme serait le produit de la réforme où qu'il y ait un lien de cause à effet direct. La pensée de Weber évoque plutôt le « climat favorable », la confiance, que la religion réformée aurait suscitée pour favoriser le développement économique et qui intègre bien évidemment une croissance minimum. Il tenait surtout à expliquer que ce n'est pas le protestantisme qui avait engendré le capitalisme (d'ailleurs plus aucun universitaire ne soutiendrait une telle thèse), mais plutôt que le capitalisme a trouvé au protestantisme et à son éthique un terreau favorable qu'il qualifia « *d'affinités électives* ». Comme le rappelle bien D. Clerc (1995) : « *La thèse de Weber est donc très subtile. (...) Weber ne prétend pas que le développement soit déterminé par la religion. Il s'en défend avec la dernière énergie : Il est hors de question de soutenir une thèse aussi déraisonnable et doctrinaire qui prétendrait que l'esprit du* capitalisme *(...) ne saurait* être *que le résultat de certaines influences de la Réforme* »[20].

Ce postulat n'est pas en soi inédit, il fut partagé par divers auteurs de son époque à l'image de l'œuvre littéraire de Thomas Mann en 1901 relatant le conseil d'un père protestant allemand dénommé Budddenbrook à son fils qui résume bien cette affinité capitalistique : « *Travaille, prie et épargne* »[21].

Selon Marx, le capitalisme peut s'enraciner partout, contrairement à Weber dont l'interprétation de ses idées aboutit à l'adaptabilité du capitalisme uniquement dans certains contextes concomitamment à une histoire, des croyances et des valeurs.

---

[19] A. Parienty : « Pourquoi certains pays se développent-ils et d'autres pas ? ». In *Alternatives Economiques, Poche* n° 046 - novembre 2010.
[20] D. Clerc : « Le protestantisme et l'esprit du capitalisme ». In *Alternatives Economiques,* n° 126 - avril 1995.
[21] T. Mann (1901) : *Les Buddenbrook, éd. Le livre de Poche.*

Dans une approche par la pensée économique, et dans son analyse du capitalisme et de l'effort individuel par l'épargne et l'accumulation primitive du capital, E. Mandrara (2003) inscrit Weber en droite ligne d'une conception smithienne[22]. L'éthique protestante s'accommoderait donc de cette approche classique de l'économie. Mais si les libéraux et Marx ont eu recours à l'étude systémique de l'économie, Weber ne s'y intéresse outre mesure. Weber n'analyse pas le capitalisme en tant que système. A. Bihr (2006) le confirme par les termes suivants : « *On reconnaît ici la défiance de Weber à l'égard de ce qu'il appelle "les concepts collectifs" et sa volonté de rapporter l'explication des structures sociales à la compréhension des comportements individuels* »[23].

Ce qui semble habile, car cette approche individuelle a permis à son analyse du capital - cet élément de l'actif de l'entrepreneur - d'éviter les grands débats et les grands critiques à propos de son impact réel sur la croissance et le développement d'un système, ou d'un pays.

Avant de plonger dans les sinuosités de l'analyse de Weber, les premières interrogations déductives qui s'imposent sont nombreuses : si le protestantisme avait pu influer sur le développement du capital, ce postulat aurait-il pu s'appliquer dans un contexte de pauvreté tel que le cas malgache ? Le protestantisme peut-il être un catalyseur d'un dynamisme économique ? Peut-il y avoir des éléments qui seraient indispensables pour que cette théorie wébérienne puisse s'y appliquer ? Le constat de la prédominance de la pauvreté à Madagascar ne peut que faire douter, en effet, de son aptitude à intégrer le capitalisme (dans le sens d'un développement de l'entrepreneuriat ou industriel). Pourquoi le protestantisme malgache supposé promoteur d'un ascétisme intramondain malgache n'aurait-il pas permis l'éclosion d'entrepreneurs

---

[22] E.T Mandrara (2003) : *Court traité de développement*. Paris, l'Harmattan.

[23] A. Bihr (2006) : « Les origines du capitalisme selon Max Weber » in *Revue pluridisciplinaire en sciences de l'homme et de la société. N° 2. La construction de l'individualité*. Juin 2006.http://www.revue-interrogations.org.

capables de perdurer et croître dans le temps ? Ce constat d'échec ne s'adresse pas spécifiquement au protestantisme mais l'interpelle.

J. Ramamonjisoa était arrivée à un constat plus que mitigé : « *nous, protestants malgaches, avons très rapidement hérité des mœurs puritaines des missionnaires mais le dynamisme économique des protestants n'a pas été transmis (ou n'a pas été reçu)* »[24]. La réponse standard souvent ressassée est que : « la pauvreté structurelle est incapable de dégager une épargne susceptible de se constituer en capital ». Mais Madagascar est-elle si pauvre en ressources, aussi bien physiques qu'humaines ?

Pour justifier la progression dans cette analyse de l'applicabilité du concept de Weber, le premier point consiste à situer Weber dans l'histoire des pensées économiques pour que son analyse puisse être classifiée dans la littérature économique. Il s'agit d'une démarche de légitimation de son œuvre comme d'essence économique quand bien même celle-ci n'a pas toujours été reconnue comme telle par l'économie orthodoxe dominante. Ainsi, pour ce faire, il s'agit de procéder par une analyse historiciste et une approche comparative avec les différentes pensées économiques pour aboutir à une hypothèse de son intégration dans l'institutionnalisme économique, une pensée longtemps voilée par le *mainstream* mais qui est parfaitement légitime comme outil (bien évidemment non exclusif) pour penser l'économie. Ce qui permettra de jeter les bases de l'analyse de l'applicabilité dans une optique institutionnaliste, historiciste, pluridisciplinaire des sciences sociales de la réflexion économique et évidemment dans le contexte malgache.

Tout au long du développement, la théorie de la complexité sera l'outil indispensable, explicatif des postures intellectuelles. Il s'agit de recourir aux concepts d'Edgar Morin[25] dans la démarche analytique de cette complexité du réel pour mieux

---

[24] Entretien avec J. Ramamonjisoa (2008).
[25] E. Morin *op.cit.*

appréhender et mieux comprendre la problématique sans être amené à affirmer une certitude qui peut n'être que subjective. La certitude est l'écueil à éviter, l'objectif est d'ouvrir des champs d'analyses, pour que des éléments puissent être dégagés afin de cerner certaines causes de blocages de développement dans le cas d'espèce malgache, et voir les apports et les limites du protestantisme malgache dans les comportements économiques individuels. L'épistémologie de la complexité affirme qu'« *un objet complexe n'est pas un objet qui serait seulement plus difficile* à *connaître, mais bien un objet que l'on ne peut jamais prétendre connaître complètement »*[26].

Edgar Morin préconise quatre concepts qui sont :

a) « ***La dialogique*** » pouvant se définir comme la coexistence de logiques ou processus contradictoires ou antagonistes. Cette présence est nécessaire et complémentaire. Elle se distingue de la dialectique par le fait qu'elle ne recherche pas systématiquement la synthèse. L'approche positiviste est difficile dans une société encore en construction.

b) « ***La récursion organisationnelle*** », boucles de rétroaction où les produits et les effets sont en même temps causes et producteurs de ce qui les produit. Ainsi, la société est produite par des interactions entre individus mais elle-même rétroagit sur ces individus.

c) « ***Le principe hologrammatique*** » revient à considérer que, sans se résumer, le tout et les parties sont liés et donc que l'on peut enrichir la connaissance du tout par les parties et celle des parties par le tout. L'individuel et le global peuvent mutuellement s'éclairer sans toutefois qu'une équation simple consistant à additionner des intérêts ou comportements individuels puisse donner la clé de compréhension du global et vice versa.

d) « ***Le métapoint de vue*** » qui, sans permettre une observation parfaite, inclut à la fois la chose observée, son environnement et l'observateur forcément influencés par eux.

[26] E. Morin (1990) : *Introduction à la pensée complexe*, Paris, Le Seuil.

En analysant le comportement économique du protestant, le recul est une posture obligatoire, mais l'analyse est produite par quelqu'un appartenant à ce système.

La complexité de l'analyse

Bien qu'il fût indiscutablement héritier de certaines idées orthodoxes, Weber s'inscrit dans une lignée d'économistes hétérodoxes. Ces derniers ont abandonné l'hypothèse de l'homogénéité (des facteurs, des individus, des firmes, des nations) et par conséquent ne peuvent ignorer les aspects complexes de la réalité. Ils ne recherchent pas forcément à simplifier cette réalité, notamment ce qui touche la personne de l'être économique. A l'instar de F. Perroux[27] par exemple, la démarche de Weber ne peut être ramenée à un concept de réification de l'homme en capital humain (simple outil de production), même si c'est au prix d'une complexification de l'analyse économique.

Au-delà de l'appréciation économique et/ou sociologique de la thèse de Max Weber sur les rapports entre le capitalisme et le protestantisme, force est de constater que loin de simplifier la lecture de cette relation entre conviction religieuse et comportement économique, sa thèse est doublement compliquée car d'un côté, elle retrace toute la complexité du processus réflexif de l'homme dans ses décisions et ses attitudes, et de l'autre, Weber aligne des paradoxes intimement imbriqués qui, sans doute, lui furent indispensables pour soutenir sa pensée. Ces paradoxes sont *a priori* : ascétisme protestant et hédonisme capitaliste, prédestination et œuvre, profit et non consommation, communauté et action individuelle, désenchantement du monde et puritanisme protestant, rationalité et foi ... auxquels se rajouteront les spécificités du protestantisme malgache qui inclut une particulière prédisposition au pouvoir, l'hédonisme malgache, la pauvreté ambiante.

---

[27] A. Silem (2005) : *Histoire de l'analyse économique*. Paris, Hachette supérieur.

De ce qui précède, la présente analyse à l'instar de celle de Weber sera également assez complexe, car en outre, elle va considérer « *l'homo malagasi* » protestant. Il s'agit de procéder à une analyse économique qui situe l'homme comme non seulement un sujet subissant le marché, mais un centre de décision autonome influencé par son histoire, ses expériences, sa société ambiante, sa religion et sa croyance qui sont autant d'institutions influentes. La démarche se positionne pour un refus de la réification de l'homme, quand bien même l'importance d'une approche par la rationalité est indiscutable.

Cette approche hétérodoxe et cette complexité induisent des analyses qui s'écartent de l'économisme, mais qui intègrent une dimension pluridisciplinaire des faits et des réalités économiques. La démarche transversale est ici indispensable pour appréhender notre monde, et plus particulièrement au contexte d'un pays en situation délicate comme Madagascar. Cette approche est donc renforcée par la pensée de la complexité de Morin, et rejoint les propos de Thomas Piketty, auteur de *Le capital au XXIe siècle* (2013)[28], qui s'est exprimé dans ces termes : « *j'essaie, plus modestement, de contribuer à développer une économie politique et historique plus soucieuse des relations avec les autres sciences sociales (...). **Je crois en la nécessité d'une approche multipolaire et pluridisciplinaire de la recherche*** »[29].

Si la question portant un jugement de valeur sur le capitalisme reste une problématique récurrente, surtout en cette période de doute liée aux crises financières, le capitalisme évoqué ici est identifié au développement d'un entrepreneuriat dynamique, à la base d'une allocation se voulant harmonieuse des ressources accumulées. Ce capitalisme malgache évoqué ici ne prétendra pas dominer totalement ou métamorphoser cette économie primitive ambiante, encore appelée *économie*

---

[28] T. Piketty (2013) : *Le capital au XXIe siècle*. Paris, éd. du Seuil.

[29] G. Macke (2014) : "L'austérité en Europe profite aux universités américaines".
Interview de T. Piketty in Challenges n° 404, du 09 au 15 octobre 2014.

substantive par Karl Polanyi[30] mais, aspirera surtout à assurer une croissance suffisante pour faire face à cette démographie galopante et garantir un développement humainement acceptable.

Sans s'opposer aux analyses économétriques, statistiques et mathématiques de la macroéconomie à Madagascar, la présente analyse est fermement persuadée que l'économie malgache (comme d'innombrables cas), ne peut être seulement appréhendée d'une manière quantitative si on veut saisir cette réalité si complexe, d'une économie compliquée « d'un peuple énigmatique ». La validité de la rationalité de l'*homo-oeconomicus* selon une vision orthodoxe de l'économie ne peut qu'être relativisée, dans une société où se côtoient modernité et primitivité, le profane et le sacré, en bref dans une société syncrétique. Rahajarizafy explique dans son écrit que les Malgaches peuvent s'incliner vers le communisme et le matérialisme, s'intéresser à la théosophie et au spiritisme, revenir à la divination et au pronostic, tout en se revendiquant chrétien[31].

Notre réflexion est un axe ouvert dans cette perpétuelle recherche de la voie vers notre développement, elle n'est ni une panacée, ni une théorie exclusive, elle a sa place dans une vision globale non cloisonnée, qui ne prétend pas à la vérité absolue. D'ailleurs, notre histoire souvent ignorée et notre histoire économique n'ont encore validé aucune des théories ou solutions proposées. Si l'on admet que cette société et cette économie malgaches sont encore en phase de construction, prétendre à une théorie positiviste serait outrecuidante, l'histoire dans une optique institutionnaliste peut éclairer, non dans une tentative de créer des mythes collectifs glorieux ou des reconstructions du passé, mais dans la recherche d'une vision de développement acceptable et réaliste.

---

[30] K. Polanyi (1944) : *La grande transformation*. Paris, Gallimard. [1983]

[31] A. P. Rahajarizafy : *Filozofia Malagasy*. Antananarivo Ambozontany 2004.

PARTIE I

HETERODOXIE WEBERIENNE DANS L'HISTOIRE DE LA PENSEE ECONOMIQUE :

L'INSTITUTIONNALISME ECONOMIQUE

INTRODUCTION
DE LA PREMIERE PARTIE

Weber fut et reste une référence en sociologie. Il est d'ailleurs considéré comme le fondateur de la sociologie compréhensive qui se base sur l'individu ou plutôt la personne ainsi que sur les conduites subjectives des acteurs pour déterminer le sens de l'action sociale. Seulement, eu égard à sa littérature et la lecture particulièrement ardue de ses œuvres, classer d'une manière tranchée Max Weber ne serait-ce que dans un domaine de la sociologie est pratiquement impossible. Les interprétations de ses œuvres en sont les preuves, sa lecture suscite des conclusions les plus diverses voire contradictoires. Malgré les critiques, l'intérêt grandissant de différentes disciplines, et dans d'innombrables pays, pour ses œuvres, reflète, quoiqu'on dise, la grandeur de l'auteur. A. Caillé (2002) le qualifie comme « *l'un des plus grands penseurs de tous les temps et, plus particulièrement, l'auteur qui a poussé le plus loin, et de la manière la plus spectaculaire, la plus systématique et en définitive la plus convaincante, le projet d'une science sociale* »[32], pour dire que non seulement, Weber est redevenu d'actualité mais en outre il gagne en autorité. Ce regain d'intérêt, concerne divers domaines, il est également classé comme sociologue de la religion, de la musique, classé aussi comme sociologue historien plus que théoricien rigoureux de la sociologie, et surtout suivant une analyse de sa pensée, la référence de la sociologie historique comparative[33]. La sociologie du droit et la sociologie économique ou socio-économie dont Weber se réclame personnellement (la *Sozialökonomik)* ont été des disciplines qui lui sont également attribuées.

---

[32] A. Caillé (2002) préface in S. Kalberg. *La sociologie historique comparative de Max Weber*. Paris, Ed. La découverte.

[33] S. Kalberg (2002) : *La sociologie historique comparative de Max Weber*. Paris, La découverte.

Au-delà de la discipline sociologique, la qualité d'historien de Max Weber est aussi indéniable, d'autant qu'il est issu de l'école historique de l'économie allemande. En Allemagne, Weber est reçu comme un historien : historien de l'Antiquité, de la modernisation occidentale, de l'histoire universelle[34], mais il est également qualifié d'historien du droit, et auteur en histoire économique[35].

Docteur et habilité à enseigner en science juridique, sa qualité de juriste n'est pas à démontrer, mais certaines littératures le qualifient également de philosophe, ce qui n'est pas erroné eu égard au grand intérêt que certains philosophes, comme C. Colliot-Thélène[36], portent à ses pensées. D'ailleurs, Weber pourrait être considéré comme un philosophe de la complexité avant l'heure, et certains paradoxes wébériens pouvant être interprétés comme contradictoires, peuvent êtres éclairés à la lumière de la théorie de la complexité. J-P Dupuy[37], par sa remarquable dialectique, remet la thèse Weber dans une position centrale dans l'advenue du monde moderne.

Enfin, le plus intéressant ici, c'est sa qualité d'économiste. Cette qualité - en dépit de sa consécration unanime comme le fondateur de la sociologie - est, sans nul doute du point de vue professionnel, la plus importante. En effet, l'essentiel de la carrière de Max Weber fut celui d'économiste : il fut professeur d'économie et finances (*Nationalökonomie und Finanzwissenschaft*) à l'université de Fribourg.

C'est pour sa remarquable interdisciplinarité et cette capacité intellectuelle hors norme qu'il fut qualifié maintes fois

---

[34] G. Duprat (1995) : « Max Weber. Politique et histoire ». In *revue européenne des sciences sociales* Tome 33 n° 101. Genève, Librairie Droz.
[35] M. Weber(1991) : *Histoire économique. Esquisse d'une histoire universelle de l'économie et de la société*. Traduction C Bouchindhomme, préface P. Raynaud. Paris, Gallimard.

[36] C. Colliot-Thélène (1990) : *Max Weber et l'histoire*. Paris, PUF.
[37] J.-P. Dupuy (2014) : *L'Avenir de l'économie*. Paris, Flammarion.

d'économiste juriste historien sociologue[38] auxquelles est ainsi rajouté le qualificatif de philosophe. Cette transversalité remarquable de Weber marque sans aucun doute sa fécondité intellectuelle mais également la particulière difficulté de son interprétation voire l'incompréhension de sa pensée.

En effet, suite à cette transversalité, bien que bon nombre d'économistes l'aient essayé, il est très difficile de classer Weber dans les écoles ou l'une des écoles de pensées économiques orthodoxes. Si son attirance pour l'étude du capitalisme et l'accumulation du capital semble marquer son appartenance à l'école classique, c'est loin d'être indiscutablement vérifié, car plus que le capitalisme en lui-même, c'est son esprit qui l'intéresse, et d'ailleurs il situe effectivement son analyse du capitalisme dans une optique d'un système historique, qui plus est, contingent, donc, dont l'apparition est née du « hasard » de la combinaison des forces en œuvre pour sa création.

Si le protestantisme wébérien et le capitalisme smithien aboutissent tous deux à une logique vers le capital, l'objectif ultime smithien n'est qu'un moyen pour la pensée protestante wébérienne (interprétation de la pensée protestante selon Weber). Si la réussite capitaliste est la finalité du concept d'Adam Smith, ce n'est pas une fin en soi pour l'esprit du protestantisme de Weber mais le signe d'une élection. N'est-ce pas dans ce sens que l'esprit protestant sans rechercher selon Weber l'accumulation, se retrouve en affinité avec celui du capitalisme. Le capitalisme est pour lui, (bien qu'il n'en soit pas un pourfendeur), un mode de relations économiques qui dirige les sociétés humaines, sans pour autant être la référence absolue - pour le nuancer des classiques.

Il va au-delà du monisme économique, et même si cette approche n'est pas toujours bien vue par les orthodoxes, celle-ci présente un intérêt considérable, dans le sens où le cantonnement des disciplines est réducteur. Cette posture est

[38] C. Colliot-Thélène (2006) : *La Sociologie de Max Weber*. Paris, La Découverte.

d'autant plus importante, que dans le contexte malgache, l'attitude syncrétique est une réalité qui ne peut être cernée par un raisonnement isolé.

Chapitre 1

WEBER FACE AUX AUTRES COURANTS DE PENSEES ECONOMIQUES

A l'heure actuelle, il n'y a aucun analyste qui retiendrait le protestantisme comme la cause directe du capitalisme ou qui admettrait Calvin comme le principal inspirateur de la pensée capitaliste. A la lumière de ce qui a été fait auparavant, il n'est pas possible, d'emblée d'admettre sans discuter la théorie de Weber. L'analyse historique des sources de la réflexion de Weber s'impose pour mieux le situer, et ainsi entrevoir la possibilité de l'insérer dans le contexte malgache.

1 - La méthodologie wébérienne face au débat initié par l'école historique de l'économie allemande

Max Weber fut diplômé en science juridique de l'école historique allemande, ses études universitaires inclurent aussi - entre autres - l'histoire et l'économie politique, primordiales à l'édification de sa pensée. Il était ainsi au croisement des « sciences humaines », d'une transversalité qui caractérisera sa carrière de savant : la science de l'Etat et du droit, l'économie, l'histoire autour desquelles évolueront ses intérêts intellectuels.

Weber s'intéressa de près aux affrontements nés d'une crise de la pensée économique, appelée *Methodenstreit,* qui opposèrent les tenants d'une tradition historiciste à ceux sous l'influence de Carl Menger qui voulaient affranchir l'économie de l'histoire, et donc plus généralement du contexte, pour en faire une science théorique sous l'égide de lois abstraites qui transcendent les phénomènes sociaux. C'est à l'origine du marginalisme et de l'économie générale qui jusqu'à actuellement ont pu s'imposer d'une manière significative dans les études économiques.

La position de Weber sur ce débat est originale. Il a témoigné de sa reconnaissance le fait que les économistes dits « purs » aient fait la différence entre la connaissance nomologique (la loi, les règles) et la connaissance pragmatique, de la réalité concrète. Cependant Weber n'a pas fait sienne cette opposition rigoureuse entre la théorie économique et l'approche empirique et/ou historique. Selon lui, la formulation de lois abstraites des économistes théoriques, donc la modélisation par l'abstraction n'est pas un moyen mais la finalité ultime du savoir. Weber n'adhérait pas à ce cantonnement des disciplines, ou à leur concurrence mais avait plaidé pour leur collaboration. L'économie à elle seule ne peut résoudre les problématiques économiques : « *l'ensemble de ces théories abstraites devrait contenir la vraie réalité des choses - ce qui veut dire tout ce qui vaut la peine d'être connu dans la réalité* »[39].

Weber admira la fécondité de la formalisation conceptuelle, qui clarifia la science grâce à des schématisations, mais cependant se fourvoya à prendre pour fin ce qui n'est que le moyen de la connaissance. Weber voulait défendre ce qu'il appelle **la science de la réalité** : le Wirklichkeitswissenschaft car pour lui, la société humaine n'a jamais fonctionné selon des lois strictement rationnelles[40] : « *La science sociale que nous nous proposons de pratiquer est une science de la réalité* »[41].

En contrepartie, et c'est l'admirable dialectique de Weber, bien qu'il ait admis le bienfondé de l'approche par l'histoire, il n'a pas défendu aveuglément la position empiriste des historicistes.

Aussi bien l'approche historiciste que celle de l'économie théorique se retrouvent selon Weber dans un concept déductiviste, et qu'ainsi les savants se soumettent et donc restent dépendants des règles préétablies avant de procéder à des recherches. En somme, la méthodologie wébérienne s'attache à éclaircir les phénomènes dans une science contrainte à l'empirisme.

---

[39] M. Weber : *Essais sur la théorie de la science, op. cit.* p. 176.

[40] Colliot-Thélène, *op. cit.*

[41] M. Weber : *Essais sur la théorie de la science, op. cit.* pp. 152-153.

2 - L'influence déterminante de Marx à la source du concept wébérien

S'il est vrai que la pensée de Weber s'oppose sur bien de points de vue à celle de Marx, et que l'on puisse même parler d'analyse critique de la pensée de Marx, l'influence de Marx sur Weber n'en est pas moins indéniable. Ce n'est nullement une hérésie d'affirmer, que non seulement Weber admira la puissante pensée de Marx, mais à bien des égards leurs interrogations et leurs réflexions présentaient une parenté et une similarité bien notables. Bien que l'analyse se concentre plus sur le concept du « protestantisme et capitalisme », qui visiblement se heurte d'une manière générale à la pensée de Marx, l'ensemble des écrits de Weber démontre cette paradoxale proximité qui les lie. D'ailleurs, Weber reconnut que « *le monde intellectuel dans lequel nous vivons (de son époque) a été en grande partie formé par Marx et Nietzsche* »[42].

Colliot-Thélène (1990)[43] a admirablement abordé leurs points communs. Ceux-ci se rapportent en premier lieu sur leur objet d'étude qui est le capitalisme devenu la valeur référence de la vie moderne. On peut voir également leur forte proximité, notamment dans l'approche de la production des idées, des représentations et de la conscience. Selon Marx, la production d'idées part des hommes dans leur activité réelle pour aboutir à une analyse crédible. Ces idées proviennent exclusivement d'une réalité économique, que seule l'analyse économique peut appréhender et défricher. Weber s'attache aussi à cette science de la réalité.

Le lien essentiel entre la théorie marxiste et Weber, est que ce dernier va construire sa réflexion et son investigation en se positionnant par rapport aux thèses du matérialisme historique et économique. S'il est notoire que Weber n'adhère pas à l'analyse marxiste, sa particularité, est qu'il n'en est pas pour autant l'antithèse, car il n'a pas renversé la thèse de Marx, il a,

---

[42] E. Baumgarten (1964) : Max Weber : *Werk und Person*. Tübingen. Mohr. Cité par C. Colliot-Thélène (1990) : *Max Weber et l'histoire*. Paris, PUF.
[43] C. Colliot-Thélène (1990) : *Max Weber et l'histoire*. Paris, PUF.

au même titre que ce dernier, abandonné toute analyse transcendantale des faits et des idées. La réalité reste la pierre angulaire de toute analyse savante. De cette analyse réaliste, découle l'approche de cette rationalité occidentale qui n'est cependant pas soumise aux seules conditions économiques ou rapports économiques, mais est également en interaction avec le sens que les hommes donnent à leur activité. Pour lui, l'action économique fait partie intégrante des activités sociales. Selon Weber, une activité est économique dès lors qu'elle est orientée en fonction de ce qui permettra de réunir des prestations utilitaires convoitées ou d'estimer des chances qu'il y a de pouvoir disposer de telles prestations. De ce fait, le capitalisme est une forme d'activité économique particulière, ce qui sous-entend que l'économie ne se limite pas au capitalisme. Pour analyser l'économie comme activité, en sus de l'analyse économique *stricto-sensu*, il faut voir également celle de la mentalité économique : l'orientation et la signification que peut revêtir l'action économique pour les agents.

Si Weber critiqua l'interprétation économique de l'histoire par Marx, c'est fondamentalement parce que ce dernier fut l'une des principales sources de son inspiration. D'ailleurs, dans ses écrits sur l'histoire économique[44], il reprit certaines réflexions importantes de Marx comme la détermination de l'origine du capitalisme dans le plein développement de l'économie marchande[45].

Il est très opportun de parler de l'empreinte de Marx sur la pensée de Weber. Si l'un des apports essentiels de Weber dans l'analyse de la socio-économie, est son approche de la problématique de la rationalisation en général et en sus, du rationalisme occidental, l'influence de Marx en est aussi déterminante. Il s'agit d'un élément particulier identifié par Marx comme la *Versachlichung*, littéralement la *chosification*. La rationalité de Weber renvoie également à la chosification de tous les aspects de la vie sociale. Il s'agit entre autres de

[44] Colliot-Thélène *op.cit.*
[45] *Ibid.*

l'impersonnalité des rapports sociaux, de la bureaucratie, de l'administration politique, mais également des relations économiques et commerciales. Si Marx situe la perversion des rapports sociaux essentiellement dans l'économie, Weber en tant qu'hétérodoxe va au-delà de la question exclusivement économique, mais cela ne minimise pas leur parenté de réflexion.

Marx parle d'***aliénation***[46] (dans le sens économique de son analyse) pour aborder la division du travail, sous l'autorité du marché qui est la cause de la pétrification de l'activité sociale en une puissance objective, qui domine l'homme et qui échappe à son contrôle. Cette puissance, cette force productive décuplée n'apparaît pas à ces individus comme leur propre puissance conjuguée (car la coopération n'est pas volontaire mais naturelle dictée par l'intérêt), mais comme une puissance étrangère qu'ils ne maîtrisent plus[47].

Weber, quant à lui, parle de ***rationalisation***[48] qui est plus extensive dans les sciences humaines, et qui se retrouve dans le rapport de l'homme aux différentes sphères de l'action et se manifeste dans chaque sphère : la politique comme dans l'économie etc., en déployant une logique de fonctionnement qui lui est propre. Il est toutefois à noter que Weber, en admettant cette thèse, n'a pas pour autant, réfuté l'impact institutionnel de la religion sur l'individu.

Selon Colliot-Thélène (1990)[49], de leurs analyses respectives, mais sensiblement apparentées, découle une acception du modernisme qui non seulement s'écarte de la pensée qui fait allégeance à la transcendance, mais est à la source du **matérialisme** essentiellement économique pour Marx et plus généralisé pour Weber. En tout état de cause, Weber est redevable à Marx dans sa méthodologie « réaliste ».

---

[46] *Ibid.*

[47] K. Marx (1968) : *L'idéologie allemande*. Paris, Ed. Sociales, p. 63.

[48] *Ibid.*

[49] Colliot-Thélène *op.cit.*

Selon M. Lowy[50] (2002), Marx et Weber ont communément vu une certaine « irrationalité » substantielle dans le capitalisme, une irrationalité qui n'est pas contradictoire avec une rationalité formelle ou partielle. La recherche du bonheur terrestre (ou plutôt sa justification ou sa légitimation, du moins sa déculpabilisation) a influencé l'affaiblissement du contrôle direct de la religion sur la vie de l'homme en quête d'une amélioration de sa condition de vie, ne serait-ce qu'en Occident. C'est ce qui a favorisé le développement du capitalisme et c'est dans ce sens que les deux penseurs se rapprochent. Il s'agit de la critique d'une interprétation idéaliste de l'histoire (qui inclut l'économique). Mais Weber s'est singularisé par sa propre méthodologie d'analyse, qui n'a pas arrêté de susciter des réactions.

Pour Weber, la problématique de l'extension du capitalisme ne prend pas racine dans l'origine du capital, mais dans celui du développement de l'esprit du capitalisme. Et aussi paradoxal que cela puisse paraître quant à son refus de la réflexion par la transcendance, c'est dans le contexte religieux qu'une éthique a transformé le système capitaliste de société traditionnelle à un capitalisme moderne notamment avec une rationalité instrumentale. Si Marx dénie toute légitimité d'un rôle indépendant de la sphère religieuse dans la formation de la société bourgeoise et capitaliste, Weber reconnaît une certaine autonomie de la pensée et de la morale religieuse vis-à-vis de la sphère économique, et qui pourtant, constitue une influence prépondérante sur la société bourgeoise.

C'est l'un des paradoxes wébériens : si la recherche expresse de l'amélioration d'un niveau de vie semble atténuer l'impact de la religion sur l'homme, une certaine poursuite d'un idéal religieux semble favoriser le capitalisme, quand bien même ce dernier n'en soit point le but ultime. Weber parle du concept d'*affinités électives,* car il n'y a ni idéologie apologétique ni incitation directe, qui pourraient désigner la religion comme à l'origine de l'accumulation capitalistique.

---

[50] Löwy M. : « Marx et Weber critiques du capitalisme » in *Europe Solidaire Sans Frontières* 2002. http://www.europe-solidaire.org/spip.php?article3707

C'est cette approche qui l'éloigne définitivement de Marx, car il va s'intéresser à l'articulation entre l'éthique religieuse et les comportements économiques. Selon lui, il est important de recourir à des facteurs extra-économiques, pour rendre compte de la rationalisation sociale qui structure la modernité.

3 - Comparaisons entre Weber et la théorie classique de base

3.1 Weber n'est pas contre le capital

Marx fut à la source de l'inspiration wébérienne, c'est un fait indéniable, mais si certains de leurs sujets d'études et de leurs préoccupations, sont notablement proches, leurs interprétations du capitalisme et leurs réflexions sur le sujet restent fondamentalement différentes.

L'animosité de Marx envers le capital ne se retrouve pas dans la pensée de Weber, qui voit dans le capital une conséquence d'une tendance culturelle, à la base même de son postulat sur le protestantisme et capitalisme et qui sera vu plus en profondeur.

Marx trouva en la révolution du prolétariat la solution réaliste et idoine aux problématiques liées au capitalisme. Weber quant à lui, est plus ambivalent, n'estimant pas nécessaire de formuler une quelconque résolution au problème, ainsi s'abandonna-t-il à la résignation ou plutôt trouva-t-il que le système capitaliste, à défaut d'être le meilleur, reste le moins mauvais, tant dans le mode de production que dans l'administration et qu'une autre alternative relève de l'aléatoire.

Si Marx s'intéressa à l'extraction de la « plus-value » sur laquelle selon lui repose le capitalisme, l'attention de Weber se focalisa sur autre chose : « *une exploitation capitaliste rationnelle est une exploitation dotée d'un compte en capital, c'est-à-dire une entreprise lucrative qui contrôle sa rentabilité de manière chiffrée au moyen de la comptabilité moderne et de l'établissement d'un bilan* »[51]. Si le capitalisme peut être détecté

---

[51] M. Weber (1991) : *Histoire économique*. Paris, Gallimard. p. 295-296.

à travers différentes périodes de l'histoire, selon Weber, il ne prend sa place prépondérante que dans la société occidentale de la seconde moitié du XIXe siècle quand l'usage « d'un compte rationnel du capital » fut admis comme la norme de la pratique moderne de l'économie, et qui est - selon lui - le critère décisif de l'économie capitaliste quand bien même d'autres conditions qui l'accompagnent devraient être présentes (le cadre juridique, le marché libre, le travail libre...). Weber s'intéressa au plus haut point à l'entreprise, dont il préconisa la rationalité de son mode de gestion qui permet « l'accumulation du capital », et c'est pour cela que son analyse s'écartera désormais définitivement du concept marxiste qui estime que les catégories économiques « marchandes » (peut-être qu'il s'agit du fameux marchand-manufacturier d'Adam Smith), sont vouées à disparaître dans une économie communiste.

Pour résumer la position de Weber vis-à-vis du capital, c'est que celui-ci faisait partie intégrante de son identité et celle de sa famille, il ne fut ainsi nullement un révolutionnaire. Toutefois, il n'en demeure pas moins que l'attitude de Weber envers le capitalisme est équivoque voire en apparence contradictoire. Quoiqu'il en soit, Weber fut indiscutablement favorable au capital privé. C'est en vertu de cette démarche, de cet esprit du capitalisme, effort du « particulier » à épargner que Mandrara constate la lignée de la pensée économique de Weber en ligne droite de la conception smithienne[52].

3.2 Weber et l'offre

La théorie économique classique accorde une importance primordiale à l'approche par l'offre dans la compréhension de l'enjeu économique. Ricardo, Mill mais surtout Jean-Baptiste Say avaient étudié ou supporté cette théorie, et c'est de cette approche qu'est née la fameuse Loi de Say appelée encore *la loi des débouchés*[53] qui souligne l'antériorité de la production dans l'ouverture des débouchés aux produits. Point n'est besoin de

---

[52] E.T Mandrara (2003) : *Court traité de développement*. Paris, l'Harmattan.

[53] J.-B. Say (1841) : *Traité d'économie politique*. Guillaumin et Cie, Paris.

revenir sur la polémique qui entoure cette affirmation amplifiée par l'interprétation critique de J.-M. Keynes, qui a traduit le terme en « *l'offre crée sa propre demande* », et qui ne transmet par l'entière signification de la Loi de Say[54]. Il ne s'agit point ici, de se focaliser sur le jugement par la surproduction de cette théorie, il est question de s'intéresser au postulat de base qui signifie que l'offre précède la demande, et que l'existence même de la première suscite la naissance de la seconde. Sur ce thème précis, l'analyse de Weber peut y trouver un point de comparaison.

Max Weber reste attaché aux argumentations d'ordre empirique et il adopta la ligne analytique de la théorie économique. Pour lui, l'« entrepreneur » « réveille » et « dirige » dans une large mesure les besoins du consommateur, pour peu que celui-ci soit capable d'opérer des achats[55]. Cette optique d'analyse de l'économie par l'offre est caractéristique de la pensée classique. D'ailleurs, Max Weber soutient que dans l'économie capitaliste, les habitudes de se nourrir et de se loger sont en fait grandement déterminées par l'offre[56].

Toutefois, dans son souci de se rapprocher de cette science de la réalité, Max Weber n'est pas dénué du sens de la critique, quand il démontre que la rationalisation de l'économie se nourrit d'une tension persistante entre le « *sentiment subjectif des besoins* »[57] évidemment alimenté par l'offre, et les besoins réels. Son analyse se rapporte à ce débat permanent des économistes à propos des modes d'allocations optimaux des ressources, entre les planificateurs socialistes et les libéraux.

Par conséquent, l'approche qu'adopte Weber est assez originale : une adhésion à la réalité et la possibilité de l'incitation de la demande par l'offre, tout en y apportant une nuance savamment dosée entre réel besoin et demande. N'introduit-t-il pas ainsi une ébauche de critique du

---

[54] V. Vodarevski (2010) : « Comment Keynes a falsifié Jean-Baptiste Say » in *Contrepoints.org* (18/12/ 2010).

[55] M. Weber (1991) *op.cit.*

[56] *Ibid.* p. 149.

[57] *Ibid.*

consumérisme, une différenciation entre la satisfaction née d'une réponse apportée à un besoin réel, et la satisfaction consécutive à l'acte de consommation ou d'achat, sous la manipulation d'offreurs professionnels à l'endroit d'une demande néophyte et vulnérable.

3.3 Weber et la considération classique de la monnaie

Pour Max Weber, la rationalité formelle de l'activité économique s'exprime par sa calculabilité, pouvant ainsi donner lieu à un raisonnement chiffré, c'est-à-dire pouvant faire l'objet d'écriture comptable. Dans ce cadre, la monnaie fournit le moyen de compte économique le plus parfait, c'est-à-dire le moyen formellement le plus rationnel pour orienter une activité économique.

Dans ses raisonnements, Weber distingue une opposition des instruments de comptes, entre le budget et le compte capital. Le budget se définit ici comme l'outil qu'utilisent aussi bien les particuliers, les groupes que les Etats afin de prévoir la couverture des besoins prévisibles d'une période budgétaire par des rentrées escomptées[58]. Il n'est pas exclu que le budget fût un outil des économies de troc (*Naturalrechnung*) car son utilisation n'entraîne pas le recours systématique à une évaluation monétaire. Mais, **grâce à la monnaie, qui est un instrument d'unité de compte**, il est possible d'homogénéiser les biens dans la construction budgétaire[59], ce qui a fait gagner en rationalité cette pratique.

Selon la conception classique, la monnaie est avant tout un instrument d'échange. J.-B. Say affirme que *L'argent n'est que la voiture de la valeur des produits*[60]*,* et selon la loi des débouchés, les produits s'échangent toujours contre des produits. Pour ce dernier, désirer de l'argent, c'est dans un objectif d'achat pour l'investissement ou la consommation. La fonction de mesure de la valeur ou *réserve de valeur* de la

---

[58] Weber. *Histoire économique op.cit.*

[59] *Ibid.*

[60] Say *op.cit.*

monnaie ne peut dépasser cette fonction essentielle d'intermédiaire des échanges de la monnaie. J.-B. Say caractérise la monnaie comme un voile, qui ne doit subjuguer l'économie réelle, existante où se déroule l'échange tangible.

Notons la différence, entre la considération wébérienne de la monnaie qui est un moyen d'orientation de l'économie (par la calculabilité), et de rationalisation (grâce à la construction budgétaire), et celle des classiques qui voit en la monnaie d'abord un outil d'échange.

Mais en outre, les classiques et les néoclassiques penchent vers un concept de *neutralité de la monnaie*. Approfondir *la théorie quantitative de la monnaie* (TQM) n'est pas ici le but, il est cependant à noter la position de David Hume qui soutient que les chocs monétaires ont des effets limités sur le court terme, mais que sur la longue période la monnaie est neutre[61]. Pour Weber en revanche, la monnaie n'est pas seulement un voile, son rôle va bien au-delà de cette considération.

Sa position sur la question, le situe dans le courant hétérodoxe de l'économie, à l'image de l'école de la régulation qui soutient le rôle éminemment institutionnel de la monnaie, tel que l'explique le texte fondateur de Michel Aglietta et André Orléan dans *La violence de la monnaie* (1982)[62]. Il s'agit ici de prendre plus au sérieux la monnaie selon les termes de Jacques Sapir (2000)[63]. Pour Weber, la monnaie n'est pas un outil rudimentaire, c'est un moyen de combat[64], une arme dans la lutte de pouvoir, ce qui démontre sa transversalité par une approche socio-économique : *« (...) La monnaie n'est pas un simple "droit sur des biens non spécifiés" qui pourraient être utilisés à loisir sans conséquence fondamentale sur les caractéristiques du système des prix perçu comme une lutte entre les hommes. La monnaie est avant tout une arme dans*

---

[61] D. Hume (1742) : *Essays moral, political and literary*. 2 vol, Edinburgh.

[62] M. Aglietta et A. Orléan (1982) : *La Violence de la monnaie*, Paris, PUF.

[63] J. Sapir (2000 & 2003) : *Les trous noirs de la science économique : essai de l'impossibilité de penser le temps et l'argent*. Paris, Albin Michel et Le Seuil.

[64] Lallement *op.cit.*

cette lutte ; elle n'est instrument de calcul que dans la mesure où l'on prend en compte les opportunités de succès dans cette lutte »[65].

Contrairement aux classiques, voire néoclassiques qui soutiennent la neutralité de la monnaie, Weber comme les hétérodoxes voient en la monnaie un redoutable moyen de combat, ou même de violence qui influe sur le devenir économique et social d'une nation, voire du monde. La monnaie ne peut être neutre dans ce cas, et cette position singularise Weber vis-à-vis des classiques ou néoclassiques. C'est sur cette question monétaire, que Sapir rapproche même Weber de J.M. Keynes[66]. Toutefois l'approche de Weber par la microéconomie ne pourrait être identifiée à celle de Keynes, dans le sens où l'explication d'un enrichissement par le travail et l'épargne va à l'encontre du modèle keynésien qui désigne l'épargne comme la cause de la sous-consommation, qui est à l'origine de la crise de surproduction. Weber rejoint sur ce point les théoriciens de l'offre, à l'inverse de Keynes qui est un théoricien de la demande.

3.4 Weber et la théorie de la valeur

Il faut dire que pour Max Weber, la théorie économique se réfère davantage à l'approche marginaliste qu'à l'approche classique, y compris Marx quand il n'adhère pas à l'approche de la valeur par le travail : « *la réduction, en "dernière analyse", de "tous les moyens", à la "quantité de travail" fournie est une erreur* »[67]. Si tel est son avis, ceci ne l'empêchera pas toutefois de constater avec un certain recul intellectuel, l'impact de cette approche classique dans son analyse du capitalisme et du protestantisme.

Si Adam Smith avait voulu distinguer les notions de valeur d'usage et de valeur d'échange dans son acception du concept

---

[65] M. Weber : *Économie et société* tome 1, 1922. Paris, Plon. [1995, 2014]. Cité par Sapir.
[66] Sapir *ibid.*
[67] M. Weber : *Économie et société* tome 1, 1922. Paris, Plon. [1995,2014].

de la valeur, le questionnement sur le déterminant de la valeur en situation d'échange a amené les classiques à élaborer une théorie économique sur la valeur travail comme à la source de l'étalon pour déterminer le prix des marchandises et les profits qui en découlent. Certes, David Ricardo distingue les biens reproductibles des biens non-productibles compte tenu des certains critères de rareté, mais la quantité de travail requise constitue toujours - dans l'optique classique - le concept central qui détermine cette valeur aussi bien dans la production des biens, que dans l'accumulation du capital fixe. C'est donc une approche objective de la valeur.

C'est l'un des éléments essentiels qui distingue les classiques des néoclassiques car Jevons, Menger, Walras ... ont opté pour la conception subjective de la valeur, et la notion d'utilité marginale qui est à la base du calcul de maximisation. Sur ce cas, Max Weber se range nettement du côté des marginalistes et s'éloigne ainsi des classiques.

Pour Max Weber, les opportunités de rentabilité des entreprises dépendent de la possibilité d'écouler les biens produits et donc, *in fine*, du pouvoir d'achat des consommateurs ou, plus exactement encore, des « *unités marginales chez les derniers consommateurs de biens consommables* »[68].

En son temps, l'analyse économique se faisait à partir de deux grands modèles de référence : celui de la planification centralisée d'une part et celui de « l'économie transactionnelle » (allocation des ressources par le marché) de l'autre. Si Max Weber marque nettement sa défiance à l'encontre de l'orientation socialiste, il présente cette originalité majeure de ne pas opter doctrinalement pour la solution « transactionnelle » mais de s'en servir uniquement comme référence intellectuelle à sa réflexion sur la réalité qui est complexe. Ce qui nuance sa position vis-à-vis des classiques libéraux.

[68] M. Weber, *op.cit.* p. 138.

4 - Liens entre Max Weber et les marginalistes de l'école autrichienne

Si la présente analyse est utile, c'est que la relation qu'entretenait Max Weber avec les différentes écoles de pensée est assez équivoque car il a toujours affiché son indépendance vis-à-vis de celles-ci. Si Weber s'était spécialisé dans la socio-économie, il est parfaitement clair que pour des raisons heuristiques, il trouva en l'approche théorique et abstractive (donc relevant de la théorie économique), une source d'inspiration intéressante pour étayer son analyse. Les outils d'analyse économique de l'école autrichienne tels que la théorie de l'utilité furent l'objet d'un grand intérêt pour Weber, quoiqu'il n'ait pas intégré dans ses démarches cette opposition rigoureuse entre la théorie économique, et l'approche empirique et historique.

Sur la question de la théorie de la valeur, Max Weber fut parfaitement au courant des travaux de l'école autrichienne, et notamment de celui de Böhm-Bawerk, et il fut particulièrement intéressé par l'un des points centraux de l'analyse micro-économique que fut l'approche par l'utilité marginale. Mais Weber, d'une certaine manière, soucieux de son originalité mais plus clairement soucieux de suivre une approche socio-économique de la complexité (ou de la réalité comme il le dit), affirma que la méthode théorique et abstraite continue de s'opposer irrémédiablement à la recherche empirique et historique : « *la méthode théorique et "abstraite" continue à s'opposer avec une raideur hargneuse et apparemment insurmontable à la recherche empirique et historique* »[69]. Ce qui, une fois de plus, est surprenant, car si d'un premier abord, cette constatation amène par déduction à conclure que Weber n'adhérait pas à la théorie de l'utilité marginale, il ira au-delà de cette apparente opposition, pour au contraire intégrer dans ses analyses l'approche théorique marginaliste.

---

[69] M. Weber (1992) : *Essais sur la théorie de la science.* Paris, Plon, « Presses Pocket ».

En effet, pour lui, l'abstraction poussée appauvrit son contenu et éloigne de la richesse de la réalité[70], car d'une manière générale donc, les sciences humaines ne sont pas des sciences exactes de la nature, qui elles, peuvent prétendre à une validité plus générale. Cette prémisse de réflexion destinée à l'école marginaliste, qui s'apparente à une position critique, ne l'oppose pas pour autant aux néoclassiques car il préconise la nécessité de construire des concepts pour pouvoir faire avancer l'analyse. Il parle plutôt d'*idéaux types*. Il estime qu'il est aussi hasardeux de renier la théorie abstraite qui reste un outil de compréhension car on n'est pas en mesure d'y substituer un meilleur outil d'analyse et de clarification des idées[71]. Cette terminologie d'*idéal-type* que Weber utilise ramène au débat du concept théorique de la valeur.

Il est ainsi notoire que Max Weber s'intéressa à la théorie économique, surtout pour son aspect méthodologique. Mais contrairement à la pensée de Karl Menger, une théorie économique, pour Weber, ne peut prétendre être indéfiniment efficace, et ne l'est qu'à une période donnée, et ainsi ne peut se prévaloir d'un statut d'argument ontologique. Cette théorie doit être en phase avec une période historique marquée d'un point de vue culturel par la montée en puissance de comportements rationnels[72].

In fine, Weber avait un rapport très pragmatique avec la théorie économique. Son intérêt était de problématiser la question de rationalité dans le cadre de l'activité économique ainsi que les irrationalités qui s'y attachent plus que les questions de modélisation pure qui prédominent plus chez les économistes de son époque. De ce fait, Weber (à l'image de Keynes) n'avait pas approfondi la question de la valeur, qui, au

---

[70] *Ibid.* p. 159.

[71] *Ibid.* p. 179.

[72] M. Weber : « Die Grenznutzlehre und das "psychophysische Grundgesetz" » [1908] in Gesammelte Aufsätze zur Wissenschaftslehre, Tübingen, J. C. B. Mohr (Paul Siebeck), UTB, 1967. Cité par M. Lallement : Max Weber, la théorie et les apories de la rationalisation économique, in *Les cahiers du Centre de Recherches Historiques*.2004.

fil des périodes, a été l'un des points centraux des débats économiques, sources de confusion pour les profanes, et qui ont longtemps divisé les écoles de pensées[73]. Weber ne s'embarrassa pas d'utiliser les recherches des diverses écoles pour mieux se consacrer sur les points de son étude : de l'école autrichienne sur la question monétaire, de l'école historiciste sur l'histoire économique ou du travail, ou encore d'Auguste Comte, Herbert Spencer ou Ferdinand Tönnies pour ce qui concerne les relations entre l'économie et les autres sphères de la société[74].

5 - Max Weber face aux théories des valeurs et à l'utilité marginale

Max Weber n'avait pas adhéré à l'approche de la valeur par le travail, quoiqu'il n'ait pas approfondi la question, il est à constater, à défaut d'une adhésion claire, son accommodation à l'approche de l'utilité marginale de l'Ecole de Vienne.

Max Weber reconnaît que cette théorie de l'utilité marginale est fondée sur une vision calculatrice de l'action humaine. Il s'agit d'homogénéiser les besoins et les biens disponibles afin qu'ils deviennent des variables utilisables dans des calculs par des sommes et des montants dans un processus continu. Dans cette optique, l'homme est un éternel calculateur, bien évidemment porté sur le gain donc, et ainsi la vie humaine est une entreprise dont l'objectif est de pouvoir chiffrer les bénéfices.

Toujours fidèle à sa science de la réalité et à sa complexité, il affirma que cette loi de l'utilité marginale, malgré son approximation, en raison de l'évolution des sociétés modernes, et probablement de l'homogénéisation croissante des besoins, est un outil économique qui s'applique à un panel plus large d'individus. Ce qui accorde une certaine légitimité à la loi de l'utilité marginale.

---

[73] M. Weber : *Essais sur la théorie de la science, op.cit.* p. 195.

[74] In Lallement *op.cit.*

Toutefois, Weber émet des doutes sur la validité de certaines lois émises sur l'utilité marginale, notamment celle de Lujo Brentano qui relie la loi de l'utilité marginale à une loi psychophysique qui stipule que « *toute stimulation additionnelle à peine sensible intensifie les sensations individuelles de manière proportionnelle à la stimulation* »[75]. Pour Weber la satisfaction (*Glück*) et le proportionnel ne sont pas des concepts pouvant être appréhendés de façon unitaire.

D'ailleurs, pour Max Weber, les courbes reliant la quantité consommée et le degré de satisfaction éprouvée restent relatives au type de biens ou de services consommés. Si effectivement, dans certains cas ces deux variables évolueront de manière proportionnelle, dans d'autres, les courbes pourront se rompre soudainement ou encore l'on peut observer une tendance asymptotique qui se rapproche de zéro. Weber a pris comme exemple le cas de biens ou services comme la nourriture, le logement, l'alcool...

En tout état de cause, le débat sur la valeur ne fut pas un enjeu majeur de la thèse de Max Weber, mais il mérite d'être relevé pour comprendre sa position vis-à-vis de l'école marginaliste. Si Weber s'était intéressé au concept de l'utilité marginale, il n'a pas pour autant adhéré sans réserve au point de vue utilitariste.

Encore une fois, tout en reconnaissant, même d'une manière implicite, le côté pratique de la loi de l'utilité marginale, Weber complexifie aussi bien par des questions sociologiques ou historiques le processus de décision humaine dans le cadre de la science économique. En effet, pour Max Weber, l'action humaine est au centre des sciences économiques, et le but de l'économie est d'expliquer cette action dans le sens où des conflits existent résultant de la diversité des besoins, de la

---

[75] C'est une proposition issue de la psychologie expérimentale, la loi Weber-Fechner (Ernst Heinrich Weber et Gustav Theodor Fechner). L. Brentano (1908), « Die Entwicklung der Wertlehre, Munich, Verlag der Akademie », cité par Lallement M. : « Max Weber, la théorie et les apories de la rationalisation économique », in *Les cahiers du Centre de Recherches Historiques*. 2004.

limitation des ressources, ainsi que de l'enjeu de leur répartition et de leur allocation.

6 - Weber va au-delà de l'approche moniste

Pour terminer sur ce point, Max Weber distingue dans ses analyses, les besoins des consommateurs qui disposent d'un pouvoir d'achat suffisant pour atteindre leur satisfaction, et ceux pour qui il n'est pas possible d'avoir satisfaction puisque ne possédant pas les revenus nécessaires. Dans la mesure où l'activité économique est basée sur l'échange de type monétaire, et où elle est gouvernée par un souci de rentabilité, alors seuls les besoins à la fois solvables et rentables seront satisfaits. C'est d'ailleurs la fonction essentielle de l'entreprise dans une optique de la rationalité : satisfaire les besoins solvables. Max Weber alimente ici un dilemme qui reste une préoccupation récurrente de l'analyse économique : celui qui oppose logique de l'efficacité d'une part et souci de l'équité de l'autre.

Enfin, l'importance que Max Weber accorde aux dimensions extra-économiques pour expliquer la rationalisation sociale, la modernité et même l'apparition du capitalisme moderne le singularise, non seulement vis-à-vis de Karl Marx, mais également vis-à-vis de l'héritage d'Adam Smith.

D'ailleurs, le marché est un concept central de Weber pour analyser les rapports sociaux et économiques[76]. Dans ce cas, le marché est alors une institution. Les divisions sociales pour lui, ne se rapportent pas aux rapports de production, mais à des positions de marché où les concurrents ou rivaux s'opposent dans les stratégies mises en œuvre en vue d'en tirer le maximum de récompenses. Ce qui conforte sa proximité avérée à l'héritage classique, quand bien même son approche, en plus d'être complexe, présente une originalité intéressante. La situation dans laquelle se trouva Weber explique parfaitement la complexité de sa pensée, à l'image de la science de la réalité.

---

[76] L. Maurin (2001) : « Marx, Weber et les valeurs, encadré issu de l'article Les Français sont-ils devenus libéraux ? » in *Alternatives Economiques* n° 188 - janvier 2001.

Tout en présentant des affinités avec certaines des écoles de pensée, à ce stade de l'étude, Weber ne peut être rattaché à aucune d'elles.

Chapitre 2

CONCEPT WEBERIEN FACE AU PARADIGME DE L'HOMO-OECONOMICUS

L'*homo-oeconomicus* est un modèle théorique qui représente le comportement rationnel de l'homme dans son raisonnement économique. C'est un concept de base des sciences économiques modernes, dans le sens où il constitue l'hypothèse de départ de la théorie néoclassique. Bien que ce concept de l'*homo-oeconomicus* ne soit pas l'apanage de la théorie néoclassique, il se trouve qu'à bien des égards ces deux notions se soient mutuellement identifiées. *Primo*, car dans l'approche néoclassique, le calcul de maximisation de satisfaction ou de minimisation du coût s'opère selon une vision rationaliste. *Secundo*, car la théorie économique néoclassique a pour point de départ un agent économique isolé, consommateur ou producteur, éminemment individualiste (non dans le sens péjoratif) dans ses calculs : un homme qui fait abstraction des interférences sociales et qui s'identifie à l'image de Robinson Crusoé.

Cet individualisme néoclassique est défini comme un *individualisme méthodologique* qui ramène strictement aux comportements de l'individu la base de toute explication des phénomènes économiques (et sociaux). Ces deux hypothèses de base unissent inextricablement l'*homo-oeconomicus* à la théorie néoclassique.

L'on s'imagine ainsi un mode de réflexion ou un paradigme universel dès qu'il s'agit de la décision économique. Une décision invariable dans le temps et dans l'espace, qui transcende le cadre institutionnel. Est-ce la vision wébérienne de la pensée économique ?

L'objectif est de voir si la rationalité et l'individualisme de Weber sont ceux des néoclassiques et de l'*homo-oeconomicus*, les réponses apportées seront utiles pour situer le courant de pensée de Weber et ainsi pouvoir déterminer l'orientation de la réflexion sur sa pertinence dans le monde malgache.

1 - L'individualisme wébérien face à l'individualisme méthodologique néoclassique

Cette question qui est évoquée à ce stade de l'analyse, est cruciale, pour éclaircir d'une manière décisive la position de Weber vis-à-vis des théories classiques et néoclassiques, et ainsi sa probable affiliation à l'orthodoxie économique. Son adhésion à certaines théories économiques pour des raisons heuristiques, complexifie son positionnement vis-à-vis des néoclassiques.

Actuellement, certains courants d'idées n'hésitent pas à coupler la théorie néoclassique orthodoxe à d'autres pensées économiques plus hétérodoxes, et pour cette raison, il faut d'autres éléments de comparaison pour pouvoir sérieusement édifier l'essai d'intégration de Weber dans une pensée économique. Par exemple, l'approche institutionnelle est intégrée par des recherches orthodoxes. Un néo-institutionnaliste tel que Williamson[77] par exemple est qualifié d'« *institutionnaliste néoclassique* » donc standard dans le sens où s'il a intégré la question centrale de l'institution ou de la rationalité limitée (abordée plus loin) dans sa réflexion économique, sa théorie des coûts de transaction relève bien de l'orthodoxie. Ce qui rend désormais compatible néoclassique et institutionnalisme (qui est ainsi de moins en moins le domaine réservé des hétérodoxes).

On pourrait également évoquer l'économie de la convention (Beaud & Dostaler 1996)[78] qui reste toujours attachée à l'individualisme méthodologique, le modèle de base de la réflexion néoclassique marginaliste. L'économie de la convention inclut son analyse dans une optique historique pour comprendre la « *convention constitutive* » qui fait fonctionner le

---

77 B. Chavance (2012) : *L'économie institutionnelle*. Paris, La découverte nouvelle édition. Collection Repère.

78 M. Beaud & G. Dostaler (1996) : *La pensée économique depuis Keynes*. Paris, Ed. du Seuil.

marché et l'entreprise. Ce qui présente ainsi des convergences avec certains institutionnalistes (comme Doeringer et Piore)[79].

Pour ce qui est de Weber, sa théorie s'inscrit dans une optique individualiste. Un raisonnement qui amène à dire que, l'individualisme lié au capitalisme aboutirait fatalement à l'individualisme méthodologique, est ainsi une déduction assez évidente. Il n'est point judicieux d'affirmer que Weber a opté pour ce modèle ou l'a explicitement défendu. Si c'est en effet le cas, cela le classerait comme étant finalement un néoclassique. D'ailleurs, des néologismes tels que « *hétérodoxes néoclassiques* » sont actuellement évoqués pour classer certains économistes majeurs mais assez singuliers, comme Akerlof ou Stiglitz[80].

Mais, ce qui en revanche laisse sceptique, c'est que si ces néologismes assez syncrétiques se comprennent assez aisément par le fait que depuis quelques décennies, l'orthodoxie a petit à petit intégré dans ses analyses les principales préoccupations des hétérodoxes, ce problème d'interpénétration des sujets de prédilection des uns et des autres, ne fut aucunement la préoccupation des économistes des deux côtés au début du XXe siècle. Weber avait-il adhéré au modèle de base néoclassique concernant l'individualisme méthodologique ?

1.1 L'individualisme indiscutable de Weber

Si les analyses des sciences sociales ont longtemps opposé Weber à Durkheim, c'est que l'approche wébérienne est supposée centrée sur l'individu face à la pensée durkheimienne *a priori* holiste. Il est opportun d'affirmer que Weber se distancie du collectif pour donner la place centrale à l'individu.

Pour commencer, il est utile de préciser que la notion d'individualisme est polysémique[81], retenons entre autres deux acceptions utiles :

---

[79] *Ibid.*

[80] *Ibid.*

[81] A. Laurent (1994) : *L'Individualisme méthodologique.* Que-sais-je ? Paris, PUF.

- Alexis de Tocqueville considère l'individualisme comme **un fait social** inhérent à des sociétés démocratiques plutôt modernes. En effet, dans ces sociétés la division du travail stimule la différentiation des individus suivant leur capacité, compétences, activité, etc. et favorise le développement de l'autonomie individuelle et évidemment une certaine mobilité sociale. L'individualisme est ainsi intimement lié à une structure sociale et économique.

- Une autre acception, considère l'individualisme comme **une méthodologie d'analyse** qui s'abstient de toute *considération morale ou de jugement de valeur*, mais l'intègre dans une logique d'analyse et dans une démarche méthodologique de science sociale. En économie, le principe individualiste méthodologique prend comme point de départ de la théorie ou de la conceptualisation, l'analyse des actions individuelles. Ce terme fut utilisé pour la première fois d'une manière explicite, au début des années 1940, par Friedrich Hayek puis par Karl Popper dans des articles *d'Economica*[82].

Les phénomènes holistiques, sociaux, voire macroéconomiques, sont les conséquences des initiatives individuelles et y retrouvent ainsi leur quintessence. Selon la formule libérale, la somme des intérêts individuels donne alors l'intérêt collectif. Ce principe général de l'individualisme méthodologique a été initié par l'école marginaliste de Vienne sous la férule de Carl Menger, pour devenir le postulat de base de la microéconomie néoclassique, mais s'est étendu dans d'autres disciplines. Des auteurs et non des moindres, comme Schumpeter (1954)[83], estiment que Weber s'était rapproché des tenants de l'individualisme méthodologique, d'autres l'ont ainsi classé comme proche des néoclassiques, voire l'ont rattaché à la tradition de l'école de Vienne.

Notons entre autres ce que R Swedberg (1998) rapporte sur la question : « *Dans un numéro de Der Sozialistische Student de*

---

[82] *Ibid.*
[83] J.A Schumpeter (1954), *Histoire de l'analyse économique*, 3 tomes, Paris, Gallimard. [2004].

1898, il est ainsi constaté que ceux qui avaient attiré Weber à Heidelberg dans l'espoir de renforcer l'école historique ont été profondément déçus lorsqu'ils se sont aperçus qu'il était en fait un "champion de l'école autrichienne"[84] ».

Ce qui est, à première vue, soutenable, les néoclassiques se basent sur des raisonnements microéconomiques, qui se reposent sur les comportements individuels, à l'origine des phénomènes collectifs. La société serait ainsi l'agrégation d'individus, qui sont modélisés en un concept abstrait de l'être économique doté d'une rationalité, dans le but de maximiser sa satisfaction, compte tenu des ressources limitées : l'*Homo-oeconomicus*. Effectivement, concernant Weber, non seulement il a trouvé séduisante cette théorie de la valeur utilité qui s'oppose à la théorie objective de la valeur-travail, mais quand il exprime sa distance aux « concepts collectifs », et appuie la primordialité de la science compréhensive des comportements individuels pour pouvoir appréhender d'une manière juste les structures sociales, il s'exprime en ces termes : « *(...), ces structures ne sont que des développements et des ensembles d'une activité spécifique de personnes singulières puisque celles-ci constituent seules les agents compréhensibles d'une activité orientée significativement* »[85].

Dans le domaine plus étendu des sciences sociales et de la sociologie, un tenant de l'individualisme méthodologique parmi les plus prestigieux, Raymond Boudon, dans son *Dictionnaire critique de la sociologie (& François Bourricaud, 1982)*, a mis en exergue une citation de Weber, comme la référence des sociologues utilisant les méthodes « individualistes » : « *... la sociologie... ne peut procéder que des actions d'un, de quelques, ou de nombreux individus séparés. C'est pourquoi, elle se doit d'adopter des méthodes strictement* "individualistes" »[86].

[84] R. Swedberg (1998) : *Max Weber and the Idea of Economic Sociology*, Princeton, Princeton University Press.
[85] A. Bihr *op. cit.*
[86] R. Boudon. & F. Bourricaud (1982) : *Dictionnaire critique de la sociologie*. Paris, PUF.

De tout ce qui précède, et qui n'est - bien évidemment - pas exhaustif, la déduction semble plaider dans le sens de la posture individualiste méthodologique de Weber. Cette posture aurait la particularité de remettre en question la position institutionnaliste de Weber, d'autant plus qu'il ne s'y était pas prononcé d'une manière explicite. A partir du moment où c'est de l'individu que toute analyse des sciences sociales (économiques ou sociologiques, voire historiques) trouve son origine, l'institution ne peut être déterminante pour analyser les facteurs à la source de la décision individuelle, étant donné que cette institution qu'elle soit déclinée en règle du jeu, organisation, structure ou système n'est pas à l'origine mais est le produit de l'action individuelle ou encore de l'agrégation de celle-ci.

L'approche de Weber par l'individualisme est, dans ce sens, indiscutable.

1.2 L'individualisme institutionnel wébérien dans son analyse du protestantisme

L'analyse de Weber concernant le protestantisme et le capitalisme est fondamentale pour percevoir le positionnement précis de Weber à propos de l'individualisme. Est-il méthodologique ? Les tenants de cette posture dans l'appréhension de la science sociale en général, admettent volontiers Weber comme l'un des leurs et en ont même fait l'une de leurs références majeures.

Weber situe l'essence de la pratique protestante, dans l'éthique individuelle. C'est le rôle éminent de l'action individuelle et d'une morale individualiste du travail, (extrait de la théologie de Calvin) qui constitue l'un des éléments essentiels de son affinité avec le capitalisme. L'aversion de Calvin pour le système clérical et le caractère absolument individuel du salut conforte cette constatation.

Nonobstant tout discours religieux prosélyte, cette solitude ne peut qu'induire une démarche - par essence - individuelle, donc individualiste. Biéler[87], très critique à l'égard de Weber, a semblé faire l'impasse sur ce point précis et essentiel, qu'est l'individualisme dans la théologie de Calvin, et force est de constater que l'analyse de Weber sur ce point est indiscutablement pénétrante. Si une approche qui lierait directement protestantisme et capitalisme (par l'accumulation de la richesse ou du capital) est une erreur, l'existence d'une attitude commune née de cet individualisme est fondamentale. L'individualisme est la frontière commune qui relie le protestantisme dans sa quête du salut et le capitalisme.

La conclusion de Weber sur le rôle éminent de l'action individuelle, et d'une morale individualiste du travail, découlant de la théologie de Calvin, et non de sa dérivation dans le temps et dans l'espace, n'est pas dénuée de raison défendable. L'individualisme méthodologique, en dehors de toute considération morale, suivra alors une logique qui mettra l'individu au centre du processus économique et social, tout en étant l'organe central de toute organisation.

Cependant, s'il est certain que la pratique individuelle est centrale dans la théologie de Calvin, la position tranchée de Calvin affaiblit paradoxalement le caractère absolument et exclusivement individualiste de ses préceptes.

Tout d'abord, au regard de l'histoire parce que l'influence de Calvin se faisait à l'échelle d'une cité qu'est la ville de Genève[88]. Si sa position critique face au clergé peut être admise, son attitude quelquefois intransigeante face aux contre-courants signifie que si le terme clérical peut ne pas être approprié, son autorité quasi-cléricale sur une communauté est *indiscutable (une religion peut-elle durer sans autorité religieuse ?).* En outre, cet individualisme ne fait abstraction ni de l'organisation ni de l'institution, et ne néglige pas l'existence communautaire et ses conséquences. Ce n'est donc pas une autarcie.

---

[87] A. Biéler (1959) : *La pensée économique et sociale de Calvin*, préface de Michel Rocard, Genève, 2e éd. Georg Editeur, [2008].

[88] G. Goyau (1919) : *Une ville église* : Genève. Paris, Perrin. Cité par Biéler *op.cit.*

En outre, dans une approche plus sociologique, le protestantisme étant l'expression d'une religion, est une organisation qui édicte des valeurs, une culture, une éthique, et influence les individus qui la composent. Calvin tenait à la soumission des pratiques économiques à la morale chrétienne et au contrôle de la société[89].

L'interaction permanente entre le protestantisme et les individus qui la composent est alors évidente. La religion protestante est un système d'habitudes, de règles acceptées par un nombre considérable d'individus et régissant leur vie, le protestantisme est indiscutablement une *INSTITUTION.* Même si l'on suppose comme vraie, l'hypothèse d'un modèle où Calvin serait le point de départ exclusif de la théologie protestante, et que son action individuelle serait la source de valeur collective, il n'est pas possible d'ignorer le fait que par essence, la base de diffusion des préceptes religieux, bien qu'individualistes, reste la communauté et donc inclut l'institution. D'ailleurs, le calvinisme ne fut pas créé ex-nihilo, mais est contingent d'un christianisme millénaire.

En outre, Biéler admet que l'intervention de l'Etat fut plus que déterminante dans la victoire de la réforme « calviniste »[90]. C'est un signe évident que sans l'influence voire le contrôle de la force publique, la communauté (les institutions publiques et familiales), la « réussite » genevoise du calvinisme aurait été beaucoup plus incertaine. Le protestantisme est ainsi une *« institution individualisante »* qui prône l'*individu institutionnel*, même si l'éventualité d'une dérive vers un individualisme méthodologique est toujours possible. Les bases de la théologie protestante le prouvent, le salut est individuel, mais le croyant base son éthique et toutes ses actions individuelles, sur le fondement des écritures sacrées et sa lecture quotidienne. Il n'y a de plus institutionnelles que les écritures sacrées en tant que préceptes, règles et systèmes d'habitudes. Si les catholiques s'attachent aux traditions, et les

---

[89] A. Biéler (1959) *op.cit.*

[90] *Ibid.*

protestants aux écritures sacrées, les protestants ne sont pas moins institutionnels que les catholiques, c'est l'expression de l'institution qui est sensiblement différente. Il y a surtout une intériorisation voire une individualisation du poids institutionnel dans le protestantisme, et Weber l'a admis.

Quand R.-H. Tawney (1926) a voulu critiquer Weber au sujet de cet individualisme, il démontra longuement que le calvinisme authentique avait insisté sur la soumission de toutes les pratiques économiques à la morale chrétienne et au contrôle de la société[91]. Paradoxalement, Tawney, au lieu de remettre en cause Weber, renforce par ses argumentations un individualisme soumis à l'institution, un individualisme institutionnel.

Si le protestant pourrait être réellement individualiste, à la limite d'une conception méthodologique de la chose, il ne peut toutefois renier la religion qui l'encadre, et c'est dans ce sens que les préceptes moraux et religieux, la communauté, vont influencer sa décision[92]. Le capitalisme qui découle de ses activités est ainsi institutionnel. Weber a par exemple évoqué l'importance primordiale de l'appartenance à une communauté religieuse pour les businessmen aux Etats-Unis[93]. Il reconnaît ainsi l'impact du supra-individuel sur les décisions individuelles. Ainsi, à partir du fait où Weber évoque le cas de lien entre le protestantisme et le capitalisme, même s'il se concentre sur l'individu, il ne peut ignorer et donc ne peut renier le poids de l'institution sur les activités individuelles. L'individualisme wébérien, plus particulièrement quand il évoque le protestantisme, est ainsi *institutionnel*.

De tout ce qui précède, le débat peut être résumé par le point de vue d'Hédoin (2009) qui estime que, par la méthodologie, analyser Weber passe obligatoirement par la prise en compte

---

[91] R.-H. Tawney (1926) : *La religion et l'essor du capitalisme*. Paris [éd 1951].

[92] D. Clerc : (2005) : « Religions et capitalisme » in *Alternatives Economiques Hors-série* n° 065 - avril 2005.

[93] M. Weber : *L'éthique protestante et l'esprit du capitalisme. Op.cit.*

des institutions qui déterminent les éléments à la source des décisions individuelles : *« (...) sur un plan strictement méthodologique, Weber développe ce qui est aujourd'hui parfois nommé un individualisme institutionnel : l'autonomie de l'individu est reconnue ainsi que la nécessité de partir de ses actions, croyances et motivations, mais l'analyse de ces dernières passe inévitablement par une prise en compte des institutions et des structures sociales contribuant à les déterminer »*[94].

Il est toutefois à noter que Weber est loin de personnifier les organisations ou les institutions qui leurs accorderaient une préséance face aux individus.

1.2.1 Caractéristiques de l'individualisme institutionnel

La particularité de l'individualisme institutionnel, c'est que tout en octroyant à l'individu un caractère central dans l'analyse, il a des liens avec l'holisme méthodologique sans l'être, bien évidemment. Il s'agit de l'acceptation de l'effectivité d'une structure sociale qui influence les individus. Mais la particularité de l'individualisme institutionnel, c'est que cette structure, en l'occurrence l'institution, n'est pas personnifiée.

F. Toboso (2001)[95] circonscrit ainsi l'individualisme institutionnel selon trois principes :

« Seuls les individus sont porteurs d'objectifs et peuvent promouvoir des intérêts » : les objectifs sont propres aux individus qu'ils agissent seuls ou collectivement. Les objectifs sont modifiables par les individus.

---

[94] C. Hédoin (2009) : *Le rapport entre théorie et histoire dans les approches historicistes et institutionnalistes en économie : essai de reconstruction rationnelle du programme de recherche scientifique de l'institutionnalisme historique*. Thèse de doctorat en Sciences Economiques. Faculté de sciences économiques, sociales et de gestion. Université de Reims Champagne-Ardenne. Reims 2009.

[95] Toboso, F. (2001), "Institutional Individualism and institutional change: the search for a middle way mode explanation", *Cambridge Journal of Economics*, N. 25, pp. 765-783.

« L'ensemble des règles institutionnelles formelles ou informelles affectant les interactions doit être incorporé à l'ensemble des variables explicatives » : les institutions ne font pas partie intégrante des individus, mais sont donc un contexte ou un environnement et sont ainsi des données exogènes qui peuvent constituer des opportunités aux individus, sans être des éléments constitutifs des préférences stables.

« Les changements institutionnels sont le fait de personnes et résultent d'actions indépendantes ou collectives qui se situent toujours dans un cadre institutionnel » : les actions des individus peuvent faire évoluer les institutions tout en étant insérées dans l'optique et même sous la contrainte de ces institutions, en vertu d'une rationalité et des choix stratégiques limités ou non.

L'individualisme institutionnel considère ainsi que considérer exclusivement l'individu atomisé sans la société (qui contient les institutions) ne peut être retenu comme un outil d'explication exhaustif des sciences sociales. En effet, la société et les institutions entraînent des incitations, des contraintes, en bref des influences sur les décisions et actions individualistes. Pour J. Agassi, la société est *« l'outil conventionnel (ou contractuel) de la coordination des actions individuelles »*[96], sans toutefois que dans cette optique institutionnelle il soit porté atteinte à l'autonomie individuelle et au postulat individualiste.

Il importe ainsi de conceptualiser cet individualisme institutionnel en l'insérant dans une théorie qui conçoit une proximité intellectuelle entre l'individualisme et l'institution. Il s'agit de la théorie de la complexité.

1.2.2 L'individualisme institutionnel : un individu complexe face à sa communauté

Si cette théorie de la pensée complexe met à l'épreuve la validité universelle et exclusive de l'individualisme

[96] Hervé Defalvard, 1992. « Critique de l'individualisme méthodologique revu par l'économie des conventions, » in *Revue économique*, Presses de Sciences-Po, vol. 0(1), pages 127-143.

méthodologique, elle conforte en revanche la légitimité de l'individualisme, (tout comme l'holisme). En effet, du point de vue méthodologique, si la pensée binaire critique la validité d'un postulat par la légitimation d'une position qui lui est antinomique, la complexité admet la coexistence de deux idées *a priori* inverses, sans rechercher systématiquement à les synthétiser et ainsi en ignorer leurs existences propres. Ce que récuse la pensée complexe, c'est la vision réductrice qui admet une posture qui ignore son contraire. L'essence de l'individualisme institutionnel peut être interprétée dans ce sens.

- ***D'un côté l'individualisme est légitime.*** Cet individualisme institutionnel est une complexification de l'individualisme.

Tout d'abord, d'un point de vue individuel, le système n'a pas sa raison d'être sans les apports des individus libres et maîtres de leurs choix. Pour Von Bertalanffy, la société humaine n'est pas sous le contrôle exclusif de lois d'un tout « superordonné », la loi exprime l'achèvement de l'individu, et il s'y identifie. Sinon, tout système est destiné à se disloquer si l'individu n'est qu'une pièce du tout social : « *La société humaine(...) est perdue si l'individu n'est plus qu'un rouage de la machine sociale* »[97].

Force est ainsi de reconnaître la capacité d'autodétermination de l'individu, sa capacité de création, de production et de reproduction. Dans son interprétation de Morin, Laurent (1994)[98] évoque la possibilité de l'esprit individuel de mener un « *jeu propre* », et créer face aux déterminations sociales qui le contraignent mais dont il se nourrit. Ces déterminations sociales sont ici les institutions édictées par la société, et de ce fait l'individualisme complexe s'identifie clairement à l'individualisme institutionnel. Le jeu propre peut être identifié comme la stratégie que mène l'individu pour s'accommoder des règles de jeux institutionnelles. Morin rejette ainsi « *les*

---

[97] Von Bertalanffy, L. (1968). *Théorie générale des systèmes*. Trad : Jean Benoîst Chabrol, Paris, Dunod, 1973. p. 51.
[98] A. Laurent *op.cit.*

interprétations déterministes, réductrices, trivialisantes qui aboutissent au rejet inouï de l'idée d'individu auteur, inventeur, créateur »[99].

- ***Mais de l'autre côté l'holisme est aussi légitime.***

Si l'individu est unique, il n'est pas seul, chaque individu diffère de l'autre, et leur association aboutit à une entité complexe, unique, différente des éléments pris individuellement.

L'être social existe, et ne peut être réductible aux individus, d'autant plus qu'il rétroagit sur ceux-ci. C'est aussi une entité dotée d'une auto-organisation née d'incessantes interactions entre les individus mais également des interactions entre le tout social et les individus qui font ainsi évoluer aussi bien le tout que l'individu.

Pour Morin[100] le tout possède quelque chose de plus que ses composantes. Des propriétés émergentes peuvent naître de l'agrégation, sans être observables dans les parties considérées isolément, connaître les parties et leurs manifestations n'amène pas à connaître la somme des parties et leur manifestation.

1.2.3 L'individualisme institutionnel : légitimation par la théorie de la complexité

Si en apparence, cet individualisme dual avec l'institution semble revêtir un non-sens par l'association de deux états inverses, le raisonnement dialogique et récursif de la complexité lui donne une entière légitimité théorique.

Dans l'individualisme institutionnel se retrouve la boucle rétroactive et dialogique entre individu et société, selon Morin. *« Quand il y a interaction entre individus, il se crée une société émergeant comme un tout. Mais cela ne signifie pas que les individus se dissolvent et que le tout existe en dehors d'eux de*

---

[99] E. Morin (1977-1991) : *La méthode*. Tome IV *op.cit.* p. 7 cité par A. Laurent *op.cit.*

[100] E. Morin (1984) : *Sociologie*, Paris, Fayard.

manière transcendante. La société certes s'autotranscendantalise mais ne serait rien sans les interactions entre individus. Les individus dépendent de la société qui dépend d'eux »[101] : Morin légitime le bienfondé et les raisons d'être de l'approche individualiste, (tout comme l'holiste), mais souligne la limite de toute volonté de leur octroyer une autonomie propre.

L'individualisme institutionnel ne prétend donc pas à la complétude, ni ne se complaît à une position intermédiaire entre les deux, c'est la prise de conscience de la complexité à la fois de l'individu et de l'institution.

1.3 Divergence entre Weber et l'individualisme méthodologique néoclassique

L'individu institutionnel, ne peut être isolé de l'institution, **ce n'est pas un *homo-oeconomicus* classique ou néoclassique**, c'est l'individu économique en interdépendance avec les autres et le social qui l'influencent, il s'agit d'une considération de l'individu dans le cadre d'une approche de l'économie par son aspect institutionnel.

Quand bien même les défenseurs de l'individualisme méthodologique citent Weber comme une référence de la prépondérance de l'individu, son individualisme institutionnel a été démontré, ce qui l'écarte de la conception méthodologique néoclassique. Ce qui permettra sans doute de mieux conceptualiser l'applicabilité de sa pensée. L'individualisme de Weber n'est pas celui des néoclassiques, c'est le premier élément qui éloigne donc Weber de ces derniers.

Mais un dernier élément déterminant doit être bien défini pour que cette affiliation de Weber à une lignée économique soit établie : sa conception de la rationalité.

---

[101] E. Morin : Sociologie *op.cit.*

2 - Rationalité wébérienne face à la TCR (Théorie du Choix Rationnel) néoclassique

A l'instar du modèle de l'individualisme de Weber qu'il fallait éclaircir afin de mesurer sa proximité ou non avec l'individualisme méthodologique de l'*homo-oeconomicus* néoclassique, il est enfin primordial pour dissiper toute équivoque de revenir sur un élément essentiel qui compose la théorie néoclassique qu'est la question de rationalité. Cette rationalité est également l'élément central de l'interprétation de Weber du lien entre l'éthique protestante calviniste et le capitalisme.

Dans sa sensibilité historiciste, Weber estime que l'avènement du capitalisme est contingent, ce qui écarte tout déterminisme de la pensée, cependant, cette manifestation est *a posteriori* traçable et ainsi explicable. Selon Weber, cette émergence du capitalisme moderne porte en filigrane la rationalisation des pratiques économiques qui en est donc une cause majeure, sans prétendre en être la seule.

2.1 La rationalité dans le protestantisme

D'abord, il est admis que la dissertation de Weber sur cette rationalité protestante, est une constatation du protestantisme qui lui fut contemporain, et donc d'une interprétation et non d'un fidèle rapport de la pensée originale de Calvin. Mais, est-il possible de voir à travers l'interprétation de Calvin, des signes d'une rationalité ? La réponse est positive. Pour revenir à la question du libre examen, ou du libre arbitre, Calvin veut affranchir l'individu de l'emprise de l'organisation religieuse et du système clérical, plus particulièrement du poids de la tradition et du ritualisme sur la psychologie et la pensée individuelle.

Le protestantisme favorise ainsi une forme particulière de rationalité, qui caractérise les comportements utilisant les moyens et les ressources disponibles pour parvenir aux fins propres à l'objectif qu'on veut atteindre. L'action est moins transcendantale, moins tributaire de « la magie » et plus réfléchie, plus « rationnelle ». Il est toutefois utile de rappeler que Calvin dévalorise la raison comme moyen d'atteindre ou de comprendre Dieu, il dit en effet que : « *La raison humaine ne peut jamais ni approcher, ni tendre, ni dresser son but à cette vérité d'entendre qui est le vrai dieu, et quel il veut être envers nous* » (Institution, II, II, 18)[102].

Calvin fut un homme de son temps, et il avait bien appréhendé la tendance économique en général et le développement d'un capitalisme commercial, qui sans aucun doute suscita sa posture théologique portant par exemple sur l'autorisation de l'intérêt des prêts d'investissement et qui le singularisa de la vision d'Aristote ou de Thomas d'Aquin. Si dans la quête de Dieu, l'importance théologique de la révélation divine par les écritures reste primordiale, la position de Calvin dans l'éthique pratique témoigne ainsi d'un implacable réalisme qui de facto ne peut se séparer d'une indiscutable rationalité.

Peyrefitte[103] évoque la réforme protestante comme libératrice « *des forces retenues ou bridées par l'organisation politique et sociale héritée de la chrétienté médiévale* », mais il rajoute que ces forces ne sont pas nées de la seule Réforme : « *celle-ci a révélé celles-là comme celles-là ont conforté celle-ci* ». Parmi ces forces figurent indiscutablement l'individualité et la rationalité.

De ce fait, la rationalité évoquée par Weber, en dehors d'une analyse contextuelle, est inhérente au protestantisme. La théorie de Weber sur la rationalité liée au protestantisme est soutenable. Le calvinisme n'a pas conceptualisé l'*homo-oeconomicus*, mais il est possible de trouver une similarité dans « les forces » qui ont développé le protestantisme, et l'abstraction de l'homme économique néoclassique, voire de l'esprit du capitalisme.

Entre la rationalité puritaine et le rationalisme utilitariste qui est à la base de l'économie moderne, il y a bien un lien, mais non une continuité économique (capitaliste), mais il y a une

---

[102] Calvin : *Institution*, Livre II, II, 18.

[103] A. Peyrefitte (1995) : *La société de confiance*. Paris, Odile Jacob. Cité aussi par D. Clerc (1999) : « Eloge du libéralisme : sous la confiance, la dictature du marché » in *Alternatives Economiques* n° 167 - février 1999.

compatibilité qui favorise leur coexistence au sein d'un même individu. En somme, le protestantisme est un facteur direct, l'une étant le produit de convictions religieuses, l'autre d'un système objectif. La société et l'économie moderne sont en partie les produits du protestantisme, sans pour autant en être des héritières spirituelles. Il n'y a pas de lien de filiation directe entre protestantisme et l'homme explicatif du développement du capitalisme.

Sur ce point, Weber, démontre une perspicacité remarquable, et malgré les nombreuses critiques à l'encontre de ses analyses, si celles-ci continuent à susciter un vif intérêt, c'est qu'elles ne sont pas fausses, et c'est pour cette raison qu'elles continuent à intriguer de nombreux savants. Tout comme Doumergue[104] ou Goyau[105] qui critiquèrent la relation directe entre théologie et capitalisme, l'idée soutenable est qu'au-delà de la doctrine, c'est l'individualisme calviniste sécularisé qui constitue entre autres le facteur de l'individualisme capitaliste.

2.2 Une affinité marginaliste par la rationalité en finalité

Pour pouvoir aller plus loin dans l'analyse, il est nécessaire de rappeler les quatre variantes de la typologie d'action et l'expression de la rationalité selon Weber. Il s'agit de :

- L'action traditionnelle qui se fonde sur les habitudes et les coutumes, c'est une activité issue d'us acquis et qu'on répète.

- L'action affective, née des émotions, des impulsions ou des sentiments.

- L'action rationnelle en valeur (*wertrational*), appelée aussi rationalité axiologique relève donc d'un comportement consécutif à une adhésion à un système d'idéaux d'ordre éthique, esthétique ou religieux… Il y a dans ce cas une

---

104 E. Doumergue (1899-1927) : *Jean Calvin : les hommes et les choses de son temps*, 7 volumes. Lausanne, Bridel. Cité par Biéler *op.cit.*

105 G. Goyau (1919) : *Une ville église* : Genève. Paris, Perrin. Cité par Biéler *op.cit.*

définition d'objectifs qui peuvent s'écarter d'une conception matérielle assimilable au gain.

- L'action rationnelle en finalité (*zweckrational*) qui est caractérisée par la définition des fins et l'orientation des moyens dans ce sens, tout en procédant à des confrontations entre les moyens, les moyens face aux fins et les différentes fins possibles.

Dans un premier temps, quand Weber évoque la rationalité par le calcul et la rentabilité du capital, liés à l'apparition de la monnaie, des échanges marchands et du marché etc., il ne peut s'agir que de la rationalité en finalité. Cette rationalité instrumentale définit la fin avant tout comme un gain matériel et économique (ou la minimisation des coûts) et ainsi aboutit à une situation d'enrichissement. Ainsi, jusqu'ici Weber se rapproche sensiblement de la pensée marginaliste et se retrouve équivoque vis-à-vis de l'institutionnalisme, représenté entre autres par T. Veblen qui s'employa à critiquer « l'irréalisme » de l'*homo-oeconomicus*[106].

Dans cette optique, la rationalité de référence pour Weber (du moins en tant qu'outil d'analyse) est la rationalité en finalité qui est intellectuellement la plus féconde : « *C'est leur (rationalité et actions y afférentes) fécondité qui, à notre avis, impose la nécessité de les construire*[107] ». Ce n'est point une hérésie d'avancer une affinité relative de Weber avec la pensée marginaliste. L'individualisme est de ce fait lié à l'approche de la rationalité intéressée et finaliste qui a conduit à l'élaboration du modèle de ***« Théorie du Choix Rationnel » (TCR)***.

Si analyser en profondeur la TCR n'est pas l'objectif, rappelons néanmoins brièvement ses principes. Le comportement de l'*homo-oeconomicus* repose sur deux hypothèses de base :

---

106 T. Veblen (1898) : "Why is economics not an evolutionary science?" in *Quarterly Journal of economics*, Juillet 1898, (repris in Veblen T. (1919), *The place of science in Modern civilization*. New Brunswick, Transactions Publishers [2006]. Cité par Chavance, *op.cit.* p. 73.

107 M. Weber : *Économie et société*, *op. cit.* p. 57.

- pour deux choix possibles x et y, l'agent sait classer sa préférence pour x par rapport à y, y par rapport à x ou encore il est indifférent entre x et y.

- ensuite il doit y avoir une cohérence minimale sur l'ensemble des choix, de celle-ci est tiré le principe de la transitivité.

Si x est préféré à y, y à z donc x est préféré à z. Ce qui introduit évidemment la fonction d'utilité qui représente ces préférences.

En allant plus loin, cette théorie de la rationalité appliquée à un avenir incertain introduit la notion d'utilité espérée intimement liée aux probabilités des événements futurs. Dans ce cas, l'agent pourrait classer sa préférence en fonction de l'espérance d'utilité formalisée en espérance mathématique E(x) aboutissant à des modèles de la théorie d'anticipations rationnelles.

Souvent, la théorie d'anticipations rationnelles est présentée comme le prolongement logique et naturel de la TCR, mais l'on se demande si des outils économiques ou financiers, qui servent dans un univers incertain comme le marché des options par exemple, pourraient se développer sans des anticipations inversées des agents. La logique de rationalité instrumentale dans le cadre de l'anticipation et l'incertain est donc critiquable.

Or, Weber opte pour une explication du ***capitalisme comme le produit de la conjonction de diverses et multiples contingences***, donc d'une histoire contingente. La notion de rationalité, selon l'approche de Weber devrait ainsi inclure l'aléa et l'incertain, et aboutir à une logique d'anticipation qui se veut rationnelle. Cependant, définir une trajectoire précise de l'évolution (donc déterministe) et le temps qui sera affecté dans l'optique de Weber, n'est pas réaliste. Dans cette hypothèse de contingence admise par Weber lui-même, la fin à atteindre est relativisée par le fait que sur la durée, elle et les moyens y afférents ne peuvent qu'être contingents aussi. Weber ne pouvait pas opter pour une rationalité purement finaliste, dans le sens où cette (ces) finalité(s) sensée(s) être définie(s) *a priori* est (sont) aléatoire(s).

En définitif, il n'est point possible de déterminer avec certitude une finalité universelle si la contingence est admise car celle-ci dépendra des aléas. Il est plus réaliste de dire que les aléas sont plus ou moins accentués, selon les environnements et les cultures et *in fine* selon les institutions.

2.3 Des liens avec la rationalité limitée d'Herbert Simon

Une approche évolutionniste de l'analyse de Weber, qui sera abordée plus en profondeur plus tard, entraîne des incertitudes concernant une finalité qui évolue et conséquemment sur les instruments définis pour l'atteindre. L'optimisation en tant que finalité n'est pas aussi facilement définissable dans une approche en perpétuelle évolution.

Dans une situation simple, aisément assimilable par l'acteur économique et contrôlée par sa capacité cognitive, la procédure d'optimisation économique qui est la rationalité en finalité par excellence consiste en une maximisation des gains et une minimisation des coûts. Pour la théorie économique néoclassique, la phase délibérative de la prise de décision se rapporte à un calcul[108]. Ce qui rejoint en premier lieu la conception de base de Weber de la rationalité.

Cette rationalité est qualifiable d'omnisciente car elle présuppose un modèle qui inclut les hypothèses de l'accessibilité de l'agent économique à toutes les informations nécessaires, une capacité illimitée de les traiter et les comparer, ainsi que des idées claires, cohérentes et stables sur ses préférences[109].

---

[108] P. Mongin (1986) : « Simon, Stigler et les théories de la rationalité limité ». *Information sur les sciences sociales*, 25, n° 3, pp. 555-606, cité par C Quinet (1994) : « Herbert Simon et la rationalité » in *Revue française d'économie*. Vol. 9 n° 1 pp. 133-181 p. 134.

[109] E. Friedberg (2011) : « Rationalité et analyse des organisations » in *Idées économiques et sociales*. n° 165. Ed. SCEREN-CNDP. Septembre 2011. pp. 15-23.

Or, en ayant admis comme données de base la position évolutionniste de Weber, de même que la permanence de la complexité, il n'est point possible d'admettre que le seul calcul suffit pour déterminer ou non la rationalité d'une décision. En effet, l'esprit humain, de même que sa capacité cognitive, ne peut appréhender exhaustivement tous les éléments d'informations qu'il lui faut, pour prendre une décision. On se situe dans le cadre de l'épistémologie de la complexité qui amène à reconnaître qu'*« un objet complexe n'est pas un objet qui serait seulement plus difficile à connaître, mais bien un objet que l'on ne peut jamais prétendre connaître complètement »*[110] et que face à cette situation il est primordial d'adhérer au grand principe qui stipule que *« le rapport à la connaissance dans la pensée complexe se distinguerait d'abord par l'acceptation d'un principe d'incomplétude et d'incertitude »*.

Or, cette constatation constitue la prémisse de ***la théorie de la rationalité limitée d'Herbert Simon.*** Non seulement l'agent économique ne peut que rarement disposer des informations directement de la source primaire, donc exemptes de toutes transformations voulues ou non, mais ces informations étant complexes nécessitent des interprétations qui ne sont pas exemptes d'erreurs.

Simon assouplit donc la notion de rationalité, abandonne l'optimisation et se rapproche de la théorie évolutionniste qui décrit la décision comme un processus où une action est retenue si elle satisfait l'organisation[111].

C'est cette logique évolutionniste qui rapproche Simon et sa rationalité limitée à celle de Weber. Ce n'est pas la question de sélection naturelle qui intéresse, mais ce perpétuel changement, mutation, transformation des sociétés et leurs institutions - entre autres - économiques qui limite la capacité de l'agent

[110] E. Morin *op.cit.*

[111] A. Bendiabdellah, A. Kerzabi : « Théorie évolutionniste et assurance » in *IVe forum des assurances*, Conseil national des assurances Alger Novembre 2005. p. 3.

économique d'appréhender exhaustivement son environnement et tous les éléments d'information y afférents.

Simon estime que : « *L'environnement change continuellement et trop rapidement pour permettre la découverte du comportement optimal ou parfaitement adapté. L'instabilité de l'environnement empêche toute convergence du comportement de l'acteur vers un comportement parfaitement adapté*[112] ». Même si Weber défend la rationalité du calcul, son concept de la rationalité, même dans sa partie instrumentale ou en finalité, ne relève pas de la pure théorie néoclassique du choix rationnel (TCR), ainsi que la maximisation du profit ou de l'utilité, mais se rapproche plutôt de la rationalité limitée de Simon[113]. La position des néo-institutionnalistes sur ce point résume notre point de vue (Ménard 2003) : « *Ceci conduit assez systématiquement les auteurs néo-institutionnels à retenir deux hypothèses clés : l'hypothèse de rationalité limitée et l'hypothèse de comportement opportuniste* »[114].

Ainsi, dans sa partie instrumentale, la rationalité wébérienne se rapproche de la rationalité simonienne, c'est un élément dont nous tiendrons dorénavant compte dans nos réflexions ultérieures.

Cependant, ce rapprochement est non abouti et n'est pas satisfaisant, car dans une réflexion sur le protestantisme et capitalisme, il est irréaliste d'affirmer que le mobile d'action de l'agent économique protestant relève de la pure action utilitariste faisant abstraction de toute idée de valeur. En outre, l'individualisme wébérien n'est pas purement méthodologique mais a des interférences avérées avec les institutions, ce qui ne peut ignorer ainsi l'aspect social des actions individuelles. Une fois que l'action individuelle est en interaction avec des

---

112 H.A. Simon (1988) : *The sciences of the artificial*. Cambridge, MIT Press, p. 54 cité par Quinet, *op.cit.* p. 166.

113 H.A. Simon (1983) : *Models of bounded rationality*. 2 vol., Cambridge, MIT Press.

114 C. Menard (2003) : « L'approche néo-institutionnelle ». in *Qu'a-t-on appris sur les institutions ? Histoire de la pensée et théorie*. Cahiers d'économie politique, n° 44, Paris L'Harmattan.

phénomènes sociaux, la rationalité exclusivement en finalité peut-elle exister en dehors de toute autre considération ?

2.4 Une rationalité axiologique wébérienne indissociable de l'approche par la valeur

Weber définit *a contrario* l'activité irrationnelle comme celle qui s'écarte de la pure rationalité en finalité, comme le phénomène de « panique à la Bourse » qui intègre dans les décisions, des émotions et des réflexes imprégnés d'affects. Mais est-il possible de prendre des décisions économiques totalement autonomes, cloisonnées, non « encastrées » dans des contextes extra-économiques ? A tel point qu'elles sont totalement exemptes d'aspects sociaux ou sociétaux ?

Or, à partir du moment où une décision quand bien même économique, comporte une composante sociale, elle ne peut avoir pour causes exclusives des objectifs exprimés en gains chiffrables, donc exclusivement rationnels en finalité. L'exemple évoqué par D. Cohen sur ce cas est édifiant. Du point de vue de la rationalité en finalité, gagner 100.000 dollars est universellement plus souhaitable que gagner 50.000 dollars, mais selon une expérience, une majorité préfère gagner 50.000 dollars si les autres gagnent 25.000 dollars, au lieu de gagner 100.000 dollars si les autres gagnent 200.000 dollars[115]. C'est dire de la dépendance de la notion de finalité et de gain même, au contexte environnemental et social.

Si Weber a évoqué l'existence de l'action rationnelle en valeur, c'est qu'il reconnaît la qualité rationnelle de ce genre d'acte. En se basant une fois de plus sur la théorie de la complexité, force est de reconnaître que qualifier une décision ou un acte de purement économique est hasardeux. Est-il toujours possible de prendre une décision qualifiée de rationnelle et faire la totale abstraction d'un système de valeur personnel ou collectif, voire de l'émotion ou de la tradition ? D'ailleurs par la causalité circulaire, il est possible de trouver -

---

[115] D. Cohen : (2012) : *Homo-oeconomicus, prophète égaré des temps moderne*. Paris, Albin Michel.

d'une manière répétitive et permanente - dans un acte *a priori* économique, une source sociale et vice-versa.

Boudon (2001) estime que la rationalité ne s'assimile pas systématiquement à la rationalité en finalité ou instrumentale : « *la théorie dite du choix rationnel confond rationalité et rationalité instrumentale (ou, comme on peut encore dire, rationalité conséquentialiste)* »[116]. De ce fait, quand Weber évoque l'éthique du protestantisme et du capitalisme, il y a une incompréhension de nombre d'analystes dans le sens où interpréter ce paradigme par un raisonnement basé exclusivement sur la rationalité en finalité aboutit à une impasse. En effet, l'éthique du protestantisme est essentiellement tournée vers la valeur tandis que par essence le capitalisme répond à un besoin rationnel tourné vers la finalité. C'est dire que dans ce cas précis, la rationalité en valeur a abouti implacablement à la réalisation d'une rationalité en finalité. Quand Weber évoque la possibilité d'un acte rationnel en valeur, dans le but ultime mais rationnel en finalité dans les moyens utilisés, il s'agit du cas typique de l'éthique protestante dont le but ultime est l'élection ou le salut, mais dont la réalisation nécessite une implacable accumulation qui n'est qu'une expression extériorisée de cette élection.

De ce qui précède, Wéber a admis que la rationalité en finalité est celle qui est plus « rationnelle », mais il reconnaît que malgré l'existence et la prépondérance de la valeur dans les décisions de l'homme, celles-ci sont encore considérées comme rationnelles. En effet, sans rationalité il n'y aurait pas eu de développement du capitalisme. Comme le capitalisme s'est développé en Occident, force est ainsi de reconnaître l'effectivité de la rationalité dans le contexte occidental. La rationalité wébérienne pourrait s'exprimer par le dosage entre la finalité et la valeur, et ne pourrait être ainsi assimilé - d'une manière exclusive - au TCR. Le lien entre l'éthique protestante et l'accumulation du capital en est la parfaite illustration, l'explication culturaliste et institutionnelle du développement

---

[116] R. Boudon (2001) : « La rationalité du religieux selon Maw Weber » in *L'Année sociologique*, 2001/1 Vol. 51, pp. 9-50.

économique dans la pensée wébérienne est indiscutable, ce qui l'écarte d'une approche purement finaliste de la rationalité.

2.5 Rapprochement avec la théorie de rationalité ordinaire (TRO) de Boudon

A partir du moment où les décisions individuelles, en plus de la logique de finalité donc instrumentaliste, ne peuvent se défaire de leurs croyances ou valeurs comme élément de fondement de leur choix, il serait effectivement difficile de valider sans limite le postulat de l'*homo-oeconomicus* qui sous-tend sa sous-socialisation, ou encore plus loin, légitime son hyper égoïsme. De ce fait, Weber n'est pas assimilable comme adhérent au concept de l'*homo-oeconomicus*.

Une théorie qui pourrait prétendre regrouper les deux constituants de la rationalité wébérienne serait ainsi plus acceptable pour classer Wéber dans la **Théorie de Rationalité Ordinaire** (TRO) de Boudon (2011)[117] qui pourrait être une alternative sérieuse. La TRO contribue à donner une signification à une notion difficilement cernable mais indiscutable qu'est la force de la conviction. Celle-ci relève du domaine du cognitif, car l'adhésion à une préférence, croyance ou opinion est le résultat d'une démarche cognitive. De ce fait la TRO n'est pas une rationalité instrumentale mais cognitive. Les raisons pour lesquelles l'individu opère un choix, y compris économique, ne suivent pas exclusivement une logique de gain, mais résultent d'une association de raisons plus ou moins valides ou plus ou moins compatibles[118] mais qui forment un ensemble acceptable pour motiver une prise décision.

Fondamentalement, selon Boudon, l'action humaine est réalisée parce qu'elle a « **de bonnes raisons** » de se produire, parce qu'en soi, elle est rationnelle. Cette rationalité ordinaire est légitime, parce que réaliste, il s'agit d'une coexistence du « rationnel » instrumental aspirant à une fin, et du « rationnel »

---

[117] R. Boudon (2011) : « Une approche cognitive de la rationalité » in *Idées économiques et sociales*. n° 165. Ed. SCEREN-CNDP. Septembre 2011. pp. 24-36.

[118] R. Boudon, *op.cit.*

affectif. Vouloir à tout prix dissocier la rationalité en finalité et celle en valeur, c'est refuser la complexité de la réalité. Boudon déclare que : « *Le réalisme invite à conjuguer le rationnel et l'affectif. C'est le binarisme caractéristique de l'idéologie qui tend* à *les opposer* ».

Il est toutefois nécessaire de dire que Boudon, *ne critique pas frontalement la Théorie du choix rationnel*, la rationalité instrumentale mais veut surtout l'intégrer dans un modèle de rationalité plus englobant et qui tient donc compte de l'action humaine en général. Ce qui n'est pas en soi une remise en cause du fond de la rationalité instrumentale, il s'agit surtout de le considérer comme un élément - sans aucun doute - fondamental mais non suffisant d'une théorie qui se veut plus réaliste. De ce fait, l'*homo-oeconomicus* et la rationalité qui y est attachée, sont considérées comme assez réductrices et cloisonnées.

Si la pensée wébérienne est classable dans la logique complexe, il ne pourrait qu'être en phase avec la théorie de Boudon. Le raisonnement de Wéber dans un contexte de sociologie économique peut être intégré dans la TRO de Boudon, sans nul doute parce qu'ils ne s'opposent pas, Boudon étant sous la permanence influence de Max Weber dans ses réflexions.

2.6 Conclusion : de la rationalité exclusivement finaliste néoclassique vers un raisonnement en valeur

En conclusion, le calcul rationnel, ainsi que l'autonomisation croissante et continue de la sphère économique sont récurrents dans l'analyse de Weber, il a indiscutablement admis la rationalité en finalité qui est un élément de base de la TCR. Mais à l'instar de Boudon, il s'agit de faire un raisonnement de dépassement, plus englobant. Cette démarche ne néglige pas des éléments en filigrane de la pensée de Weber.

C'est une rationalité axiologique qui précède la rationalité en finalité, il n'est point possible de parler d'un raisonnement individuel totalement « désencastré » (pour reprendre les termes de Polanyi) du système institutionnel, croyance, valeurs... des cultures, pour pouvoir comprendre la réflexion de Weber. C'est de ce fait, que la rationalité wébérienne va au-delà de la TCR, elle peut se rapprocher de la TRO de Boudon. Mais en outre, ayant admis l'évolutionnisme de Weber, même sa rationalité en finalité ne peut qu'être limitée et est ainsi compatible avec celle d'Herbert Simon.

La rationalité de Weber dans l'optique de sa complexité ne peut être exclusivement assimilée à la théorie néoclassique. Cette rationalité complexe, qui a admis l'importance du gain et de la maximisation, est toutefois tributaire d'un système de valeurs induit par des croyances, ... et donc indiscutablement dépendante des institutions. Cette rationalité wébérienne est aussi institutionnelle.

Pour conclure ce chapitre : le concept wébérien ne peut être assimilé ni à l'individualisme méthodologique ni à la rationalité finaliste, ce qui l'éloigne du concept de l'*homo-oeconomicus*. Appréhender la pertinence de la théorie ne pourra donc se faire par l'approche strictement néo- classique, sinon cela aboutirait indubitablement à une impasse.

Chapitre 3

DE LA TRANSVERSALITE DE WEBER A SON INTERDISCIPLINARITE : UNE APPROCHE HETERODOXE DE L'ECONOMIE

Le concept de Weber a de tout temps intéressé de grands analystes de différents horizons, tant dans les critiques que dans les éloges. Il faut souligner que la pensée de Weber a eu, jusqu'à aujourd'hui, une forte influence sur des auteurs les plus prestigieux tels que Boudon ou Habermas[119] en sociologie, une branche de l'école autrichienne, dans de nombreuses disciplines telles que la sociologie économique ou encore la philosophie, mais surtout dans l'économie institutionnelle.

La particularité de Weber réside dans cette transversalité. Il est un électron libre, une école à part entière et l'écrit de Caillé résume bien son état d'esprit : « *Une science sociale (de Weber) qui ne se satisfasse pas de la seule spéculation conceptuelle des philosophes ou des économistes, qui ne juge ni possible ni souhaitable une théorisation abstraite et en surplomb, ignorante de la complexité inépuisable du réel historique et négligeant les réalités empiriques (...)* »[120].

Caillé se demande même dans son interprétation des écrits de S. Kalberg sur Weber « *si la méthode wébérienne n'est pas tout simplement la bonne méthode pour les sciences sociales en général, la méthode enfin trouvée, la seule qui leur permette effectivement de prétendre au statut de science avec une certaine pertinence* ».

Il est opportun de parler de cet œcuménisme théorique de Max Weber car il a dépassé le cloisonnement méthodologique, et l'analyser dans un cadre exclusif (par rapport à une théorie,

---

[119] J. Habermas (1981) : « La Modernité : un projet inachevé » in *Critique*, 1981, t. XXXVII, n° 413, p. 958.

[120] A. Caillé (2002) préface in S. Kalberg, *La sociologie historique comparative de Max Weber*. Paris, La découverte.

une école de pensée, ou la discipline économique *stricto-sensu*) aboutit indubitablement à son incompréhension.

Pour autant, il faudrait réitérer qu'il ne montra nullement une quelconque aversion envers la théorie, en effet, il y eut recours sans aucune réticence. Il n'utilisa pas la théorie économique pour servir la pensée sociologique ou l'inverse, sa pensée n'était jamais allée dans le sens de la dichotomie opposant la sphère de la science économique et celle du social[121] menée dans les milieux progressistes. En effet, ces derniers pensent que la théorie économique, loin d'être LA théorie, n'est que la théorie dominante pour penser l'économique, ce qui a tendance à rejeter tous les acquis de la théorie économique, et instaurer un dualisme de l'économie et du social, qui de ce fait s'excluent mutuellement.

Weber avait dépassé cette opposition, et il est fort utile de tenter de retrouver l'origine de sa posture. La préconisation d'E.T. Mandrara prônant la nécessité d'un retour à la source philosophique contribue effectivement à une meilleure compréhension de la pensée économique. L'apport des analyses de C. Colliot-Thélène[122] et de C. Hédoin[123] sur la question est utile.

1 - L'influence de la philosophie néo-kantienne et particulièrement de Rickert sur Weber

Très brièvement et pour rappel, la pensée philosophique de Kant (1724-1804) matérialisée par son œuvre *Critique de la raison pure*, sur la théorie idéaliste de la connaissance (cognition) autonome, trouva son origine dans sa réaction face à l'attaque de l'économiste et philosophe Hume. La connaissance humaine selon Kant ne peut être appréhendée dans une conception passive, ou seule la réalité empirique en constitue l'essence.

---

[121] MOREL, S. 2009. « La critique de la théorie économique ou l'enjeu de la compréhension des faits économiques », 15 mai, 11 p. in site *Économie autrement*, http://www.economieautrement.org.

[122] Colliot-Thélène, *op.cit.*

[123] Hédoin, *op. cit.*

Au XIXe siècle (1840), l'hégélianisme était devenu dominant, et le positivisme, particulièrement sous la férule d'Auguste Comte, commença à s'étendre, c'est dans ce contexte que des philosophes se réclamant du néo-kantisme se manifestèrent pour revenir sur la défense de la théorie kantienne de la connaissance, et s'opposer à la posture positiviste. Mais en outre, une branche néo-kantienne allait dépasser la problématique non résolue de la place des sciences sociales dans la connaissance scientifique. Les néo-kantiens allaient attribuer aux sciences sociales leur caractère scientifique, et les mettre au même rang que les sciences de la nature.

De ce courant néo-kantien ont émergé des idées les plus diverses. Des deux écoles majeures du néo-kantisme (Marbourg et Heidelberg), retenons l'analyse de C. Hédoin (2009) concernant l'école de Heidelberg, parce que c'est à l'école de Heidelberg que sera particulièrement évoqué l'enjeu de la théorie/histoire et à laquelle Weber sera particulièrement lié. Les auteurs majeurs de cette école furent E. Lask, W. Windelband, et H. Rickert. Ce dernier avait très probablement inspiré Weber. Rickert s'était fixé l'objectif de légitimer l'histoire en tant que science en se basant sur la connaissance autonome et transcendantale de Kant. Il s'agit ainsi d'admettre la théorisation de l'histoire.

Dans son ouvrage *The Limits of Concept Formation in Natural Science*, en 1902[124], Rickert établit l'objectivité de la théorisation de l'histoire en tant que science de la culture, donc sur un même pied d'égalité que la science de la nature. Face à la nature nomologique des sciences de la nature qui recherchent des lois abstraites, se trouve une approche historique, idiographique qui analyse la singularité et la spécificité de certains phénomènes.

La démarche scientifique qui étudie la science économique peut opter d'un côté pour une logique des sciences de la nature,

---

[124] H. Rickert (1921) : *The Limits of Concept Formation in Natural Science*. New York, Cambridge university press [1986]. Cité et traduit par Hédoin, *op.cit.*

mais de l'autre côté pour une logique des sciences de la culture. Ainsi, l'approche de l'analyse économique par la méthode exclusivement nomologique est pour Rickert une erreur, car la science économique n'est pas une science de la nature pure, le fait de l'homme est important, et cela inclut l'histoire qui fait appel à une méthodologie idiographique. Ce qui est important à retenir, c'est que l'ambition de la généralisation par la théorie ne peut ignorer *la dimension historique et culturelle de l'économie* et par conséquent, doit tenir compte donc d'éléments non négligeables que sont le singulier et le typique. L'approche dialogique de S.H Rodin dans son étude de la science est éclairante : *« La science nous donne, patiemment, les moyens de mieux comprendre le Réel et le Vivant et ainsi de mieux jouir, humblement, de la Vie »*[125]. Le réel est ainsi identifié au naturel tandis que le vivant englobe le naturel et le culturel auxquels peuvent s'identifier les sciences économiques.

L'impact de la théorie de l'école d'Heidelberg en général, et de Rickert en particulier, sur Weber et son approche de la science, est intéressant à analyser. La première raison est la proximité physique et donc l'interaction qu'ils avaient dû se faire mutuellement. L'on peut, d'une manière générale, dire que ces savants faisaient partie de la même école. En effet, Weber avait passé une partie de sa scolarité à Heidelberg, et il y avait aussi enseigné. A la fin du XIXe siècle, un courant libéral caractérisé par une certaine largesse d'esprit prévalait à l'université d'Heidelberg dont Max Weber et Ernst Troeltsch furent les initiateurs. Au début du XXe siècle fut animé le cercle « *Weber de Heidelberg* » chez Weber même, autour d'un brillant échantillon d'intellectuels et universitaires allemands tels que Ferdinand Tönnies, Werner Sombart, Georg Simmel, Alfred Weber (le frère de Max), Robert Michels, Ernst Troeltsch, Paul Honigsheim, l'esthète Friedrich Gundolf (ami de Stefan George), les philosophes Emil Lask et Karl Jaspers, et les futurs jeunes révolutionnaires Georg Lukacs, Ernst Bloch et Ernst Töller qui avaient une sensibilité romantique.

---

[125] S. H. Rodin : *Entretien*, Antananarivo 2015.

Un point commun parmi d'autres les réunissait : la répugnance face à la spécialisation (lire cloisonnement) scientifique notamment en sciences humaines. Certes, ce dernier ne fut pas mentionné comme l'un des habitués de ce cercle mais les influences mutuelles des savants d'Heidelberg sont probables.

Au-delà de certaines analyses qui minimisent l'apport de Rickert sur Weber, ce qui semble rapprocher en premier Weber et Rickert, c'est leur méfiance commune de la simplification et de la prise de position tranchée, dans leur quête de l'essence même de la connaissance et les caractéristiques de celle-ci. La loi générale est fort utile dans le sens de servir la connaissance et non d'en devenir l'ultime objectif.

La position de Weber, par rapport à la théorie économique et l'empirisme peut se résumer sur ce qu'il avait écrit en 1908 : « *Les théorèmes qui constituent la théorie spécifiquement* économique, *non seulement ne représentent pas [...] "la totalité" de notre science, mais ils sont uniquement un [...] moyen pour l'analyse des relations causales de la réalité empirique.* »[126].

Son idéal-type est une sorte d'abstraction, à mi-chemin entre le concept théorique et la réalité. D'ailleurs, il écrivit que : « *la méthode théorique et "abstraite" continue à s'opposer avec une raideur hargneuse et apparemment insurmontable à la recherche empirique et historique* »[127] sans qu'il ait choisi définitivement l'un ou l'autre. Ce qui est à retenir, c'est qu'il est pour Weber souhaitable dans sa quête de connaissance de concilier théorie et réalité (sans les hiérarchiser). En effet, il défendit le postulat de l'incomplétude de cette connaissance. La connaissance de la réalité n'est pas directe mais passe à travers l'esprit qui, même en se proposant de la restituer intacte, l'a

[126] H. Bruhns (2004) : « Max Weber, économie antique et science économique moderne », *Les Cahiers du Centre de Recherches Historiques,* n° 34. URL : http://ccrh.revues.org/209 ; DOI : 10.4000/ccrh.209.
H. Bruhns (1996) : « Max Weber, l'économie et l'histoire », in *Annales HSS,* n° 6, novembre-décembre, 1996, p. 1259-1287.

[127] M. Weber, *Essais sur la théorie de la science, op.cit.* p. 168.

imprégnée de son propre sens. Pour lui, les sciences, à part les mathématiques, sont empiriques, car elles sont confrontées à la réalité, et le concept ne pourra jamais être qualifié de pure théorie objective.

Dans certains débats inextricables, Weber défend la voie du milieu. Il a hérité des réflexions sans être le prisonnier intellectuel de quiconque.

2 - Approche évolutionnaire de Weber dans son interprétation de l'éthique protestante

Il est historiquement indiscutable, que l'esprit du capitalisme a précédé la réforme. Les grandes activités commerciales des villes - Etats - italiennes du XVe siècle ont été très probablement précurseur du capitalisme. J.-U. Nef cite des grands financiers de l'époque antérieure à la Réforme, tel Jacques Cœur, qui étaient des capitalistes[128]. Calvin était loin d'avoir imaginé ou conçu la naissance ou le développement du capitalisme, quand il évoqua la richesse et les biens matériels comme signe de la grâce de Dieu, préfigurant l'abondance du royaume céleste ; la pauvreté n'en est pas pour autant l'expression de la malédiction.

La manière dont Weber a mené son analyse du protestantisme fait admettre qu'il a intégré une approche évolutionnaire de la société et de la science sociale. J. Séguy[129] estime en citant des auteurs comme Raynaud ou Grosclaude, que l'abstraction créée par Weber, tels les idéaux-types ne représentent pas des étapes nécessaires d'une histoire finalisée, et qu'ainsi Weber ne saurait passer pour évolutionniste. Seulement, l'évolutionnisme attribué à Weber n'est pas téléologique, donc ayant une finalité prédéterminée. Ainsi, cet argument qui veut écarter Weber de l'évolutionnisme social se trouve affaibli.

---

[128] Biéler *op.cit.* p. 510.

[129] J. Seguy (1987) :« De Max Weber encore », in *Archives des sciences sociales des religions*. N. 64/2. pp. 193-206.

La présente démarche pour appréhender cet évolutionnisme n'est pas d'ordre mystique, moral, anthropologique ou racial. L'évolutionnisme est ici un concept qui peut - du moins en partie -, s'appliquer aux questions sociales et modéliser le changement dans le temps, des relations sociales.

Retenons la définition au sens large de l'évolutionnisme comme une terminologie qui intègre dans les analyses, la problématique de l'évolution et de la transformation des sociétés et leurs institutions, - entre autres - économiques.

Par son approche sur la rationalité, Weber pratique de fait une analyse évolutionnaire, en effet la rationalisation est un processus qui s'inscrit dans le temps et donc évolutionnaire. Qu'on appelle cette démarche, *évolutionniste ou évolutionnaire*, importe peu dans le sens où l'élément intéressant est cette dynamique qui est essentielle et naturelle dans les institutions sociales et les comportements sociaux de l'homme.

En outre, l'argument de Boudon[130] est de taille. « *Weber mérite d'être classé parmi les évolutionnistes dans la mesure où l'identification et l'explication des irréversibilités historiques est pour lui un sujet essentiel (...). Mais il n'est en aucune façon fataliste(...)* ».

Certes, Weber n'a pas été mentionné dans la lignée des évolutionnistes, car non seulement, il n'a pas été explicite sur la question, mais surtout parce qu'à l'image de sa posture singulière, son analyse a été prudente et nuancée. Pour Boudon, le concept de « *désenchantement du monde* » est une illustration type de ce processus de rationalisation, qui est un phénomène expliquant l'apparition d'irréversibilités historiques[131] justifiant une posture évolutionniste.

En effet, dans ce désenchantement subsiste le symbolisme mais qui n'est plus considéré comme tel, compte tenu de la

---

130 R. Boudon (2001) : « La rationalité du religieux selon Max Weber », in *L'Année sociologique*, 2001/1 Vol. 51, p. 9-50.

131 R. Boudon (2007) : *Essais sur la théorie générale de la rationalité*. Paris, PUF.

présence du réalisme, et donc de la rationalité dans la pratique religieuse. Cet évolutionnisme est donc dialogique entre un symbolisme plus « rationnel » et une rationalité qui cohabite avec le symbolisme. Mais en outre, cette évolution de Weber prend conscience des effets inattendus comme l'apparition d'un ascétisme, qui par essence devrait être l'expression du détachement au monde, mais qui s'exprime en intramondain. Selon Boudon, cet évolutionnisme du religieux de Weber n'est pas linéaire car dépendant d'innovations qui déclenchent des discontinuités, voire de ruptures.

Concernant l'affirmation de Boudon, sur l'irréversibilité historique (temps linéaire), celle-ci peut être critiquable par l'apparition du phénomène du « *réenchantement du monde* », mais en revanche, il est certain que le passé ne ressurgira plus jamais à l'identique.

Calvin n'a pas créé ex-nihilo des préceptes religieux, ou une théologie économique, encore moins une institution religieuse. Pour exister, ses pensées s'étaient référées à une tendance historique, des questionnements religieux de son temps, et bien évidemment à une évolution historique qu'il a su appréhender et qu'il voulait plutôt encadrer. Il se détache de la vision aristotélicienne et thomiste[132] du capital argent.

Biéler critique Weber et estime que ce dernier avait plutôt appréhendé les dérives du protestantisme de son époque, sans réellement pénétrer la pensée calvinienne. Mais en filigrane, Biéler semble admettre que du temps même des théologiens réformés, la pratique théologique et éthique des protestants avait déjà évolué sans pour autant qu'il dénonce cette dérive. Il semblerait qu'il a accepté l'existence, l'évolution a existé dès les premières époques du protestantisme, et que finalement c'est un fait incontournable. En abordant la théologie de prédestination, il s'était référé à André-E. Sayous qui estime qu'« *au moment même où les théologiens discutèrent âprement*

[132] G. Dostaler : Thomas d'Aquin et le péché de l'usure, *op.cit.*

sur la prédestination, les fidèles et les hommes d'affaires, avaient déjà cessé d'y croire »[133].

Cette réalité évolutionnaire a enveloppé l'histoire calvinienne en amont et en aval, et ainsi, si Weber a surtout considéré le protestantisme qui lui fut contemporain, son analyse n'en est pas pour autant délégitimée dans le sens où son approche et l'histoire calvinienne se retrouvent rapprochées par cet évolutionnisme commun. Il n'est toutefois pas permis d'être catégorique, si cette évolution fut contingente et indéterminée, ou revêt des caractères relevant d'un « émanatisme », c'est-à-dire pouvant être déterminé ou prévisible, en fonction des forces à l'œuvre dans ce changement. Mais en tout état de cause, Calvin ne pouvait prévoir ex-ante la trajectoire des changements à venir. C'est en ce sens que les changements du protestantisme se rattachent à une conception évolutionnaire propre au changement dynamique de l'institution, donc de l'institutionnalisme historique et économique.

S'il est ainsi illusoire de penser que la vue de Weber s'apparente directement au protestantisme de Calvin, ne pourrait-on imaginer que le même Calvin dans une perspective diachronique sur le très long terme, aurait forcément évolué ? Il est inopportun, dans cette optique, de fausser ou de délégitimer l'analyse wébérienne du protestantisme.

3 - Rapprochement de Weber avec la théorie de la complexité d'Edgar Morin : une science économique uniduale

Weber ne fut pas directement influencé par la théorie de la complexité, dans le sens où celle-ci fut initiée par Edgar Morin[134] et lui était largement postérieure. Il est cependant particulièrement intéressant de voir à quel point leurs points de vue peuvent présenter des similitudes notables. Cette approche permettra de mieux appréhender Max Weber et de le situer ou plutôt de le rapprocher d'un courant de pensée, du point de vue

---

[133] Biéler *op.cit.*

[134] Morin, *op.cit*

économique. Eu égard à l'étymologie même de la complexité, son analyse par Edgar Morin est particulièrement compliquée et d'une lecture assez absconse. Il ne s'agit pas de prétendre développer exhaustivement la réflexion d'Edgar Morin, mais ce qui interpelle, c'est le possible rapprochement de certains éléments de sa vision avec ceux de Max Weber, pour en ressortir des idées qui les rapprochent d'une pensée économique.

3.1 Leur commun refus des approches unidimensionnelles du savoir

La période actuelle est celle de la spécialisation, voire de l'hyperspécialisation du savoir qui a pour conséquence le cloisonnement des disciplines et la limitation des dialogues entre les connaissances, entraînant ainsi une fragmentation des sciences. Le morcellement disciplinaire inhibe la possibilité de complémentarité des sciences, mais en revanche favorise des débats et des concurrences souvent stériles qui ne font que renforcer l'isolement de chaque discipline. Or, isolée, une connaissance fragmentaire ne peut exprimer sa valeur intrinsèque. L'articulation avec les autres savoirs et donc à l'ensemble du savoir humain est vitale, pour que chaque élément puisse pleinement revêtir sa raison d'être et ainsi contribuer efficacement à répondre aux problématiques fondamentales et existentielles de l'homme et de son environnement.

Le refus de l'approche unidimensionnelle du savoir entraîne vers une évidence : le caractère pluridimensionnel de toute question, qui amène à la reconnaissance de la complexité comme fondamentale dans la manière d'appréhender tout questionnement scientifique. De plus, la tendance à séparer les sciences humaines et les sciences de la nature a contribué à un double obscurcissement[135] : d'un côté *l'homme et la science sont incapables de penser leur statut physique et biologique ; à*

[135] R. Fortin (2004) : *Comprendre la complexité, Introduction à La Méthode d'Edgar Morin*, Paris, L'Harmattan.

l'inverse, les sciences naturelles sont incapables de penser leur enracinement social et culturel[136].

En effet, ce qui est remarquable dans les interprétations de Max Weber, c'est des analyses contradictoires dans les manières dont on a lu sa pensée. Son héritage de Rickert par exemple, son opposition ou ses points communs vis-à-vis du positivisme d'Auguste Comte ou de l'empirisme, son appartenance ou non à la position traditionnelle historiciste, son rejet ou non de l'holisme, son approche évolutionniste ou non, sa position vis-à-vis du débat concernant le fameux *Methodenstreit* et bien évidemment de la question du protestantisme ascète face au capitalisme individualiste, etc., c'est parce que souvent Max Weber a été analysé dans un esprit globalement dichotomique.

En effet, la justesse simultanée de deux analyses *a priori* opposées n'est pas exclue, en fonction des différentes variables considérées pour en analyser la cause. Au-delà d'un raccourci relativiste qui peut être attribué à cette position (qui est d'ailleurs maintes fois reproché à Max Weber aussi[137]), une approche binaire est réductrice, et il est possible que deux idées contradictoires puissent coexister grâce à une approche par **la dialogique** qui est un des éléments principaux de la complexité.

C'est à travers cette approche dialogique, et non dichotomique qu'il est légitime d'intégrer la critique de R.-H. Tawney sur Weber quand il explique qu'« *Un individualisme intense comme un socialisme chrétien rigoureux, se peuvent aussi bien déduire de la doctrine de Calvin* »[138]. Cette approche complexe, ne remet pas en cause l'essentiel de l'impact de la théologie calviniste sur le capital, même si des atténuations peuvent exister, et le processus de cet impact peut être sujet à discussion. M. Maffesoli[139] exprime expressément ce

---

[136] *Ibid.*

[137] Strauss *op.cit.*

[138] R.-H. Tawney (1926) : *La religion et l'essor du capitalisme*. Paris [1951].

[139] D. Bougnoux & M. Maffesoli (2008) : « La fonction symbolique créatrice de lien. » In C. Batazzi et C. Masoni Lacroix (dir). MEI (médiation et

rapprochement entre Weber et Morin en évoquant l'intérêt du retour actuel à l'organicité des choses et qui traduit le pluri-causalisme des phénomènes. De Max Weber à Edgar Morin, il y a une adhésion commune à l'impossibilité de réduire à une seule cause chaque effet.

3.2 Leur plaidoyer unique pour la transversalité des disciplines

Revenons sur le concept de la dialogique qui est un élément primordial de la réflexion complexe : elle admet la permanence de la dualité mais récuse la binarité oppositionnelle entraînant forcément un choix exclusif. Il ne s'agit pas non plus d'unifier la connaissance et la pensée mais au contraire de reconnaître l'*Unitas multiplex* qui signifie que même l'unité est complexe, multiple. La pensée dialogique, un élément essentiel de la pensée complexe, ouvre la possibilité de relier des contradictions ou des principes sans toutefois que la dualité se fonde en une unité, ce qu'Edgard Morin appelle : « *Unidualité* ». L'unité n'est pas découpée, mais la dualité ne se perd pas dans l'unité : à l'image de l'homme qui est un être *unidual*, à la fois totalement biologique, mais également totalement culturel[140].

Le compartimentage de la pensée, des connaissances et des disciplines, est opposé à la pensée complexe qui non seulement relie, mais globalise, *contextualise* la connaissance et permet de penser avec la contradiction. Il ne s'agit pas à l'inverse de supprimer les disciplines ou de les fusionner mais de rechercher leur collaboration.

Un rapprochement en est tiré avec la pensée de Weber qui n'hésita pas à recourir aux recherches des diverses écoles quelquefois antagonistes, voire adversaires pour édifier sa pensée et ses analyses. De plus, Max Weber a toujours admis,

---

information), n° 29 (« Communication, organisation, symboles »). Paris, l'Harmattan.

[140] N. Vallejo-Gomez (2008) : « La pensée complexe : Antidote pour les pensées uniques ». Entretien avec Edgar Morin. In *Synergies Mondes* n° 4, pp. 249-262.

tout comme Morin, l'incomplétude de la connaissance. C'est pour cette raison, qu'ils ne se sont jamais résolus à faire un choix exclusif face à un dilemme réel ou intellectuel car chaque connaissance a une bribe de vérité, sans pouvoir prétendre disposer d'un modèle qui résume l'équation du « tout », de l'ensemble des connaissances.

Les problèmes actuels ne peuvent être dissociés de leur contexte et par essence sont donc pluricausaux, ainsi la voie pour les appréhender a recours impérativement à une approche et à une appréhension de plus en plus transversale, multidimensionnelle, globale. Les problèmes *a priori* disciplinaires, se doivent d'aller au-delà du contour exclusif de la discipline, et les problèmes, *a priori* particuliers et précis, ne le sont que d'apparence. C'est cette approche plus élargie qui constitue le défi de la complexité.

Ainsi, un problème économique est loin d'être strictement économique et une résolution par le monisme économique ne peut qu'être mutilée et limitée car nul ne peut se prévaloir de déterminer d'une manière limitative sa frontière. Une multitude de facteurs interférents influencent son déroulement. La transversalité et le dialogue des connaissances s'avèrent cruciaux. Il est ainsi certain, que dans ce sens, l'incomplétude de la connaissance devrait être une conscience omniprésente dans la démarche du chercheur pour que la certitude ne l'aveugle pas dans sa quête et son apport quant à la résolution de la problématique.

A. Dulot et P. Spieser partagent également cet avis. Selon eux, les sciences économiques (pour eux, au pluriel parce qu'il n'y pas une seule science économique) doivent atténuer la prétention à la scientificité carrée car elle est une science ronde. Elle « *doit être ouverte à d'autres dimensions discursives, dans une démarche de transdisciplinarité attentive à ce que nous enseignent les autres champs du savoir* »[141]. L'économie est une discipline complexe, l'appréhender par une discipline qui se

[141] A. Dulot & P. Spieser (2011) : *L'économie entre savoir et illusion. Critique de la raison économique*. Paris, L'Harmattan.

prétend pure relève de l'imposture, il faudrait une discipline « mixte » qui puisse intégrer la pluralité et en tenir compte. En effet, l'économie se doit d'assimiler une multitude de données quantitatives et qualitatives. L'économie est contingente de domaines variés de nature historique, politique, sociologique, démographique...[142]

3.3 Vers l'interdépendance des approches de la science

L'analyse de R. Fortin sur la pensée de Morin sur « *la récursion* » est éclairante. Par la récursivité, des postures, qui *a priori* sont inconciliables ou qui s'opposent à cause de leurs autonomies théoriques, se nourrissent de leur antinomie pour exister et pour se crédibiliser. Cette approche de la complexité est primordiale pour comprendre Weber mais aussi l'intégrer dans une pensée économique sans annihiler sa tendance à la singularité. En effet, Weber a une approche singulière, mais cette singularité s'est beaucoup nourrie des autres théories et ne peut même exister sans les autres analyses. C'est grâce également à la réflexion par la récursivité que des paradoxes, *a priori* contradictoires, sont légitimement reliés et associés dans une connexion logique.

Les sciences économiques revêtent une particularité encore plus accentuée dans la connaissance, parce qu'elles sont à juste titre la représentation de cette unidualité : d'être à la fois scientifiques et quantitatives mais également profondément humaines et sociales donc culturelles aussi. A titre d'exemple, l'histoire économique a besoin des techniques quantitatives comme base d'analyse mais ces techniques trouvent leur sens dans la réflexion historique. Par la complexité, la somme de l'orthodoxie triomphante et de l'hétérodoxie ne donne pas une science économique exhaustive, mais seulement une partie du tout.

L'interdépendance par la récursivité avec d'autres disciplines s'avérera de plus en plus primordiale pour l'avenir des sciences économiques, et pour que celles-ci soient mieux comprises du

---

[142] A. Dulot & P. Spieser *op.cit.*

public, qui leur reproche de devenir de plus en plus une science orthodoxe ésotérique, dont le rôle inavoué serait d'enrichir les plus riches.

Comme l'affirment Dulot & Spieser, « *l'erreur serait donc de vouloir appréhender l'économie comme une sphère autonome (qui cloisonne), alors qu'elle se situe au confluent de données innombrables ». Elle étudie les règles qui président aux échanges entre les hommes ; dans les événements qu'elle décrit et analyse entrent alors des éléments de nature historique, politique, sociologique, démographique, psychologique…* »[143]

Mais en outre, les deux auteurs adhèrent sans ambiguïté à l'approche par la complexité qui implique la diversité d'approches complémentaires et simultanées. Cette complexité de l'objet fait en sorte que l'analyse qui l'appréhende doit être elle-même complexe et doit mobiliser une pluralité bien évidemment interdépendante, dans la considération des situations ou des faits.

3.4 Leur approche du métapoint de vue de la réflexion économique

« *Le métapoint de vue* », sans permettre une observation parfaite, inclut à la fois la chose observée, son environnement et l'observateur forcément influencé par eux. L'analyste ou le scientifique s'efforce d'être objectif dans son approche de la chose étudiée, mais cette objectivité s'avère très difficile, quand le sujet d'étude concerne la société et l'humanité d'où vient le scientifique. Ce métapoint de vue de la complexité apprend au savant l'humilité, car il observe la société humaine, et bien évidemment sa vie économique, tout en étant concerné par son objet d'étude quoi qu'il dise, car il est humain. Le savant n'est pas « une machine froide » qui produit une pensée impersonnelle, il ne peut se débarrasser d'une certaine subjectivité dans le sens où il fait partie de ce qu'il étudie. Si dans les sciences de la nature, cet état de chose peut être plus ou

---

[143] Dulot & Spieser, *op.cit.*

moins vérifié, dans les sciences humaines, c'est un fait indéniable. **C'est d'autant plus indiscutable, que dans les pays pauvres, l'économiste est souvent le premier à subir cette difficulté économique**. L'analyse de complexité reconnaît donc la subjectivité liée ainsi à une incomplétude dans son approche. Dulot et Spieser estiment même que dans le monde social et humain, *« le sujet (le savant) est à la fois juge et partie »*[144], l'objet et le sujet étant entremêlés.

En ce qui concerne Max Weber, il fut écartelé entre sa condition de bourgeois (assez aisé) qui est un état inséparable du capitalisme allemand et son identité intellectuelle sensible à un certain romantisme critique du capitalisme. Il est en même temps sujet et objet.

3.5 La pertinence de la pensée complexe dans l'analyse économique de Weber

Il est intéressant de voir l'analyse d'A. Dulot et de P. Spieser qui rapproche les deux positions associées à Weber, à savoir la crédibilité et la place des sciences humaines dans la scientificité mais également sa complexité, à l'exemple de l'économie.

Dulot et Spieser imbriquent la complexité à la science quand celle-ci a pour objet un fait social : *« ses contours ne sont pas clairement circonscrits, ils se révèlent instables, cet objet n'est pas défini mais indéfini, il déborde la connaissance que l'observateur peut en prendre. Celui-ci doit se contenter d'approcher la complexité à laquelle il est confronté »*[145].

Dulot et Spieser affirment ainsi qu'*« aussi habile soit la mise en équation, elle comportera toujours une inconnue rebelle, irréductible* et *indéchiffrable :* ***le paramètre humain »***[146]. La science économique est une science de la complexité qui apprend l'humilité de l'existence d'une incertitude irréductible liée à la pluralité des causes.

---

[144] *Ibid.*

[145] Dulot & Spieser, *op. cit.*

[146] *Ibid.*

L'exemple cité par B. Maris est édifiant sur ce point. R Merton et Scholes se vinrent attribuer le prix Nobel d'économie en 1997, avec leur modèle permettant de déterminer d'avance le prix des options des valeurs mobilières sur un marché spéculatif et ainsi évaluer les produits dérivés. Cependant, leur entreprise de fond spéculatif Long Term Management Capital tomba en quasi-faillite dès le mois d'octobre 1998.[147] Même si leur modèle fut en théorie impressionnant, la réalité complexe est toujours un juge impitoyable. Le bon sens dicte qu'en dépit de l'affinité à la théorie, un éventuel lien avec la réalité la crédibilise, il est difficile de suivre Stigler quand il affirma que « *ce n'est pas la science économique qui est fausse, c'est la réalité* »[148]. La complexité de la réalité économique et des hommes qui la font, ne peuvent obéir à une théorie dogmatique avec des hypothèses considérées comme postulats de base surtout quand ces derniers s'écartent de la réalité. Les modèles sont éminemment utiles dans de nombreux cas, mais pas toujours, lorsque que la chosification devient impossible.

Dulot et Spieser, dans leur acceptation de cette complexité de l'économie, estiment que quantifier le poids de l'histoire, de la géographie, de la sociologie, de la météorologie même… dans le « déterminisme économique », relève de l'impossible. Ils se posent à titre d'exemples des questions sur l'apport des destructions liées à la Seconde guerre mondiale dans les croissances réalisées lors des trente glorieuses. Mais encore, pour notre bonheur, ce qui n'est vraisemblablement pas un hasard, ils considèrent comme exemple pertinent de reprendre la problématique wébérienne : « *quel est le degré d'influence des religions dans le développement économique ? Pas de réponse quantifiée ni même quantifiable à ces questions* »[149]. Ce qui, une fois de plus, conforte le rapprochement de la démarche de Weber avec la théorie de complexité.

---

[147] B. Maris (2003) : *Lettre ouverte aux gourous de l'économie qui nous prennent pour des imbéciles*. Paris, Albin Michel.

[148] *Ibid.*

[149] Dulot et Spieser, *op.cit.*

La science économique est complexe, Dulot et Spieser ont écrit que : « *lorsque l'objet est complexe, le discours qui le traite et qui en traite doit être lui-même complexe. Il ne saurait être étudié par une discipline "pure" mais par une discipline "mixte" mobilisant toute la pluralité des points de vue qui peuvent* être *pris sur lui* »[150]. *De son côté*, Myrdal dans son titre, *an American Dilemma*[151] prend conscience que l'économiste doit faire face non pas à des problèmes isolés, mais à des problèmes « complexes » qui dépassent ses propres limites disciplinaires.

L'analyse par la complexité de Weber est parfaitement justifiée par la complexité de l'économie et des problèmes économiques. Weber va au-delà d'une discipline mixte car il est pluridisciplinaire pour être à même de réaliser sa science compréhensive, et va au-delà de l'économie pour comprendre l'économie. Son analyse est en effet pluricausale et extensive. Il faudrait le classifier dans un courant qui respecte sa singularité mais qui consacre la portée économique de sa pensée tout en réfléchissant sur son applicabilité à un contexte particulier : le cas malgache.

---

150 *Ibid.*

151 G. Myrdal (1997) : An *American Dilemma*. Russell Sage Fondation, p. 161 cité par C. Ferraton (2008) : « Les valeurs guident et accompagnent notre recherche. L'institutionnalisme de Myrdal ». In *Feuillets économie politique moderne*, ENS éd.

Chapitre 4

COMPATIBILTE DU CONCEPT WEBERIEN A L'INSTITUTIONNALISME ECONOMIQUE

Pour le bienfondé d'un questionnement à propos des liens entre éthique protestante et l'esprit du capitalisme ainsi que son applicabilité, il est primordial de l'intégrer dans une branche de la science économique pour saisir dans le cadre de cette discipline son utilité, dans un contexte.

Ont été relevées la proximité de Weber (bien que non-exhaustive), avec une vision évolutionniste des sciences sociales, l'influence de la philosophie néo-kantienne qui valide la place centrale des sciences historiques dans l'économie et la philosophie de la complexité qui défend la multi-causalité et l'interdisciplinarité. Grâce à ces éléments, et de tout ce qui précède, Max Weber est assimilable à la lignée des ***économistes institutionnalistes***. C'est une lignée d'économistes qui ont admis la place des institutions dans l'analyse économique, ce n'est pas une école à proprement parler, mais une vision hétérodoxe pour comprendre l'économie et où chacun a gardé sa spécificité et l'indépendance de ses points de vue. Ce qui respecte la spécificité et la complexité de Max Weber.

Cette proposition d'inclusion de Weber en tant qu'institutionnaliste est cependant relativement singulière dans le sens où ce dernier ne fut jamais officiellement classé parmi cette lignée d'économistes hétérodoxes bien que des auteurs comme Hédoin (2009) ou Nau (2005)[152] soutiennent également cette position. Il est ainsi nécessaire d'apporter les justifications de ce postulat.

---

[152] H.H. Nau (2005) : « Institutional, evolutionary and cultural aspects in Max Weber's social economics » in *Cahiers d'économie Politique*, 2005/2 n° 49. Paris, Harmattan.

1 - Principes d'économie institutionnelle

La grande famille des économistes institutionnels regroupent ceux qui partagent la thèse que les institutions sont primordiales et déterminantes dans l'étude de l'économie. Il est toutefois utile de préciser qu'évoquer le principe d'économie institutionnelle reste encore une science économique en devenir et « évolutionnaire » à l'image même de sa première caractéristique.

Mais définissons d'abord l'institution. Celle-ci revêt des déclinaisons plus ou moins accentuées selon les auteurs, mais tout d'abord reprenons celle de Schmoller de l'école historiciste. Une institution représente donc *« un ensemble d'habitudes et de règles de la morale, de la coutume, du droit, qui ont un centre ou un but commun, qui se tiennent entre elles, qui constituent un système »*[153]. Schmoller insiste sur le fait que *« l'étude majeure des économistes est les conventions, les règles, les normes et les coutumes »*[154] qui sont en fait les institutions. T. Veblen, l'un des auteurs majeurs sur l'institutionnalisme, évoque *« des habitudes de pensée et des actions dominantes dans la communauté sociale »*[155] pour parler des institutions. Enfin, retenons aussi celle de D. North[156] de la Nouvelle Économie Institutionnelle (NEI) qui parle des contraintes établies par les hommes qui structurent les interactions humaines. Elles se composent de contraintes formelles (comme les règles, les lois, les constitutions), de contraintes informelles (comme des normes de comportement, des conventions, des codes de conduite imposés) et de caractéristiques de leur application.

Pour bien marquer les nuances institutionnalistes, il faudrait préciser que Veblen, en tant que représentant de

---

[153] B. Chavance (2012) : *L'économie institutionnelle*. Paris, La découverte nouvelle édition. Collection Repère.

[154] Hédoin, *op.cit.*

[155] Chavance, *op.cit.*

[156] D. North D. (1994) : "Economic performance through time", *in American Economic Review*, vol. 84, n° 3 cité par Chavance, *op.cit.*

l'institutionnalisme ancien, et North, la NEI, présentent des variantes sensiblement différentes dans leur approche du capitalisme.

Pour North, l'institution est intimement liée à un environnement qui échappe en partie aux hommes[157], donc des données qui lui sont quelquefois exogènes ; et ce dernier s'efforce ainsi de maîtriser cet environnement qui peut constituer un obstacle à l'optimum du marché. C'est en ce sens que l'institution est une construction sociale qui aboutit à des accords contractuels voire à une construction du marché qui exprime pour North des activités institutionnalisées : « *Les institutions sont des accords contractuels entre principaux et agents en vue de maximiser leur richesse, ceci en réalisant les gains issus de l'échange en tant que résultat de la spécialisation (qui inclut la spécialisation dans la violence et la coercition* »[158]. Le cadre juridique est pour North une institution indispensable au bon fonctionnement du capitalisme.

Tout comme d'autres néo-institutionnalistes tels que Williamson, North a tendance à garder le postulat néoclassique de la maximisation recherchée par l'individu. Pour ce faire, North insiste sur le rôle central du droit de la propriété privée en tant qu'institution promotrice de la prospérité et du capitalisme occidental.

Veblen, quant à lui, évoque surtout le caractère internalisé des institutions, (il parle même d'instincts), et, de ce fait ne ramène pas la question à des contrats et aux droits écrits mais relie les institutions *à des habitudes mentales prédominantes, à des façons très répandues de penser les rapports particuliers et les fonctions particulières de l'individu et de la société*[159]. Dans

---

[157] B. Prévost (2010) « Douglass North : hétérodoxie néo-institutionnelle versus néolibéralisme ? » in *Revue de la régulation* n° 7 |1er semestre. URL : http://regulation. revues. org/7719.

[158] D. North (1984) : "Transaction costs, institutions, and economic history" in *Journal of institutional and theoretical economics*. Ed. march, n° 140, 1 pp. 8-17

[159] M. Baslé (1988) : « Veblen » in *Histoire des pensées économique.* Sirey, Paris.

l'optique de Veblen, les institutions sont constitutives d'un être humain et ne peuvent être réduites à un simple paramètre de programme de maximisation[160]. La propriété privée est pour lui *un fait culturel intériorisé par les individus dont les conséquences économiques sont relatives à un système productif historiquement, socialement et techniquement déterminé*[161]. Le droit qui l'encadre en est la conséquence. L'élément primordial du capitalisme est pour Veblen la technologie, et il estime qu'une société sans propriété privée est possible, à l'opposé d'une société sans technologie[162]. Veblen arrive même à critiquer la propriété privée en estimant qu'elle est à l'origine d'un processus économique qui *« prend l'allure d'une lutte pour la possession des biens: concurrence pour la richesse et l'honneur »*[163]. Quand il y a un surplus économique, la rareté n'est plus naturelle mais peut devenir artificielle sous les règles d'organisation sociales qui peuvent la créer. La propriété privée est pour Veblen le premier élément qui peut causer cette rareté artificielle au profit d'intérêts établis[164].

L'institutionnalisme n'est pas une pensée strictement homogène, ce qui n'est nullement un cas isolé. Une école présente des nuances plus ou moins marquées mais c'est ce qui les rassemble dans le concept institutionnaliste qui est intéressant.

O'Hara (2007), dans un article cité et traduit par Hédoin (2009), définit et précise les contours de l'institutionnalisme économique qui servira de point de départ de l'étude : « *L'économie politique institutionnelle et évolutionnaire est une*

---

[160] O. Brette (2004) : « Connaissances technologiques, institutions et droits de propriétés dans la pensée de Thorstein Veblen » : in *Cahiers d'économie politique*, n° 48, L'Harmattan, 2004, pp. 111-143.

[161] *Ibid.*

[162] D.-G. Tremblay (2007) : « Le rôle des institutions dans le processus de l'innovation ; l'apport de Thorstein Veblen » in *Revue Interventions économiques* n° 36. URL :http:// interventionseconomiques.revues.org/562

[163] J.-M. Lafortune (2004) : Introduction aux analyses sociologiques du temps hors travail : Fondements. Presses de l'université, Québec.

[164] Brette, *op.cit.*

étude réaliste et interdisciplinaire de la dynamique de la structure, de l'évolution et de la transformation de l'action humaine au sein des systèmes socioéconomiques (...) »[165]. De cette définition, Hédoin a tiré plusieurs principes caractéristiques de l'économie institutionnelle qui sont : une vision réaliste et complexe, une prise en compte de la relation entre action et structure, une prise en compte du problème de la spécificité historique, le caractère hétérogène des agents, le caractère encastré de l'économie, la causalité cumulative et circulaire (O'Hara, 2008), l'importance des institutions et des habitudes et enfin la mise en avant de principes du changement institutionnel.

Retenons les éléments suivants : la place indiscutablement centrale de l'institution dans l'analyse économique, l'importance de l'évolution de cette institution donc de l'évolutionnisme sur la réalité économique, celle de la science historique dans l'économie institutionnelle et le rôle de la complexité dans l'analyse de l'économie institutionnelle, ne serait-ce que la question de la récursion causale. Ces éléments aboutissent au caractère indispensable de l'interdisciplinarité dans l'analyse économique.

Il s'agit ainsi de voir ces éléments caractéristiques de l'institutionnalisme et de les rapprocher de la position de Weber pour démontrer cet institutionnalisme wébérien.

2 - Légitimité empirique de l'approche institutionnelle

Tout d'abord, la place des institutions dans les sciences économiques peut être appréhendée par le négatif : les méthodes et les instruments du *mainstream,* quand bien même ils sont sophistiqués et techniquement impressionnants, ont démontré leur insuffisance, ne serait-ce que récemment dans leur analyse et leur approche des processus économiques ainsi que la transformation de ces derniers.

Pour étayer ce postulat, considérons quelques faits empiriques se référant à l'édifiante analyse de W. Easterly

[165] C. Hédoin, *op.cit.*

(2006)[166]. Cette démarche ne relève toutefois pas de la casuistique qui chercherait à légitimer l'institutionnalisme par la mise en exergue des limites de l'orthodoxie économique.

La théorie économique orthodoxe, propose le modèle de croissance de base résumé par l'équation simple $\boldsymbol{Y = F(K,L)}$ qui est une fonction de production.

$\boldsymbol{Y}$: production totale, revenu total

$\boldsymbol{K}$: les réserves de capital et $\boldsymbol{L}$ le travail utilisé, donc les mains d'œuvres.

Donc le revenu total est fonction de l'association du capital et du travail. De ce revenu Y, se réalisera l'épargne S qui est fonction de l'augmentation du Revenu. On considère ici l'approche directe avec une hypothèse où l'épargne est une part fixe du revenu[167].

$$\boldsymbol{S = s.Y}$$

$\boldsymbol{S}$: Valeur totale de l'épargne.

$\boldsymbol{s}$: le taux d'épargne moyen.

Ensuite, cette épargne est à la base de la croissance de la richesse, car dans l'hypothèse d'une économie fermée, cette épargne servira à augmenter l'investissement, c'est-à-dire d'une manière simple le stock de capital.

Donc :

$$\boldsymbol{S = I}$$

$\boldsymbol{I}$: Investissement

---

166 W. Easterly (2006) : *Les pays pauvres sont-ils condamnés à le rester ?* ["The Elusive Quest for Growth: Economists' Adventures and Misadventures in the Tropics"]. Paris, Editions d'Organisation.

167 D. Perkins, S. Radelet, D.L Lindauer (2011) : *Economie de développement.* Bruxelles, 3e éd. de Boeck.

Et ainsi, l'augmentation de ***Y***, se fera avec l'augmentation de ***K*** en déduisant la dépréciation du capital existant : ***d.K***

d désignant ce taux de dépréciation.

Le modèle de Harrod-Domar dans les années 1940 s'est davantage spécialisé pour signifier que la production est une fonction linéaire du capital (et du seul capital). Nous retenons ainsi la formule simple :

$$Y = v.K$$

Y est donc multiple de ***K*** et ***v***, une constante qui permet de calculer la productivité du capital et de l'investissement.

Ce modèle fut ainsi à la base de la réflexion selon laquelle la croissance (et donc du développement car la croissance en est la première composante) des pays en développement est en retard du fait du manque de capitaux. La réponse est trouvée : il faut développer l'aide à l'investissement. Easterly a cependant relevé que dans de nombreux pays à l'image de la Zambie, l'investissement a généré zéro croissance[168] et ce n'est pas un cas isolé. D'une certaine manière, la limite pratique du modèle d'Harrod-Domar est indéniable.

Mais R. Solow publia sa théorie de la croissance qui évoque la théorie des rendements décroissants du capital. Ainsi, sur une longue période, l'investissement en capital n'est pas la source de la croissance mais ce serait plutôt le progrès technique. Cette théorie peut se résumer d'une manière simple.

$$Y = F(K, T.L)$$

T représente une évolution technique qui augmente l'efficacité et la productivité du travail, avec les mêmes quantités de ***K*** et même de ***L*** utilisées. On aborde ainsi la variation de Y du point de vue de l'évolution de la productivité de ***L***.

---

[168] Easterly, *op.cit.*

L'équation de la fonction de production de Cobb-Douglas intègre quant à elle la technologie aussi bien dans le capital que le travail[169] :

$$\boldsymbol{F\ (K, L) = A\ K^{\alpha} L^{(1-\alpha)}}$$

A étant un paramètre mesurant la productivité de la nouvelle technologie, tandis que α détermine *les parts relatives du revenu qui vont au capital et au travail.*

Ces fonctions ont pour objectif de décrire et ainsi démontrer en quoi les deux facteurs de production : le capital et le travail, se transforment en richesse et donc en PIB (Produit Intérieur Brut) avec l'apport de la technologie.

De ce qui précède, si on admet la théorie de rendements décroissants du capital, les investissements dans les pays en retard devraient avoir un rendement très élevé, s'ils sont bien dotés en capital, et pourront donc rattraper les pays en avance, pour ensuite bénéficier de la croissance liée au progrès technique. Ce qui conforte une fois de plus la théorie selon laquelle la première étape pour augmenter la croissance dans les pays en retard est l'augmentation des investissements, donc des capitaux.

En théorie, le rendement hypothétique élevé des capitaux investis dans les pays en retard devrait mobiliser les investissements réalisés vers les pays plus pauvres, mais la réalité est toute autre. Ce sont les pays riches qui attirent le plus d'investissements. L'absence de croissance dans la plupart des pays pauvres infirme le modèle de Solow. La croissance des Etats-Unis est par exemple passée de 2,2% entre 1960-1980 à 1,1% entre 1981-1998, alors que celle du Nigeria de 4,8% à -1,5% sur les mêmes périodes, et l'exemple n'est pas une exception.

Il ne s'agit pas de s'étendre sur des cas mais parmi les conclusions fort-intéressantes d'Easterly, deux affirmations interpellent :

---

[169] G.N Mankiw (2011) : *Macroéconomie*. Bruxelles, 5e éd. de Boeck.

- La relation entre facteurs de production et les biens produits diffère d'un pays à l'autre[170].

- L'histoire économique démontre qu'en deux siècles (1820 jusqu'à aujourd'hui), l'écart entre les nations les plus riches et les plus pauvres n'a cessé de se creuser. L'historien économique Angus Maddison a relevé que les nations les plus pauvres, il y a deux siècles, le sont encore aujourd'hui, mais les riches se sont encore considérablement enrichis. Les croissances ont suivi des trajectoires très éloignées, même si l'on prend l'hypothèse acceptable qu'à un moment, chacun pouvait avoir accès aux mêmes moyens de production (même moyen de production ne signifie pas même croissance). La théorie du rattrapage du retard par les pays pauvres n'est pas un postulat universel.

En effet, il n'y a pas de formule magique pour créer la prospérité. Pour Easterly, il faut une incitation qui fait réagir les gens car ce sont eux qui font leur développement. Proposons une formule simple qui stipule que :

$$Y = F(K, L, Inc)$$

***Inc** est donc l'incitation adressée au travail, que ce soit l'entrepreneur ou le salarié.*

Nous gardons toujours le capital K, car il faut des moyens de production, mais dans l'hypothèse où K peut être considéré comme constant, Y peut varier, si on applique une incitation Inc au Travail, c'est-à-dire aux humains.

Il serait plus correct d'écrire : $dY = F\, d(L \cdot Inc)$

où l'augmentation de la richesse est déterminée par le changement de l'incitation qui s'appliquera directement au travail. N'allons pas plus loin dans la formulation de cette implication car la proportionnalité de cette variation reste indéterminée.

---

[170] Easterly *op.cit.*

A quoi consiste donc cette incitation selon Easterly ? Il s'agit, de sortir les personnes de leur état qui est un piège, voire une malchance, en les stimulant. Il évoque le rôle éminemment important de l'Etat pour faire les *réformes institutionnelles* afin de pouvoir combattre des « *désincitations* » par exemple la corruption. D'autres faits limitent aussi ces incitations telles que les clivages ethniques. Easterly fixe comme objectif d'arracher *« les ronces qui bloquent la voie au développement en luttant sans relâche pour chaque pouce d'espace dégagé (...) »*[171].

Il ne s'agit pas d' affirmer qu'après des années passées à la banque mondiale, Easterly est devenu institutionnaliste hétérodoxe, qu'il reconnaît la différence selon les Etats, des résultats de l'application des théories standards économiques de développement (particulièrement sa critique acerbe sur la loi du capital), ensuite le poids de l'histoire, qu'il relie même à la chance ou à la malchance dans l'enrichissement et surtout cette notion d'incitation qu'il estime être le principe de base de la réussite de toute théorie de développement. Pour ce faire, Easterly évoque le problème de la corruption, le problème ethnique et d'appariement, etc. Certains de ses exemples pourraient susciter l'ironie désapprobatrice ou l'agacement d'économistes « bien-pensants », sauf qu'il est loin d'être un illuminé : expert reconnu et ancien de la banque mondiale, ses écrits sont loués par Robert Solow en personne. En bref, que ce soit d'habitudes de pensée, de règles, de morale, de coutume, de droit ou de contrainte formelle ou informelle ..., quand Easterly parle d'incitation, il s'agit de toucher à l'***Institution***.

Mais en outre, la théorie de la croissance endogène légitime de facto l'institutionnalisme.

Abordons succinctement la théorie de la croissance endogène sans aller dans les détails car tel n'est pas l'objectif. La croissance endogène[172] défendue par Paul Romer, en contrepoint (ou en complément) de la théorie exogène de

[171] Easterly, *op.cit.*

[172] Exemple : « la croissance économique » in *Problèmes économiques*, Numéros 2510 à 2511. Documentation Française, 1997.

Solow, veut démontrer à quel point les facteurs internes (endogènes) à l'économie d'un pays sont primordiaux pour la croissance. L'innovation technologique constitue un facteur endogène essentiel du progrès économique. Le choix structurel du pouvoir public en matière de recherche et développement (R&D) et en matière de vulgarisation du savoir (qui accroissent le capital humain) sont les facteurs déterminants de cette innovation. Pour ce faire, et au-delà des facteurs standards de production que sont le travail, le capital et les ressources naturelles, Romer introduit l'innovation non pas comme donnée mais comme dépendante du comportement, des initiatives et du développement des compétences des agents économiques. A cette théorie se rajoute celle de Lucas, sur le stock de capital humain, qui est déterminant dans la croissance endogène car par sa connaissance, ses compétences, sa formation et son état de santé, l'humain influe sur une croissance économique auto-entretenue. Enfin, Barro évoque surtout les dépenses publiques en infrastructures qui sont aussi endogènes. Tous ces éléments produisent des externalités positives qui auto-entretiennent donc la croissance économique.

Ce qui est intéressant ici, c'est le lien entre cette vision et le concept institutionnaliste. Tout d'abord, la croissance dépend du choix institutionnel à travers les décisions de politique économique structurelle de l'Etat. Mais surtout, quand bien même la théorie de la croissance endogène s'inscrit dans une lignée néoclassique, son évident lien avec la manière dont Veblen interprète le concept évolutionniste par une interaction entre une technologie dynamique et les habitudes, ne peut être occulté.

Certes, les tenants du concept de la croissance endogène n'ont pas intégré dans leur théorie certains éléments « *vébléniens* » qui les auraient fait basculer vers l'institutionnalisme traditionnel - particulièrement le rejet du paradigme de la rationalité optimisatrice donc liée à la maximisation et l'individualisme - cependant ces deux approches ont en commun le soutien de l'importance de l'innovation technologique, et du stock de connaissances comme conditions essentielles de la croissance. A partir du moment, où ces facteurs causent des externalités, l'explication du phénomène échappe à la logique pure du marché car le vecteur de diffusion des externalités, ainsi que sa vitesse de propagation dépendent du cadre social et institutionnel, dans lequel évidemment est inclus le cadre légal (exemple la législation sur les brevets).

Quand Veblen souligne que « *dans les formulations théoriques des économistes, l'équipement immatériel de compétence technologique appartenant à la communauté est pris comme donné* »[173], il s'oppose aux économistes qui considèrent le progrès technique comme une variable exogène, le rapprochant ainsi de la critique que les tenants de la théorie de la croissance endogène adressent à celle de la croissance exogène.

Il est indéniable que Veblen (donc l'institutionnalisme traditionnel américain) a été une source d'inspiration des théories de croissance endogène. Mc Cormick (2002)[174] reconnaît que la remise en question de la croissance exogène liée essentiellement au capital réhabilite - même implicitement - l'approche de Veblen. Il avance même que les théoriciens de la croissance endogène auraient encore beaucoup à apprendre de Veblen[175]. C'est dans ce sens que, ne serait-ce que partiellement, la théorie de la croissance endogène légitime l'approche institutionnaliste et évolutionniste « *veblenienne* ».

Pour Veblen, la connaissance, l'innovation, le progrès et leur accumulation sont primordiaux dans son concept de l'évolutionnisme qui n'est pas téléologique. Pour lui, c'est un fait social. La particularité de Veblen, tient au fait qu'il insiste sur la quintessence institutionnelle de la connaissance technologique et des innovations. Elles sont intimement liées à

---

[173] Veblen (1914), *op.cit.* p. 205.

[174] K. Mc Cormick (2002) : "Veblen and the New Growth Theory: Community as the Source of Capital's Productivity", *Review of Social Economy*, vol. 60, #2, Juin 2002, pp. 263-279.

[175] In Brette *op.cit.*

leur société, à la structure de celle-ci, au sens de l'évolution de cette dernière, qui rappelons-le, n'est ni téléologique, ni déterministe.

Dans ce cas, l'évolution technologique ne peut-être exogène, et en partageant ce postulat avec Veblen, les théoriciens de la croissance endogène ont emprunté à l'institutionnalisme un aspect de son concept. L'institutionnalisme s'y retrouve légitimé même si certains points restent (resteront) inconciliables.

Le présent essai défend l'intérêt de cette approche institutionnaliste. En effet, dans les pays en développement ou plutôt pauvres, la réflexion institutionnelle devrait prendre une place éminemment centrale plus que dans les pays développés où la pensée a toujours eu une place privilégiée dans la société et où les institutions (du moins politiques) ont acquis une certaine maturité. Non seulement parce que les institutions influentes en situation de pauvreté sont souvent plus informelles, mais en outre, parce que les institutions existantes sont souvent sources de « *désincitations* ».

Les échecs récurrents des tentatives de développement économique (investissements à outrance et phénomène d'éléphants blancs ou cathédrale dans le désert, échec du programme d'ajustement structurel,...) relèvent dans la majorité écrasante des cas, des problèmes institutionnels : non prise en compte des coutumes, règles peu ou pas comprises, habitudes différentes, lois défaillantes ou inexistantes, insécurité des investissements, régime de propriété très fragile... Mais ce qui est encore pire, c'est que la mémoire historique peu profonde ne se remémore pas les événements passés pour mieux inclure les expériences reçues des institutions. Il ne faut pas oublier que l'institution est le miroir du passé qui est souvent mal connu, donc mal appréhendé, dans l'inculturation d'une théorie économique. Veblen, à juste titre, pense que les institutions sont le produit du passé : *« Ce sont des produits du processus écoulé, adaptés aux conditions passées »*[176].

[176] T. Veblen (1970) : *Théorie de la classe de loisir.* Paris, éd. Gallimard.

3 - L'approche évolutionnaire de Weber est institutionnelle

L'approche évolutionnaire

La pensée orthodoxe prétend que l'économie est une discipline autonome, « désencastrée » (selon le terme utilisé par l'institutionnaliste Karl Polanyi analysé plus loin) des faits sociaux, et n'a donc pas à intégrer les institutions dans les analyses économiques car celles-ci sont des variables relevant de la discipline politique, sociologique ou encore historique.

En critiquant le postulat marginaliste de l'*homo-oeconomicus* T. Veblen remet en question cette vision de l'analyse économique. Ce concept est ainsi une sorte d'humain mécanique, isolé des institutions et de leur évolution aux réactions parfaitement prévisibles, suivant les stimuli de son environnement : *« un calculateur des plaisirs et des peines (...). Il est dépourvu d'antécédent comme de successeur. Il constitue une donnée humaine isolée et définitive (...) »*[177]. Selon les termes d'Hédoin, cet individu marginaliste serait donc « *asocial et anhistorique* », d'autant plus que cet individu serait immuable, passif et inerte. Ce qui signifie évidemment qu'en tout temps et en tout lieu, la manière de réagir et de calculer de l'individu économique serait la même, en dehors de toute émotion, affect ou influence autre que le gain économique. Il serait ainsi facile de dire que si un individu réagit autrement, ce n'est pas un individu économique.

Ainsi, pour Veblen, la théorie économique classique ou néoclassique est « prédarwinien », qui inclut peu ou pas le modèle évolutionniste. L'approche de l'économie par la notion d'équilibre traduit une idée statique, et ne tient pas compte de la transformation cumulative des activités humaines résultant du changement des institutions[178]. Les classiques ou néoclassiques considèrent que les institutions sont données donc figées, à

---

[177] T. Veblen (1898) : "Why is economics not an evolutionary science?" in *Quarterly Journal of economics*, Juillet 1898, (repris in Veblen T. (1919), *The place of science in Modern civilization*. New Brunswick, Transactions Publishers [2006]. Cité par Chavance, *op.cit.* p. 73.

[178] *Ibid.*

l'image de l'individu dont les préférences ainsi que les manières d'agir et de réagir sont données.

Seulement, l'agent économique n'est pas un objet inerte, il apprend, et même la notion de satisfaction qu'il recherche n'est pas immuable, de même que l'objectif que l'individu se fixe. Sa vie est ainsi le résultat de son passé et de son histoire qui vont avoir un impact sur l'objectif fixé. Ce dernier n'est pas non plus immuable, mais évolue en fonction de la réalité du présent et d'un avenir qu'on se représente et qui ne peut être prédéterminé. Ce qui suppose l'existence d'un réajustement perpétuel. Ainsi, une science économique ayant une approche téléologique (qui est liée à une finalité à atteindre) et qui recherche la stabilité (des postulats, des théories, des vérités admises et immuables) ne peut appréhender au plus près l'activité économique d'un individu dont une finalité existe mais qui est indéfiniment changeante.

En bref, l'homme, son activité et son environnement y compris les institutions qui le régissent, sont en perpétuelle évolution et dont la trajectoire ne peut être fixée d'avance. L'aboutissement de cette trajectoire reste contingent et incertain pour que l'on puisse prétendre définir ex-ante la loi immuable permettant de déterminer, fixer ou prédire le résultat final.

De ce fait, pour que la science économique puisse être efficace, il faut qu'elle soit évolutionnaire comme les actions et les cadres institutionnels de ces actions qu'elle étudie car « *le changement institutionnel est endogène au mouvement économique de long terme* »[179]. Une économie évolutionnaire se doit donc d'analyser et intégrer une croissance cumulative, culturelle, créée par des intérêts économiques (donc des individus), et intimement liée à un processus de changement, tout aussi cumulatif, des institutions. L'approche évolutionnaire sous-tend ainsi une perspective diachronique, qui intègre la présence et l'influence du facteur temps autant sur la méthode d'étude que sur le sujet d'étude. Il s'agit de distinguer les évolutions opérées pour mieux les analyser.

---

[179] T. Veblen T. (1898) : Cité et traduit par Chavance, *op.cit.*

Approche évolutionnaire et histoire économique.

Les institutions se sont formées dans le passé, il en est déduit *l'importance primordiale et l'apport considérable de la science historique à la science économique, pour mieux comprendre et cerner l'évolution de l'institution*, et en situer ainsi les causes des problèmes, en vue de proposer une ou des solutions se rapprochant au plus près des phénomènes constatés.

Mais en outre, Dulot et Spieser ont relevé à juste titre la proximité entre l'économie et l'histoire. Tout d'abord, les deux disciplines présentent la même ambivalence sémantique : elles désignent en même temps les faits et les disciplines qui les étudient et les analysent. Ensuite, l'une et l'autre ne peuvent expérimenter leurs théories (sauf dans certains cas de microéconomie)[180]. De plus les faits historiques et économiques sont intimement liés à l'évènement, et les grandes théories économiques ne peuvent se soustraire des événements car elles sont dans la plupart du temps formulées, avec en filigrane, des contextes historiques et économiques bien déterminés. La « théorie générale » de Keynes par exemple, s'inspire de la grande crise de 1929, tout comme le retour en grâce de l'institutionnalisme économique depuis le début du XXIe siècle, qui est lié au doute du capitalisme triomphant ou du néoclassicisme, ou encore à l'échec constaté et avéré des théories de développement basées sur l'idée capitalistique dans de nombreux pays pauvres.

Georges Akerloff (Nobel 2001) et Robert Shiller (Nobel 2013) ont déclaré : *« Notre sens du réel, la prise de conscience de notre identité et de notre rôle, est intimement lié à l'histoire de notre vie et de la vie d'autrui. La somme de toutes ces histoires forme une histoire nationale et internationale qui joue un rôle important dans l'économie »*[181]. L'économie ne peut être indépendante de l'histoire même si la relation entre historiens et économistes n'a pas toujours été des plus cordiales.

---

[180] Dulot & Spieser, *op.cit.*

[181] G. A. Akerlof et R. J. Shiller (2009) : *Les esprits animaux. Comment les forces psychologiques mènent la finance et l'économie*. Pearson.

Daniel Cohen a constaté l'importance des facteurs particuliers donc des institutions de chaque pays ou des événements historiques dans leur performance économique : *« Il est troublant de noter combien la croissance reste influencée par des facteurs internes : alternance politique en France, crise immobilière au Japon, réunification allemande... A l'heure où la mondialisation bat son plein, le gros de la volatilité des économies matures doit aux facteurs nationaux plus qu'internationaux. Selon une étude de l'OCDE, les échanges internationaux tendent en fait à réduire les fluctuations économiques, dont l'essentiel reste d'origine nationale ».*[182] La réaction de chaque pays face à un événement est toujours propre à lui, et ainsi les comportements sont divergents. Les institutions sont « le produit de l'histoire ».

Pour l'étude, un élément essentiel mérite d'être revu, la posture de l'économie institutionnelle vis-à-vis du capitalisme. La question institutionnaliste sur l'histoire du capitalisme transmet une vision qui s'éloigne sensiblement de celle du *mainstream*. La question sur les origines du capitalisme a été abordée par divers auteurs, et les réponses apportées à la question sont nombreuses et diversifiées. Même les institutionnalistes ont eu des positions divergentes, à l'exemple de Commons[183] ou encore de Polanyi[184]. Le premier aborde l'institution par le droit de la propriété, le second par la marchandisation de la terre, du travail et de la monnaie.

En tout état de cause, le capitalisme dans une approche institutionnaliste est d'abord un fait historique. Mais ce fait n'est pas un passage obligé, ni une finalité de l'évolution sociale, économique ou historique. Le capitalisme est un système historique spécifique et ne peut être considéré comme relevant d'un aboutissement naturel ou une nécessité absolue d'un processus évolutionnaire de l'homme. Cela ne relève donc

---

[182] D. Cohen (2006) : « Les paradoxes de la croissance française », *in Le monde* du 08.03.2006.

[183] Commons J.R. (1924) : *Legal Foundations of Capitalism*. New York, The Macmillan company.

[184] K. Polanyi *op.cit.* p. 121.

pas d'un universalisme de référence. Tout comme la contingence de l'histoire, l'histoire du capitalisme est contingente. L'avènement du capitalisme n'est pas un but ultime, pour en faire l'aboutissement d'un long processus d'évolution, pour dire qu'on est arrivé à l'ère de cette étape finale. Les crises actuelles du capitalisme ont ainsi fait comprendre les raisons du regain d'intérêt de cette approche institutionnaliste.

Mais il faut dire que si le capitalisme semble faire une crise de maturité, un pays « en retard » comme Madagascar et la majorité écrasante des Malgaches n'ont jamais vécu l'expérience de ce capitalisme développant (du moins industriel). A l'instar de Commons[185], il serait nécessaire de faire une réflexion sur l'adaptabilité d'un capitalisme raisonnable, même si celle-ci (ladite réflexion) ne peut faire fi de l'histoire contingente. La présente démarche ira dans ce sens car il est possible d'éviter le tâtonnement total étant donné qu'il est possible de faire une analyse ex-post des expériences occidentales, et qu'en ce sens tout en adoptant une démarche institutionnaliste, la contingence est relativisée dans le sens où le capitalisme est un fait existant.

Conformément à une approche institutionnaliste de l'économie, si le capitalisme (dans une approche historique du passé) n'est pas une nécessité historique dans le cadre d'un processus global de développement, étant donnée la prépondérance actuelle de cette forme d'économie, il existe un seuil qu'un pays comme Madagascar doit franchir pour assurer un minimum de création de richesse (par un entrepreneuriat efficace) pour préserver la dignité humaine. Il ne s'agit pas de se cantonner dans un idéalisme béat (du genre nous n'avons pas besoin d'être riches) qui cache mal le manque d'esprit entrepreneurial, l'oisiveté, et laisser aux autres le soin de jouir des potentiels de notre pays et de les exploiter.

---

[185] J.R. Commons (1924) : *Legal Foundations of Capitalism*. New York, The Macmillan company.

Pour en revenir à Weber, il s'est à juste titre demandé pourquoi le capitalisme de son temps ne s'est développé qu'en Occident. Cela sous-entend que le capitalisme ne présente pas l'aspect naturel de l'évolution de tout système économique, car sinon il aurait dû s'établir et s'épanouir dans tous les systèmes, cultures et civilisations. Weber, tout comme Polanyi, estime que le capitalisme n'est nullement le produit d'une histoire prédéterminée, mais est la conséquence de la conjonction de diverses et multiples contingences. Contingence ne signifie cependant pas pur hasard, car toute évolution ne s'obtient pas spontanément, mais par des étapes qui font apparaître de nouvelles nécessités, de nouveaux besoins. Ce qui n'exclut pas ainsi que la naissance de capitalisme est le produit d'une certaine nécessité ou d'un besoin humain.

Cependant, ce qui intéressa Weber, ce n'était pas la structure du capitalisme en elle-même, mais surtout la question sur les origines historiques du capitalisme et ses conséquences culturelles[186]. Une fois de plus, par sa sensibilité sur la réflexion historique, Weber se rapproche davantage de l'économie institutionnelle. Il est intéressant de voir que Weber ne prétend nullement être en mesure de déterminer exhaustivement les causes multiples de ces contingences ayant abouti au capitalisme. Norel (2013) dans son analyse de Weber évoque entre autres en plus de la rationalité, l'appropriation des moyens matériels de production par les entreprises privées, la liberté du marché, la technique et le droit rationnels, l'existence et la disponibilité de travailleurs libres et la commercialisation de l'économie qui entraîne donc la spécialisation[187].

Il est ainsi indéniable que Weber a accordé une place centrale à l'histoire dans son appréhension de l'économie et de la société en général et dans son analyse de ce capitalisme rationaliste et moderne en particulier. Il l'a d'ailleurs démontré par son ouvrage *Histoire économique : Esquisse d'une histoire*

---

[186] P.A. Saram (1998) : "Reflections on the Reception of Veblen and Weber in American Sociology" in *International Journal of Politics, Culture and Society*, vol. 11, 579-605.Cité et traduit par Hédoin, *op.cit.*
[187] P. Norel (2009) : *L'histoire économique globale*. Paris, Le Seuil.

universelle de l'économie et de la société[188], avec un chapitre consacré à « *La naissance du capitalisme moderne* ». Il apparaît de tout ce qui précède qu'aussi bien la science évolutionnaire que l'approche historiciste sont des éléments intimement liés à l'analyse économique wébérienne.

4 - L'approche complexe de Weber est institutionnelle

C'est Thorstein Veblen même, figure incontournable de l'institutionnalisme économique, qui le premier a fait une analyse complexe de cette économie institutionnelle évolutionniste. Il a, en effet, évoqué la centralité de la notion de causalité cumulative de l'analyse de la réciprocité de la cause et de l'effet dans la considération de l'institution. Cette approche évolutionnaire tient comme postulat de base l'irréversibilité du temps et le caractère cumulatif des transformations successives, ainsi le changement revêt un caractère séquentiel.

De ce fait, Veblen a dépassé l'opposition structurelle appliquée à la relation entre individu et institution et a su résoudre tout réductionnisme fondé sur l'individualisme ou l'holisme méthodologique. En effet, les institutions résultent des actions individuelles, mais parallèlement, elles les conditionnent et les influencent à tel point qu'un mouvement de va-et-vient incessant se fait entre les deux sans qu'on puisse déterminer précisément si l'une est antérieure à l'autre. La cause est un effet ou entraîne un effet qui est à l'origine de la cause.

Figure 1: Causalité cumulative (récursion) entre institution et action individuelle.

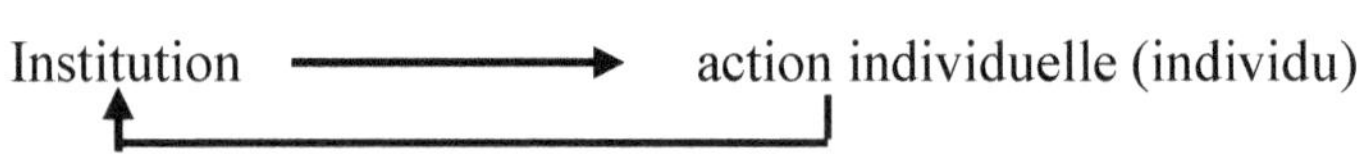

Reprenons les termes de Veblen pour illustrer ce schéma simple : « *La croissance et les mutations du cadre institutionnel résultent de la conduite des membres individuels du groupe, puisque c'est de l'expérience des individus, à travers leur*

[188] Weber *op.cit.*

habituation, que sont issues les institutions ; c'est sur cette même expérience que les institutions agissent pour diriger et définir les buts et les finalités de la conduite »[189].

Il est clair qu'ici, il y a une réflexion qui met en boucle la cause et l'effet pouvant être reproduits d'une manière simple grâce à une démarche inductive :

Figure 2 : Causalité cumulative entre causes et effets

La cause 1 et l'effet 2 concernent une même variable, de même que l'effet 1 et la cause 2, il s'agit d'une boucle de rétroaction où les produits et les effets sont en même temps causes et producteurs de ce qui les produit. D'une manière explicite, l'approche de Veblen est ici indiscutablement **« La récursion organisationnelle »** dans l'analyse de complexité d'Edgard Morin. Les préférences ou les choix des individus selon Veblen, sont ainsi liés à l'intériorisation du rôle évolutionniste des institutions (influencées aussi par les individus évidemment), et non pas une donnée exogène et mystérieuse du choix individuel. Ce qui est une critique portée à l'*homo-oeconomicus*. En dehors de toute discussion que peut susciter la position de Veblen, cet institutionnalisme évolutionnaire est un processus récursif, un élément central de la science de la complexité. Mouchot (2003) également, estime dans son approche de la méthodologie économique dans le cadre de l'épistémologie économique, que les sciences physiques refusent le type de causalité circulaire ou croisée (la récursion donc), alors que « *l'économiste est confronté* à *de telles circularités et il est bien contraint d'en rendre compte »*[190]. Il évoque particulièrement ce cas de la causalité

---

[189] T. Veblen (1909) : "The limitations of marginal utility" in *journal of political economy*, vol. XVII, n° 9. repris in Veblen T. (1919), *The place of science in Modern civilization*. New Brunswick, Transactions Publishers [2006].

[190] C. Mouchot (2003) : *Méthodologie économique*. Paris, éd. du Seuil.

circulaire entre individualisme méthodologique et holisme qui est pour lui primordial : *« Si nous exposons d'abord ce problème, c'est qu'il est effectivement le premier : il est impossible de tenir quelque discours théorique que ce soit sans avoir pris position dans ce débat »*[191].

Beaucoup plus tard, à partir des années 1990, Douglass North, auteur significatif de la nouvelle économie institutionnelle (NEI), un héritier de la pensée néoclassique, mais qui voulait concilier cette dernière avec l'institutionnalisme, insiste sur un principe qui rappelle étrangement le principe de base de Veblen donc de l'ancienne école, quand il dit que *« le choix rationnel ne relève pas tant de la cogitation individuelle que de l'encastrement (embeddedness) du processus de pensée dans le contexte social et institutionnel »*[192].

Mais, ce qui est surtout intéressant, c'est que même s'il veut dissocier les institutions (règles du jeu) des organisations et leurs entrepreneurs (joueurs sur le marché), il est pour lui essentiel de préciser que l'interaction est un fait permanent entre organisations et institutions : les institutions créent des incitations qui peuvent faire bénéficier aux organisations des profits apportés par ces incitations. Les organisations vont évoluer dans ce cadre mais à leur tour, veulent peser sur ce cadre pour le modifier selon leur besoin[193]. North (1990) estime que ce processus de rétroaction est décisif[194], ce qui une fois de plus conforte le rôle central de l'approche de la complexité par la récursion.

En outre, pour Veblen l'opposition structurelle entre individualisme et holisme doit être dépassée s'ils coexistent. Il n'est pas opportun de choisir une réflexion institutionnelle qui

---

191 *Ibid.*

192 D. North (2005) : *Le processus du développement économique*. Paris, éd. d'Organisations.

193 Chavance *op.cit.*

194 D. North (1990) : "*Institutions, Institutionnal Change and Economic performance*", Cambridge University Press.

oppose l'individu au collectif car ils sont interdépendants. Ce qui rappelle ainsi dans la pensée de base de l'institutionnalisme, une logique « uniduale », où il est possible de relier cette contradiction sans qu'il soit nécessaire de rechercher leur fusion.

Sans cette approche par la complexité, rapprocher l'ascétisme protestant de l'esprit hédoniste et rationnel capitaliste serait hasardeux et incohérent, pour aboutir à une conclusion simpliste et facile : la thèse de Weber est erronée ou dépassée. Ce qui paraît inacceptable, ne serait-ce que par le grand intérêt que suscite l'auteur dans diverses disciplines, mais surtout par la place centrale que d'innombrables chercheurs (Hédoin, Norel, Caillé, Dupuy...) lui accordent aussi bien dans l'analyse institutionnelle que dans l'histoire économique du capitalisme ou dans les sciences sociales d'une manière générale.

Un point de plus rapprocherait le point de vue de Max Weber des économistes institutionnalistes. Il s'agit donc d'une démarche réflexive sous-tendue par la théorie de la complexité conceptualisée par Edgard Morin.

5 - L'interdisciplinarité de Weber l'intègre dans l'institutionnalisme économique

Ce dernier élément devrait couler de source à partir du moment où l'institutionnalisme économique est lié à la complexité. En effet, l'accent a été mis sur le fait que la science complexe défend la primordialité d'une démarche non cloisonnée, et non réductrice qui ne mutile pas la science. L'économie institutionnelle a, de ce fait, intégré l'histoire comme essentielle à son analyse, à partir du moment où elle se veut évolutionnaire, elle qui est contingente et irréversible. La mixité de l'institutionnalisme est ainsi admise ici, mais il est nécessaire de voir plus loin, et vérifier que son lien avec la complexité serait conforté avec l'interdisciplinarité. Ce qui rapprochera davantage Weber des institutionnalistes dans le sens où les premiers contours de la pensée économique de Weber ont révélé une certaine difficulté de sa classification du fait de sa transversalité et de son interdisciplinarité.

Tout d'abord, abordons la question par un fait : en 2009 fut octroyé conjointement à Oliver Williamson et à Elinor Ostrom le prix Nobel d'économie. Le premier est bien connu car c'est une référence en « Nouvelle économie institutionnelle » et il est l'inventeur de ladite expression. La recherche de Williamson concerne les frontières entre firmes, entreprises et marché. Les travaux d'Ostrom concernent la théorie de l'action collective, la gestion des biens communs, et des biens publics entrent dans le concept de la nouvelle économie institutionnelle, comme le démontre son ouvrage "*Governing the Commons: The Evolution of Institutions for Collective Action*"[195]. Mais, Ostrom n'est pas une économiste d'origine, elle est politiste, et a été professeur de sciences politiques à l'université de Bloomington-Indiana USA.

Ce fait se déroulant au sommet de la discipline économique, démontre indiscutablement le caractère interdisciplinaire de l'économie institutionnelle. Nonobstant le cas particulier de l'histoire, nous avons donc pu vérifier par l'empirisme que d'autres disciplines sont utiles à l'approche institutionnelle de l'économie. Williamson a étudié la minimisation des coûts de transaction et a reconnu qu'il s'agit d'une approche complexe et difficile nécessitant le recours à une approche interdisciplinaire faisant appel au droit, à l'économie et à la théorie des organisations[196].

Toutefois, il est fort utile de bien déterminer et circonscrire le rôle de cette interdisciplinarité dans l'approche de l'économie institutionnelle, pour que la base, l'épicentre de notre discipline de départ à savoir l'économie, ne soit pas déplacé dans ou vers une autre discipline. Certes, les frontières restent floues[197], mais

---

[195] E Ostrom (1990) : *Governing the Commons: The Evolution of Institutions for Collective Action*. Cambridge University Press. E Ostrom (2010) : *Gouvernance des biens communs. Pour une nouvelle approche des ressources naturelles*, Bruxelles, De Boeck.

[196] O. Williamson (1994) : *Les institutions de l'économie* (The Economic Institutions of Capitalism, Relational Contracting), Paris, Interéditions.

[197] Par exemple : l'histoire économique relève-t-elle d'abord de l'historique ou de l'économique ? Même si la cliométrie -qui intègre les statistiques et

il est important que la science économique ne devienne la discipline périphérique des autres sciences sociales. La mise en garde de N. Postel et R. Sobel[198] est importante pour que cette interdisciplinarité ne soit pas une sorte de métadiscipline ambigüe sans objet propre[199]. Ils préfèrent alors utiliser le terme de « Transdisciplinarité » qui sous-tend sans doute des apports mutuellement enrichissants et qui font avancer chaque discipline tout en préservant sa spécificité. Il s'agit ainsi de collaboration disciplinaire[200] et non de fusion. Ce qui une fois de plus, rejoint la complexité de Morin qui stipule qu'« *il ne s'agit pas à l'inverse de supprimer les disciplines ou les fusionner mais de rechercher leur collaboration* »[201].

Cette dernière caractéristique interdisciplinaire de l'institutionnalisme économique le rapproche encore davantage de Weber, par la démarche transversale de ce dernier, mais également par l'analyse de sa position ouverte vis-à-vis de la science économique ainsi que de ses compétences avérées dans plusieurs domaines des sciences sociales. Le concept de Weber et, d'une manière générale, l'institutionnalisme sont interdisciplinaires, c'est un fait indéniable.

6 - Weber est un économiste institutionnaliste

Pour Veblen, les croyances sont des institutions car elles sont intimement liées à une habitude mentale prédominante. Ainsi l'impact économique de cette institution qu'est le protestantisme sur ses membres ne peut être interprété que par l'économie institutionnelle. Ainsi, l'analyse de Weber sur le lien entre protestantisme et capitalisme présente une essence

---

l'économétrie - prédomine dans une approche d'une histoire économique suffit-elle pour conclure que celle-ci relève en priorité de l'économique ?

198 N. Postel & R. Sobel (2009) : *Economie politique, institutionnalisme et hétérodoxies. Un essai de généalogie conceptuelle de l'objet propre des hétérodoxies économiques*. Document provisoire.

199 *Ibid.*

200 O. Favereau (1995) « Quels enjeux pour la socio-économie ? Table ronde », in *L'inscription sociale du marché*, sous la direction de A. Jacob et de H. Vérin, Paris L'Harmattan, cité par Postel & Sobel.

201 Morin (1990), *op.cit.*

institutionnelle et le rapproche de la grande famille des institutionnalistes économiques. Swedberg[202] (2004) estime d'ailleurs que Weber prend en compte, au-delà de la théorie économique *stricto-sensu*, la structure sociale et l'impact de la tradition sur les activités économiques.

Weber est un économiste et l'a revendiqué, c'est ce qui le différencie entre autres, de Durkheim. Tout en étant par essence singulier, il partage des points de vue qui le relient à l'institutionnalisme traditionnel (quoiqu'il soit déjà possible de le classifier comme un nouvel économiste institutionnel face à l'école historique allemande). Il diffère cependant des institutionnalistes traditionnels américains par l'adhésion de ces derniers à la philosophie pragmatiste dont l'épanouissement lui est postérieur.

Le lien qu'il fait entre l'économie et une histoire contingente, sa transversalité, son refus du monisme économique, son approche de la théorie économique par les institutions, son raisonnement qui le relie à la théorie de la complexité, sa rationalité axiologique ainsi que son approche par l'individualisme institutionnel et enfin sa distance par rapport au raisonnement par le concept de l'*homo-oeconomicus* sont aussi autant d'éléments qui justifient cette classification. Max Weber est un économiste institutionnaliste. Ce qui sans doute, permettra de mieux conceptualiser l'applicabilité de sa pensée.

---

[202] R. Swedberg (2004) : « La sociologie économique de Max Weber » *in Histoire et économie politique en Allemagne de Gustav Schmoller à Max Weber*. Bruhns H. (dir). Paris, Ed. de la maison des sciences de l'homme.

CONCLUSION DE LA PREMIERE PARTIE

Cette première partie est essentielle dans la progression de la réflexion car elle est un passage obligé qui permet de définir le canevas de l'analyse de l'applicabilité du concept wébérien dans le contexte malgache. En effet, Weber est un auteur particulièrement complexe donc transversal, qui se doit d'être examiné suivant des axes disciplinaires multiples, et le monisme et le cloisonnement des disciplines s'avèreraient limités dans un essai pour mieux le comprendre.

Si on peut le rapprocher de certains concepts, il ne se laisse jamais enfermer par ceux-ci. Des affinités ont pu être relevées avec la pensée de la jeune école historiciste, classique, néoclassique voire celle de Marx, mais des nuances dans ses analyses ne permettent pas de le classifier définitivement dans l'une de ces diverses sensibilités.

L'objectif est cependant de pouvoir intégrer sa pensée dans l'analyse économique étant donné qu'il se considère avant tout comme économiste, sans pour autant dénaturer cette singularité qui le caractérise. Weber est un auteur dont l'approche demeure compliquée, et une interprétation simpliste de sa pensée pourrait amener des conclusions erronées. L'analyse économique de Weber a amené à procéder par la pensée transdisciplinaire et à aller en profondeur dans une réflexion épistémologique et fondamentale, des sciences en général et des sciences économiques en particulier, pour essayer de comprendre par quelle branche de l'économie pourrait-on approcher Max Weber.

Il fut influencé **par la philosophie néo-kantienne** qui ne pouvait concevoir la connaissance comme la seule conceptualisation des phénomènes, donc inductive, mais en même temps, si Weber fut attiré par la démarche heuristique, il fut contre l'application invariable - tout particulièrement dans les sciences sociales - des règles immuables prédéterminées donc déductivistes. Quand Weber trouve au protestantisme l'une des causes du capitalisme, il ne s'agit nullement d'une cause exclusive, ni directe mais du fruit d'une succession de phénomènes contingents.

L'éloignement de Weber de la démarche hypothético-déductiviste a amené à dire qu'il est imprudent de le classifier dans l'économie standard, alors que de l'autre côté il n'a pas rejeté à l'instar des historicistes purs, les théories économiques heuristiques. Au-delà d'une simple constatation de relativisme de Weber, il porte un esprit de la pensée de la complexité, entre autres, cette démarche dialogique qui lui a permis de concilier son attrait pour certaines théories économiques orthodoxes tout en approchant par exemple l'économie par l'histoire contingente, et d'aller au-delà d'une dichotomie classique de la pensée. Weber est un **économiste hétérodoxe** qui, en outre, se caractérise par une certaine singularité.

Cette approche de la complexité est importante pour mieux comprendre Weber mais aussi l'intégrer dans une pensée économique sans annihiler sa tendance à la singularité. De plus, l'attachement de Weber à l'histoire contingente ainsi que sa compatibilité avérée avec l'approche évolutionniste ont permis d'affirmer qu'il est **un économiste institutionnaliste**, sa réflexion sur le lien entre protestantisme et capitalisme en est une illustration crédible. Quand bien même la sociologie économique compréhensive de Weber semble s'intéresser en priorité à la théorie individuelle de l'action économique avant l'institution en elle-même,[203] il n'en demeure pas moins que cette action intègre entièrement des dimensions institutionnelles. « *En proposant ainsi un cadre d'analyse permettant d'aborder une pluralité de types d'action, y compris dans le domaine de l'activité économique, Weber intègre dans sa théorie de l'action nombreux éléments qui relèvent de la problématique des institutions* »[204].

[203] J.-J. Gislain (2003) : « L'émergence de la problématique des institutions en économie » *in Qu'a-t-on appris sur les institutions ?* Histoire de la pensée et théorie. Cahiers d'économie politique, n° 44, Paris, L'Harmattan.
[204] *Ibid.*

Il reste que la primordialité de **son individualisme et de l'approche rationaliste**, semble le rattacher au néoclassique, mais la complexité de sa pensée a permis de déterminer une forme d'individualisme en interaction permanente avec l'institution, ne pouvant s'y soustraire, ainsi que son approche rationaliste non pas exclusivement finaliste, mais imbriquée à sa composante axiologique donc en valeur.

L'institutionnalisme est sans nul doute l'élément clé qui permet d'appréhender Weber, il fallait un cadre économique pour pouvoir analyser sa congruence dans le contexte malgache ; l'économie institutionnelle qui intègre aussi l'histoire économique en est la possibilité.

PARTIE II

APPROCHE INSTITUTIONNALISTE DE LA PERTINENCE DE L'ETHIQUE PROTESTANTE-CAPITALISME DANS LE CONTEXTE MALGACHE

INTRODUCTION DE LA DEUXIEME PARTIE

Cette partie abordera la réflexion sur l'applicabilité du concept (de Weber) du lien entre l'éthique du protestantisme et le capitalisme dans le contexte malgache. Un survol empirique et/ou quantitatif de l'état économique de Madagascar semblerait permettre de conclure très rapidement que le protestantisme malgache est totalement inopérant sur le comportement économique du pratiquant. En effet, la réalité est criante : presque deux cent ans après l'arrivée des missionnaires protestants à Madagascar, le pays est plongé dans une pauvreté alarmante et il semble ne pas y avoir de capitalisme industriel.

En dehors de la question de développement qui tient compte des variables qualitatives, donc pouvant être subjectives, cette pauvreté peut se caractériser par un manque structurel de revenu[205] garantissant un minimum de subsistance et de dignité humaine, un manque cruel de structures de production pérennes et suffisamment rentables, la quasi- inexistence de tissu industriel qui soutiendrait une croissance pouvant faire face à l'accroissement démographique et la rareté de « success-stories » entrepreneuriales « autochtones ». Ainsi, le PIB par habitant a baissé de 2/5 entre 1971 et 2003[206], la crise de 2009-2013 a encore accentué cet état déplorable de l'économie.

Le premier réflexe dirait que compte tenu de cet état de l'économie malgache et de la faiblesse des entreprises malgaches d'un côté, et de l'influence non-négligeable du protestantisme dans le monde malgache, du moins dans les milieux des décideurs économiques ou politiques, le concept de Weber n'a aucune raison d'être dans une réflexion portant sur la lutte contre la pauvreté ou pour un meilleur dynamisme entrepreneurial. Effectivement par l'inférence inductive, cette

---

[205] Le seuil de pauvreté généralement admis à 1$ ou 2$ en tenant compte de la parité des pouvoirs d'achats.

[206] J. Razafindravonona (2007) : *Pauvreté et distribution des services sociaux à Madagascar*. Thèse de doctorat en Economie. Faculté de droit, d'économie, de gestion et de sociologie. Université d'Antananarivo.

constatation ne peut être contestée. Encore moins, si le lien entre capital et protestantisme est abordé, du point de vue de l'économie standard ; d'autres variables plus déterminantes permettraient de mieux appréhender la question de la pauvreté mais nullement la question religieuse. *A priori*, la réponse à la problématique semble inéluctable : le lien primitif entre protestantisme et capitalisme, déjà sujet à discussion dans le contexte occidental, n'a pas sa raison d'être dans le cadre malgache. En outre, Weber a admis lui-même, surtout à son époque, que le développement du capitalisme ne s'était opéré que dans un environnement occidental, liant ainsi ce développement à la rationalité favorisée par le désenchantement du monde, lui-même induit par le protestantisme.

Du point de vue orthodoxe, ces éléments semblent obturer l'axe de réflexion qui amènerait à approfondir la question. Mais le choix de cette voie présente un intérêt non négligeable dans le contexte malgache, grâce à l'approche par l'institutionnalisme, compte tenu de l'influence considérable des religions dans la vie sociale et individuelle des Malgaches. Cette démarche permet de voir les réalités constituant le point de départ d'une analyse par abduction (étudiée plus loin), qui est éclairante dans l'étude de certaines des trajectoires économiques constatées.

Cette approche par l'institutionnalisme économique n'entraînera pas systématiquement des lois inductives à partir des résultats, mais compte tenu des trajectoires historiques contingentes et des situations passées et actuelles, à poser des questionnements sur les causes, pour pouvoir proposer des axes de réflexion concernant l'impact du protestantisme (la religion) sur le comportement économique humain (relevant de l'institutionnalisme économique et non pas de la théorie standard). Cette démarche se veut humble et réaliste car par la pensée complexe, elle ne peut prétendre à l'exhaustivité (ou à la complétude), aucune théorie économique ne pourrait prétendre être la solution miracle pour sortir notre pays de la pauvreté. Les débats théoriques peuvent atteindre des sommets, mais notre histoire politique et économique reste un témoin impartial de la validité ou non des théories émises. Quoi que disent les spécialistes, jusqu'à aujourd'hui, aucune préconisation économique ou orientation économique ne peut se prévaloir d'être la plus efficace pour sortir Madagascar de sa pauvreté structurelle car il n'a pas été possible de vérifier dans la réalité et sur la durée, donc historiquement, sa validité. La prétention positiviste d'une théorie pour stimuler le développement, la lutte contre la pauvreté et l'incitation à l'entrepreneuriat relèvent pour l'instant, à Madagascar, de la conviction de celui qui l'a émise.

Une théorie de développement malgache reste en friche car les leçons du passé sont inutilisées, il n'y a pas de capitalisation des expériences politiques et économiques. Il y a cette habitude d'instituer l'histoire comme étant un juge suprême, mais malheureusement, elle est surtout évoquée comme le futur qui jugera le présent car finalement les faits du passé, notamment les faits économiques ou ayant influé sur les réalités économiques, n'ont pas fait l'objet d'une analyse pouvant être référencée comme à l'origine de la situation actuelle. Le passé remémoré est presque le présent, c'est-à-dire le passé proche. L'histoire (qui raconte les réalités vécues) n'a pas été intégrée dans le raisonnement global.

La théorie économique se veut universelle, pourtant l'état des économies et des situations économiques dans le monde est hétérogène. L'histoire, entre autres, permet à la science économique de situer ses analyses dans un contexte particulier, voire singulier. La généralisation ne doit jamais oublier les singularités, ce ne sont pas deux situations contraires, mais deux visions qui coexistent dans une réalité complexe. Alain Tourraine rappelle la division entre ceux qui prônent l'universalisme et ceux qui défendent la particularité, certaine spécificité de groupes humains par rapport à d'autres, pour terminer ensuite à juste titre : *« c'est maintenant que nous découvrons - bien tard - que le particulier et l'universel ne sont pas opposés »*[207]. Dans la pratique, la science économique ne

[207] A. Tourraine (2010) : *Après la crise*. Paris, éd. du Seuil.

peut prétendre trouver la panacée universelle et unique des problèmes économiques de chaque pays, car bien que les conditions humaines puissent présenter des similarités, derrière une situation se trouvent des hommes conditionnés par elles, mais qui interagissent avec les institutions. Ce qui *contextualise* et finalement individualise leur réalité économique. L'économiste, particulièrement dans un pays en développement, se doit d'avoir la longue mémoire d'un historien, l'expertise plus développée de la science sociale et doit recourir à l'institution, pour que sa pensée ne soit pas déconnectée de sa réalité.

La démarche s'inscrit dans ***la caractérisation de l'institutionnalisme*** tel que dressée par Dugger[208] qui expose entre autres, le souci du réalisme de la théorie, la transversalité des sciences sociales, le refus de la dichotomie entre intérêt particulier et intérêt collectif, une évolution continuelle mais non déterministe et l'importance des valeurs, notamment dans notre approche par la rationalité.

Notre point de vue pour penser l'économie malgache rejoint celui de Gunnar Myrdal rapporté par Ferraton selon les termes suivants[209] : « *(...) Tenir compte de l'organisation politique et sociale, "c'est-à-dire principalement les institutions et les attitudes", est un préalable* à *la compréhension du développement économique. (...)Cela est d'autant plus vrai pour les pays sous-développés car il n'est souvent pas* « *possible de définir clairement la signification des expressions "économiques" ou facteurs "économiques" [...] sans plonger profondément dans les déterminants "non économiques*" ».

Myrdal n'est pas contre la modélisation, loin de là, mais il estime que les rapports d'interdépendance, - voire l'étroite imbrication des différents facteurs dans l'organisation sociale - entraînent une incertitude qui ne peut pas toujours être exprimée

---

208 W. M. Dugger (1992) : *Underground Economics: A Decade of Institutionalist Dissent* éd. M.E. Sharpe cité par C. Ferraton (2008), *op.cit.*

209 G. Myrdal (1976) : *Le drame de l'Asie : une enquête sur la pauvreté des nations*. Paris, Le Seuil. p. 19 cité par Ferraton, *op. cit.*

par une approche quantitative précise. Nous souscrivons à son affirmation qui estime que l'économiste institutionnaliste ne peut qu'émettre des tendances et non des prévisions parfaites, ce qui est tout-à-fait compréhensible compte tenu de l'approche contingente de l'histoire selon les institutionnalistes. C'est en raison de ces constatations d'ailleurs, que l'analyse ne prétend pas être normative mais plus qualitative.

Pour ce faire, la présente analyse de l'applicabilité du concept de Weber a opté délibérément par une réflexion plus « économie politique », *non pas parce que le quantitatif est critiqué mais parce que cette approche plus institutionnelle de l'économie malgache reste en friche.* Un raisonnement purement déductif à partir des théories universelles du cas malgache, sans être remis en cause ici, doit absolument être éclairé par une approche par les sciences humaines et sociales pour que ces théories puissent être mieux comprises, plus réalistes, et cadrent mieux avec *l'homo malagasi.*

La présente analyse tentera d'éclaircir le concept de Weber, sur l'éthique protestante et son lien avec le capitalisme. D'emblée, ce concept peut être critiqué par différentes approches : par l'historique, par le paradoxe de la prédestination et de la valorisation du travail, par le monisme économique, etc. Mais, en dépit de ces critiques, Weber n'a pas cherché à établir un lien de cause à effet déductif entre protestantisme et capitalisme, il a plutôt évoqué une certaine affinité institutionnelle qui a favorisé le capitalisme en lui fournissant un terreau favorable. Pour le cas malgache, une approche moins cloisonnée, à défaut de prétendre être la panacée, mérite considération.

Chapitre 5

ANALYSE DU CONCEPT WEBERIEN : INTERPRETATION DE LA PENSEE CALVINISTE

L'essentiel de la pensée de Max Weber est dominé par son intérêt pour la problématique du capitalisme qui est devenu le mode dominant du comportement économique. Vouloir maîtriser l'ensemble de sa pensée ou l'interprétation de celle-ci serait prétentieux, certains éléments essentiels seront abordés pour traiter la problématique de l'applicabilité de son concept « éthique protestante et capitalisme » dans un contexte malgache.

1 - Le capitalisme selon Weber

Weber, dans sa logique socio-économiste, s'est concentré sur « l'activité sociale », point central de sa réflexion. Analysée par Bihr[210], la définition de l'économie par Weber s'énonce en ces termes :

« *Un acte économique sera dit 'capitaliste' avant tout quand il repose sur l'attente d'un profit obtenu par l'utilisation de chances d'échange, quand il repose, donc, sur des chances de gain formellement pacifiques* »[211].

Le capitalisme pour Weber désigne en premier lieu un mode de comportement économique ramené prioritairement à l'individu. De ce fait, le capitalisme n'est pas immédiatement un ensemble de relations ou de rapports économiques établi dans un système. Weber fait en quelque sorte fi d'une approche systémique pour pouvoir atteindre une certaine intelligibilité du monde capitaliste. De ce fait, Weber s'est sensiblement écarté des « concepts collectifs » et a voulu ainsi insister sur la

---

[210] A. Bihr (2006) : *« Les origines du capitalisme selon Max Weber »* in *Revue pluri-disciplinaire en sciences de l'homme et de la société. N° 2. La construction de l'individualité.* Juin 2006.http://www.revue-interrogations.org.

[211] M. Weber (1922) : *Sociologie des religions*. Paris, Gallimard [1996].

primordialité de la compréhension des comportements individuels.

Max Weber lie le capitalisme avec un esprit, celui des agents individuels qu'il appelle « l'esprit du capitalisme », une mentalité rendant licite et légitime la recherche du profit. L'existence de cette nouvelle mentalité est à la base même du capitalisme moderne.

Dans cet objectif de recherche du profit, Weber insère deux critères de l'activité capitaliste qui sont d'abord l'existence d'échanges caractérisés par la circulation marchande et monétaire qui rend possible l'opportunité de gain et l'existence de la rationalité liée au calcul économique résultant de la comparaison entre la valeur des éléments engagés dans un processus (marchandises ou argent) et la valeur de ceux qui en sont retirés.

Ce capitalisme moderne, selon Weber, fut d'abord occidental avant de se répandre dans le monde et est caractérisé par l'exploitation rationnelle du « travail libre », qui est donc le travail salarié, contrairement à toute corvée ou imposition. De ce fait, Weber souligne l'importance du moyen de production travail au même titre que le capital. Mais quelle que soit la forme de capital : marchande, industrielle ou moderne, Weber trouve toujours la résultante de ces différents aspects capitalistes, en la primordialité de la rationalité économique.

2 - Théorie wébérienne sur l'esprit du capitalisme et éthique protestante

Weber avait analysé le lien entre deux concepts qui lui tiennent à cœur : d'un côté le capitalisme et de l'autre côté le protestantisme. Si l'on pouvait résumer en quelques mots son raisonnement c'est que : *consommation limitée et gains accrus ont permis l'accumulation de capitaux*. Mais toujours selon lui, cette accumulation fut paradoxalement favorisée dans un milieu dont l'objectif ultime n'est pas d'accumuler. Ce milieu est celui des protestants calvinistes qui, en poursuivant une éthique et un objectif spirituel, se trouvent en phase avec l'esprit capitaliste.

Il est évident que la question sera abordée du point de vue microéconomique car cette éthique protestante laisse supposer qu'elle prévaut au sein d'une communauté assez restreinte composée d'individus raisonnant d'une manière individuelle. Sinon, espérer une croissance et au-delà une accumulation des profits en capital dans un contexte de sous-consommation, serait une hérésie.

Qu'est-ce qui fait dire à Weber que l'éthique protestante a une affinité avec l'esprit du capitalisme ? D'abord, cet « *esprit du capitalisme* » au sens individuel est, selon Weber, le devoir de l'individu de se consacrer à une activité professionnelle capable d'augmenter son capital. Ce capital peut être compris dans un sens général par le gain et le patrimoine, mais aussi, et surtout, dans son acception économique qui désigne l'ensemble des biens (matériels ou immatériels), non destinés à une consommation finale mais utilisés ou réutilisés de manière à être reproducteurs de biens, y compris évidemment d'argent.

Or, dans l'éthique protestante, ces « valeurs » - normalement, cantonnées sur le plan terrestre - vont se transformer en morale religieuse dépassant le stade purement matériel pour revêtir une aura spirituelle. Donner le maximum de soi, dans son activité professionnelle n'est pas un moyen, mais pratiquement une fin en soi, voire une véritable vocation dans le sens du terme allemand *beruf* qui désigne à la fois profession et vocation. Cette obligation met en évidence - sur un point central - le *Travail* qui se trouve être à l'origine du gain et à la source de la modernité. C'est la rationalisation des pratiques du travail qui est ainsi, dans une économie moderne, la première source de profit.

Dans cette optique de Weber, le problème majeur de l'expansion du capitalisme moderne n'est pas celui de l'origine du capital, mais celui du développement de l'esprit du capitalisme. Si Weber explique le processus d'accumulation du capital par la non-consommation et une grande quantité de travail, c'est qu'il privilégierait plutôt une posture de l'observateur, plus que celle d'un défenseur d'un modèle particulier d'économie capitaliste.

Au-delà de cette question économique, il estime que le capitalisme n'est pas seulement le fruit d'un acte économique mais davantage d'une éthique ou de la culture. Ce qui situe son analyse dans une optique hétérodoxe. C'est ainsi une erreur d'estimer que Weber comprend le capitalisme par l'économisme. S'il considère que le capital assemblé dans certains contextes a pu entraîner l'éclosion d'un capitalisme moderne, l'existence ou la disponibilité d'un capital initial ne peut garantir la croissance ou l'accumulation par la recapitalisation continue. L'économie se retrouve ainsi expliquée par la non-économie et le matériel par l'immatériel, quand bien même, Weber veut rejeter toute analyse sous l'emprise de la transcendance.

2.1 L'ascétisme intramondain calviniste selon Weber. Une capitalisation issue du Travail et de la non consommation : réflexion classique

S'il semble évident que, Weber n'ignore pas l'équation classique de base de la production qui stipule que la production est fonction de la combinaison du capital et du travail ***Y = F (K,L)***, selon lui, le comportement économique calviniste se focalise surtout sur le Travail. A la limite, le capital n'est pas le facteur productif primordial mais plutôt le travail est à la source de la création de la production. Dans ce sens, le premier capital acquis serait la transformation des ressources naturelles par le travail de l'homme. Le travail rapproche ainsi l'homme du Créateur par sa force de transformation, d'agrandissement et bien évidemment de création.

Travail L1 → Revenu Y → Epargne S → Investissement I → Capital K → L2

A partir du moment où le travail est à la source d'un revenu conséquent capitalisable, le choix d'utilisation de ce revenu par l'agent économique mû par des motivations personnelles est celui qui a permis une accumulation des moyens de production. Plus que le capital en lui-même, c'est ce choix et les motivations à l'origine de ce choix, qui avaient intéressé Weber.

Ce revenu réalisé est utilisé dans un esprit de frugalité qui, par conséquent, se trouve peu entamé et de fait accumulé. L'éthique protestante ordonne au fidèle, en même temps agent économique efficace, de renoncer à la jouissance des biens matériels, le gain ne doit pas être dilapidé : il ne faut prélever sur le gain que ce qui est strictement nécessaire à une vie simple et sobre, sans excès ni ostentation, ce qui est l'expression de cet ascétisme séculier. Il est important de dire que malgré la formule consacrée qui dit que ***R* = *C*+*S***, *(l'utilisation du revenu est soit la consommation soit l'épargne)*, selon Weber, l'objectif du protestant n'est pas en soi de réaliser des épargnes dans une optique de consommation ultérieure ou d'avidité de possession, il s'agit plutôt de ne pas consommer inutilement dans un esprit de jouissance coupable.

L'épargne n'est que le fruit de la « non-consommation » et non sa cause. Mais cette épargne, dans une théologie qui condamne l'oisiveté, sera « utilisée et travaillée » et non thésaurisée ou placée. Une morale religieuse qui glorifie le travail, aussi bien son propre travail que celui procuré à autrui, impose l'utilisation du gain accumulé afin d'augmenter la masse de travail, qui, plus qu'un moyen de production, est pratiquement un sacerdoce. Cet ascétisme intramondain a créé également chez ceux qui n'avaient aucune chance d'entreprendre, et donc contraints de vendre leur force de travail, une conscience professionnelle et un attachement au travail non moins nécessaires à l'accumulation du capital.

C'est le fait de faire travailler l'épargne réalisée, qui cause le réinvestissement systématique dans l'activité professionnelle dans une optique de travail incessante. Forcément, pour que le gain soit entièrement retravaillé, l'épargne réalisée doit être totalement réinvestie : ***S* = *I*.**

L'affinité de cette éthique protestante avec un raisonnement néoclassique est ici perceptible.

Au fil du temps, le capital est constitué et s'agrandit de telle manière que cela procure une grande richesse et une puissance économique considérable aux protestants calvinistes, et dans une plus large mesure, aux puritains. Selon Weber, s'enrichir chez le protestant n'est nullement condamnable mais est encouragé, voire ordonné, pour témoigner physiquement de l'élection divine. L'entrepreneur puritain *réinvestit ce qu'il gagne au lieu de le consommer* : et ainsi se distingue du riche ou du bourgeois fortuné, avide de luxe et de dépenses somptuaires, qui aime donc la richesse pour la richesse. L'entrepreneur protestant produit « toujours plus d'argent » parce que la jouissance de ce dernier est indéfiniment différée (c'est la « contrainte ascétique d'épargne ») : « *L'ascèse protestante intramondaine (...) s'est opposée de toutes ses forces* à *la jouissance ingénue des possessions, elle a restreint la consommation, en particulier la consommation de luxe. En revanche, elle a eu pour effet psychologique (...), de rompre les chaînes qui entravaient la recherche du gain, non seulement en la légalisant, mais en la considérant comme directement voulue par Dieu.* »[212]

Toujours pour Weber, c'est le protestantisme calviniste qui a sécularisé l'éthique ascétique en Occident, en la sortant du monde monacal dans lequel elle est très longtemps restée confinée. Il en a fait un ascétisme *intramondain,* voire un idéal chrétien de toute vie séculière.

Il importe alors de voir à partir de l'analyse de Weber l'origine de cette apologie du travail qu'il attribue aux protestants calvinistes et ses conséquences dans les attitudes économiques de l'entrepreneur ou de l'agent économique en général.

2.2 La priorisation du Travail : de l'extra-économique vers l'économique. Une analyse hétérodoxe de Weber

Pour Weber, l'élément essentiel du dogme calviniste est celui de ***la prédestination***. Dieu, omnipotent, a décidé depuis l'éternité qui serait élu et qui serait réprouvé. Ces décisions insondables et irrévocables ne peuvent être modifiées sous l'influence humaine. Le salut étant strictement personnel,

---

[212] M. Weber : *L'éthique protestante et le capitalisme. Op.cit.*

chacun est seul face à son destin, aucune œuvre humaine ne peut l'aider ou faire changer ce destin divin. Il y aurait donc cette angoisse permanente qui étreint le calviniste tout au long de sa vie : suis-je un élu ?

Calvin, préconisa une réponse à la question pour que le croyant puisse s'assurer également de son élection. Il s'agit de persévérer dans la confiance qui résulte de la vraie foi et qui met le croyant dans un état de grâce. Cette affirmation *a priori* simple, complique cependant la position de la grande majorité des fidèles, qui font face à une interrogation, pouvant les maintenir dans une angoisse insupportable.

De ces interrogations des croyants, souvent sans réponses nettes, concomitantes à cette angoisse permanente du salut, ont émergé une éthique et des pratiques prodiguées par les pasteurs :

- le devoir permanent de se considérer comme élu - tout doute est le signe d'une foi insuffisante - et la certitude subjective de son élection, constituent le combat quotidien,

- le meilleur moyen pour arriver à cette confiance en soi est le travail sans relâche dans un métier.

Ces éthiques et pratiques ont amené le croyant protestant (calviniste et ses différentes variantes : piétisme, méthodisme, baptisme) à un style de vie ascétique centré sur le travail. L'oisiveté est proscrite car elle est signe d'inutilité, l'expression d'une non-élection. L'élu contribue à la prospérité du monde, par la prospérité de ses entreprises terrestres et professionnelles grâce à un travail sans relâche. Cette réussite entrepreneuriale est le signe de la grâce divine, et au-delà, du salut.

Si Weber appuie le rôle du calvinisme, de la prédestination et d'une manière plus générale de l'Ethique protestante dans l'avènement du capitalisme moderne, l'erreur est cependant d'estimer qu'il voulait trouver en la théologie protestante la source ou l'origine de l'économie moderne. Weber trouve dans cette solitude face au salut, la constitution d'une pensée « individualiste » impulsée par une institution et induisant une forme *d'intériorisation de la contrainte* qui légitime en l'individu l'exploitation maximale de ses ressources propres (ex : sa force de travail) qui n'est ni une réification, ni une subordination ou une aliénation mais l'expression même de sa liberté. De ce sens peut éclore et se développer cet esprit du capitalisme qui fait de l'agent *le promoteur actif et volontariste du capital*.

Ce qui est intéressant dans cette analyse de Weber, et qui souvent échappe à une lecture pressée de sa pensée, c'est de voir que le capital n'est que l'expression visible d'un esprit et d'une volonté incarnés par le travail. Finalement le travail est primordial avant le capital lui-même, et selon lui, si le capital apparaît et se reproduit, il est plus une conséquence qu'une cause. La matière est ainsi née de l'esprit, balayant d'un revers toute interprétation matérialiste du *protestantisme wébérien*. Ce qui est paradoxal, c'est que cette relative prospérité matérielle et capitaliste des protestants ne provient pas de leur matérialisme, mais au contraire, de leur disposition spirituelle et de « leur détachement du monde », donc maximisation du travail et minimisation de la consommation, induites par un désintérêt pour la richesse ostentatoire. L'autre paradoxe évidemment est la conscience de l'élection par la volonté divine et non par l'œuvre humaine, qui entraîne étrangement l'intensification de cette œuvre par l'acharnement au travail. L'œuvre ne serait donc pas la source mais la manifestation de cette élection divine.

La question sur la prédestination est un élément clé de l'analyse de Weber. Celle-ci fut-elle le point central de la théologie calviniste ? La position de Biéler sur ce point est assez équivoque. Il essaye de la relativiser en affirmant que cet élément n'est pas la clé de voûte de l'ensemble de la théologie de Calvin. D'ailleurs, Biéler s'est permis de minimiser son impact sur la foi profonde du protestant, mais également sur son comportement aussi bien religieux que séculier. Cependant, il reconnaît que cette théologie revêt une importance particulière pour Calvin, ce qui est - nonobstant la relativisation de Biéler[213] - indéniable. Si en 1536 ce dogme a été affirmé d'une manière peu prononcée par Calvin, il le soutient vigoureusement en 1562.

A travers la prédestination, Calvin avait voulu battre en brèche le pouvoir que s'accorderait l'homme, fût-il prêtre, de décider ou prononcer le salut ou la damnation d'un autre homme. Personne ne peut prétendre être dans le secret de Dieu, l'Etre prescient qui seul peut décider et déterminer l'élection. A travers cette affirmation, Calvin voulait saper l'ascendance du clergé sur le croyant, et d'une certaine manière affranchir ce dernier de « l'emprise » des hiérarchies religieuses qui furent tout autant bien mondaines. Calvin est ici très loin de toute déviance économique de sa théologie, mais sur ce point, Weber ne fait que rapporter un point très important peu altéré de la théologie de Calvin.

Mais cette posture de Calvin en elle-même, au-delà de tout herméneutique théologique, peut être sujette à des interprétations diverses, voire opposées des croyants, dans leur pratique spirituelle et quotidienne de leur vie.

D'un côté cette prédestination, loin d'être un enjeu totalement incertain, présente une issue pouvant être décelée dans les signes jalonnant la vie du croyant. Ce qui, d'une certaine manière, amène le croyant à être vigilant sur les grands événements de sa vie, et les interpréter pour se rassurer ou au contraire s'alarmer. Il ne s'agit pas ici d'un débat théologique, mais d'une simple analyse existentialiste d'un protestant de base. Mais, procédant par une pensée de la complexité, il préconise de fait *la récursion (pensée complexe)*, qui est une boucle de rétroaction où les produits et les effets sont en même temps causes et producteurs de ce qui les produit. Si l'attitude méritante du croyant est le signe (le produit) de son salut, alors cette attitude va s'accentuer pour que ce dernier ne soit pas remis en cause.

---

[213] Biéler, *op.cit.*

D'un autre côté, Calvin a une approche du *métapoint de vue* qui, sans permettre une observation parfaite, inclut à la fois la chose observée, son environnement et l'observateur. Calvin vit en lui ce problème existentiel du croyant, et les fidèles protestants le ressentaient aussi à travers leur vie. Calvin rassure le croyant mais l'exhorte à une vigilance de tous les instants. Ainsi, il y a une coexistence entre l'assurance de l'élection et un doute permanent en fonction des événements qui jalonnent la vie du croyant (quoi que disent les théologiens... peut-être dira-t-on que le croyant n'a pas compris le sens profond de ce dogme, mais dans ce cas la responsabilité ne peut lui en être imputable).

C'est dans cette dernière frange de croyants que peut se retrouver la légitimité des analyses de Weber. Si l'on peut affirmer d'une part, que le principal souci théologique de Calvin est loin de l'accumulation du capital, d'autre part, cette théologie de la prédestination, bien qu'effectivement peu suivie par les protestants ultérieurs, contribue à faire naître consciemment ou subconsciemment, « la récursion » du protestant dans sa pratique professionnelle et favoriser l'accumulation du capital. Il est possible que Weber ait plutôt perçu une déviance de l'esprit protestant vis-à-vis du capital, il n'en demeure pas moins que c'est une réalité observable. Le lien direct protestantisme-capitalisme est difficilement défendable.

Selon A. Disselkamp[214] il est singulier qu'un fidèle cherche les signes extérieurs de son élection, alors que selon le dogme, elle demeure impénétrable. Mais, l'analyse de J.-P. Dupuy (2014)[215] sur la question est remarquable. Selon lui, la conséquence « logique » aurait pu être le fatalisme, le choix d'une vie oisive, une répugnance au travail. Pourquoi en effet s'engager professionnellement, alors que le sort de chacun est en quelque sorte scellé. Mais, c'est justement ce refus du fatalisme qui prouve paradoxalement l'élection. Dupuy évoque

[214] A. Disselkamp (1994) : *L'éthique protestante de Max Weber*. Paris, PUF.
[215] J.-P. Dupuy, *op.cit*

que l'analyse de Weber ne s'attarde pas sur une conséquence fataliste mais plutôt « *comptabiliste* », autrement dit, la prédestination n'annihile pas le libre arbitre, car en dehors des arguties théologiques, si le protestant se soucie de son salut, c'est qu'il n'est pas le simple jouet d'un destin écrit. D'autant plus que selon Weber, le meilleur moyen pour arriver à cette confiance en soi, est le travail sans relâche dans un métier.

C'est le réflexe de la récursion dans tous les aspects de la vie du protestant qui serait la conséquence de la prédestination, qui sous-tend que toute action positive est à renouveler sans cesse, entraînant une conséquence qui se retrouve être la cause d'une autre conséquence, et ainsi de suite : la réitération d'un enchaînement qui se renouvelle perpétuellement jusqu'à la mort du croyant.

Donc, rappelons le bien-fondé du raisonnement :

Travail L1 → Revenu Y → Epargne S → Investissement I → Capital K→ L2,

non plus exclusivement à cause de la prédestination, mais de la récursion de l'action qui est ici le travail assimilé à un acte spirituel. Simplifions, en disant que le travail permet l'acquisition du capital qui entraîne le travail qui fait naître un capital etc. Le mobile n'est nullement la peur ou la terreur, mais la perpétuation d'une attitude estimée positive. Dans ce cas précis, la théologie de Calvin ne fut totalement dévoyée par une morale puritaine, bien qu'il soit illusoire d'affirmer que l'objet du signe du salut dans les deux cas soit identique, car le signe pour Calvin est avant tout éminemment spirituel et non matériel.

La théologie de la prédestination a eu ainsi comme impact de rendre décisif le rôle de l'action individuelle, et par extension, la morale individualiste du travail intensif promotrice d'une forte productivité. Il s'avère important de préciser que cet individualisme évoqué s'exprime par une intériorisation de la contrainte, donc amenant à l'autodiscipline et l'autodétermination. A tel point que D. Cohen (2009) affirme : « *(...) le protestantisme allemand est plus une morale, faite de rigueur, qu'un culte »*[216]. Cet état de chose ne remet pour autant pas en question l'influence de la sociologie religieuse, ou l'omniprésence de l'institution religieuse dans la vie de l'individu. Toujours selon Weber, par la suite, même si la base religieuse était atténuée, la figure du salut social par le travail resterait très agissante.

2.3 Du travail à la rationalité économique

L'obligation du travail liée à la légitimation religieuse de l'enrichissement économique aboutit par essence à une réflexion sur la juste optimisation du travail. Il s'agit non pas de se glorifier par la masse de travail exécuté ou le nombre d'heures effectuées mais surtout par l'efficacité du travail accompli. Cette efficacité est liée à des traits caractéristiques essentiels de « *l'esprit du capitalisme* » selon Weber. Le premier *élément* est la maîtrise de soi, pour mieux optimiser son énergie dans son activité professionnelle, impliquant **la rationalisation du comportement** dans tous les domaines, y compris bien évidemment dans la gestion productive. Cette rationalité inclut évidemment la proscription du gaspillage inutile, à commencer par *le temps*.

Le temps est un élément essentiel pour permettre l'accumulation du capital dans la pensée smithienne[217]. Pour l'éthique protestante, le temps ne doit pas être perdu, mais consacré au juste accomplissement de sa profession-vocation, donc du travail. Ce qui présuppose une linéarité de ce temps qui défile dans une vie. Le temps passé ne se renouvelle pas, mais est une part d'une totalité - bien évidemment limitée - accordée à l'homme. L'adage qui stipule que « *le temps, c'est de l'argent* » justifie parfaitement ce lien, qui lie le temps à la richesse.

Cette rationalisation ambiante dans les sociétés modernes, s'exprimant donc par l'esprit rationnel, est en rupture avec la

[216] D. Cohen (2009) : *La prospérité du vice. Une introduction (inquiète) à l'économie*. Paris, Albin Michel.
[217] Mandrara, *op.cit.* p. 45.

société traditionnelle caractérisée par ses croyances traditionnelles. Cette rationalisation va ainsi s'emparer de l'économie, du droit, de la science et de l'Etat. C'est le fait que la raison s'impose sur le fonctionnement social et se dégage donc de l'emprise de la tradition et du sacré, voire de la magie, pour suivre une démarche logique qui est celle de l'efficacité et du calcul.

Cette rationalisation devrait s'universaliser, entraînant une tendance à l'« impersonnalisation » des rapports sociaux. La rationalité née de la rationalisation est intimement liée, interdépendante à l'émancipation de l'homme et surtout de la vie publique, de l'emprise des forces transcendantes, mystiques sur sa vie ou son fonctionnement. Il s'agit du **désenchantement du monde**. Ce mouvement ne signifie nullement la mort de la religion. Les questions transcendantales et mystiques sont évacuées de la vie publique et intellectuelle pour être confinées dans des cercles communautaires restreints. Weber ne déplore ni n'encourage cette réalité, il se contente d'en constater les faits.

Weber est intimement lié au désenchantement du monde, par le fait qu'il est une référence dans la définition objective du terme, mais adhérant à une approche évolutionnaire, le débat sur la question lui fut bien antérieur. Pour Weber, il s'agit d'un processus de rupture avec la magie mais l'intérêt pour la question est beaucoup plus ancien et complexe, qui remonte depuis l'antiquité grecque, abordant le développement de la science[218] et ainsi du matérialisme.

2.4 Le désenchantement du monde à la source de la rationalisation économique

Le « désenchantement » du monde (die Entzauberubg der Welt) met surtout en évidence la substitution de la forme de rationalité dominante dans le capitalisme à des croyances antérieures qui ne disparaissent pas, mais sont plutôt

[218] J.-M. Vincent (1995) : *Le désenchantement du monde : Max Weber et Walter Benjamin* in Revue européenne des sciences sociales, Tome XXXIII, n° 101 pp. 95-106. Librairie Droz, Paris.

considérées comme appartenant à un monde et un système de pensée antérieur. La tentation serait ainsi de comprendre ce désenchantement, en établissant des relations entre religion et modernité dans le sens d'une théorie de la sécularisation.

En effet, pour certains, cette religiosité est antinomique à une démarche rationnelle au sens capitaliste de la chose, mais au contraire devrait maintenir l'homme dans un monde enchanté, mythique et transcendantal. Or dans ses analyses, D. Gutiérrez Martinez[219] estime que quand Weber évoque les questions religieuses, il ne les cantonne pas aux relations avec le sacré, donc à l'au-delà, elles s'adressent également aux questions existentielles quant au sens de la vie présente. Cela touche ainsi les actions, les modes d'organisation et de perception du quotidien. Quand Weber parle du désenchantement, il pense plutôt à l'opposition entre magie et religion éthique. Il estime même que cette « *éthisation* » de la religion, constitue l'un des processus allant dans le sens de la rationalisation du monde, à la source du capitalisme moderne. Cette opposition n'est cependant pas dichotomique et radicale car il y a une forme de « magification » dans la religion et c'est cette *magification* qui se retrouve moins légitimée dans le processus de rationalisation. Celle-ci sous-tend la rationalisation occidentale qui, naturellement, devait s'universaliser et dominer toute autre forme de rationalité.

La magie selon Weber est interprétée comme la compétence pour manipuler les forces naturelles du monde extérieur, et donc aboutir à des résultats défiant la loi naturelle des choses. Ce qui n'est pas selon lui irrationnel, mais présente plutôt une forme de rationalité : **la rationalité magique** qui concurrence (ou entre en opposition avec) les autres formes de rationalités dites modernes, capitalistes ou notamment celles liées à l'institution.

---

[219] D. Gutierrez-Martinez (2009) : « Max Weber et la démagification du monde » in *Max Weber l'Histoire ouverte. Réflexions croisées sur le statut scientifique et l'actualité du propos wébérien.* Proeschel C. (dir). Cahier politique, Paris, l'Harmattan

De ce fait, si l'expression française « désenchantement du monde » devait être explicative du processus de rationalisation, il ne s'agit nullement d'une autonomie des groupes humains vis-à-vis du religieux et face aux croyances. Il s'agit donc de l'atténuation de la prégnance et de la domination du miraculeux, du fabuleux ou du mythique dans les phénomènes sociaux et économiques. Le terme *« démagification du monde »* pourrait être ainsi plus approprié pour comprendre le désenchantement de Weber.

Il est ainsi entendu que le processus de rationalisation de l'Occident n'est pas une alternative à la religion, ou voulant se substituer à cette dernière (ce qui est souvent avancé à tort), mais s'entend comme le passage de l'ancienne « magification du monde », vers une régression de la magie dans la sociabilité des hommes c'est-à-dire le passage d'une rationalité de type magique, vers une rationalité religieuse institutionnelle.

Sur ce point, la rationalité occidentale semble trouver en l'éthique protestante une affinité, qui, sans doute, la fait converger avec l'esprit du capitalisme. Si effectivement, ce protestantisme wébérien et le capitalisme smithien aboutissent tous deux à une logique vers le capital, l'objectif ultime smithien n'est qu'un moyen pour la pensée protestante wébérienne qui voit dans le travail l'essence de la pratique religieuse. Si la réussite capitaliste est la finalité du concept d'Adam Smith, ce n'est pas une fin en soi pour l'esprit du protestantisme de Weber, mais le signe d'une élection, bien que leurs conséquences dans la réalité soient sensiblement les mêmes.

Le désenchantement du monde et la rationalisation, qui d'une certaine manière, ont influencé ou accompagné le développement du protestantisme calviniste, se trouvent aussi être les éléments essentiels du développement du capitalisme moderne. Cette mise en parallèle, loin de conforter l'idée que l'un est à l'origine de l'autre, permet de voir cette affinité ou proximité dans leurs caractéristiques.

3 - Réintégration de l'origine de l'éthique du travail et de l'épargne dans le contexte économique par James Mc Gill Buchanan[220]

Les titres des premiers chapitres de l'économiste américain Buchanan dans son ouvrage *Ethics and the economic progress (1997)* : « *We should all work harder, We should all save more* », interpellent, car d'emblée, ils transmettent la légitimation de l'éthique puritaine du travail et de l'épargne.

Weber situe dans l'éthique religieuse l'origine de la priorisation du travail et de l'épargne, ce qui est donc extra-économique et institutionnel. En revanche, le libéral James M. Buchanan quant à lui, revient sur l'éthique du travail et de l'épargne avec une approche nuancée. Pour Buchanan, la décision individuelle née d'une éthique particulière (ici puritaine), et suscitant le développement économique voire le capitalisme, ne revient pas à l'expliciter sur des fondements exclusivement religieux.

S'il n'est pas exclu que la religion protestante puisse ramener à l'éthique puritaine, selon Buchanan, cette éthique peut trouver son origine non pas dans des préceptes liés à la croyance, mais dans un raisonnement parfaitement économique lié à l'externalité. S'il semble que le but poursuivi dans une approche religieuse du travail relève d'un paradigme individualiste (se faire du bien à soi-même), Buchanan note que le choix d'augmenter le travail (productif) plutôt que le loisir - à condition de ne pas évincer le travail des autres - a pour effet d'augmenter la taille du marché. Buchanan soutient que le marché est créateur d'externalités pécuniaires et que par conséquent, choisir de travailler plus génère des effets externes positifs. Donc pour lui, l'augmentation de l'offre de travail entraîne une augmentation de la taille du marché, qui entraîne une augmentation des rendements des facteurs de production et une augmentation plus que proportionnelle de la production totale (donc richesse totale) au sein d'une économie.

---

[220] J. M. Buchanan (1994) : *Ethics and the economic progress*. University of Oklahoma Press.

Il est intéressant de noter dans la conclusion de Buchanan, que l'éthique ou la morale fondée sur le travail est une sorte d'internalisation des externalités engendrées par le choix en faveur du travail. En ce sens, le souci de bien faire, de bien travailler, n'est pas uniquement né d'une éthique morale et d'une contrainte individuelle de bien se comporter, mais d'une contrainte sociale née du fait des relations avec autrui, dont le comportement a un impact sur la vie individuelle économique. Buchanan intègre la primordialité du contrat et le respect des termes du contrat pour s'assurer de la bonne conduite de chacun, garantie du gain mutuel.

Il s'agit ici d'un raisonnement par récursion, aussi bien dans le cadre de la pensée complexe de Morin que dans la causalité circulaire et institutionnelle véblénienne. En effet, le travail (bien fait) entraîne une externalité positive, qui ne profite pas toujours directement à celui qui l'a fait, mais est l'origine du bon travail, du bon comportement, de la bonne exécution du contrat par l'autre partie qui cause une externalité revenant à la première partie (et à d'autres aussi).

En ce qui concerne l'épargne, Buchanan s'attache à défendre son rôle : tout comme la quantité offerte de travail, l'épargne augmente la taille de l'économie. Mais la quantité d'épargne ne dépendra pas seulement d'une décision souveraine de l'agent économique, elle dépendra surtout de l'orientation économique instituée par l'Etat. Pour que $\boldsymbol{E} = \boldsymbol{I}$, que l'épargne constituée soit investie, il faut effectivement une incitation institutionnelle créant un climat favorable entre l'épargne et l'investissement. L'intérêt servi constitue l'augmentation de l'économie, et ce, sur plusieurs périodes, dans le sens où le rendement des biens capitaux s'étale sur plusieurs exercices : il y a effectivement création de richesses. Cette épargne aura aussi pour effet d'augmenter la quantité de travail offerte contribuant à l'accroissement de l'économie. Toujours selon lui, le travail rend possible l'introduction immédiate des technologies nouvelles, l'épargne quant-à-elle stimule le progrès technique.

Dans son compte rendu de la théorie de Buchanan, Thierry Sebagh s'exprime ainsi : « *en d'autres termes, la question se ramène à un problème d'information et d'anticipation du comportement des autres agents »*[221]. Ce qui intéresse au plus haut point, c'est le contenu éminemment institutionnel de l'approche. En effet, l'éthique, au lieu d'être la cause d'un cercle vertueux économique, est la conséquence d'une obligation de bien se comporter pour pouvoir aussi stimuler et bénéficier des externalités engendrées par autrui.

L'éthique reste déterminante, mais la réponse à la question est aussi institutionnelle, dans le sens où il y a une obligation de respecter des règles, des contraintes qui s'imposeront aux individus.

Finalement, des nuances existent dans le sens où Weber priorise l'impact de la religion, dans le cas d'espèce protestant sur l'éthique du travail et ainsi du progrès économique, tandis que Buchanan atténue un tant soit peu la religion, pour affirmer que cette éthique ne peut être seulement l'apanage du protestantisme, mais le fruit d'un raisonnement économique né d'une anticipation des externalités. Il y a néanmoins un point commun dans l'approche institutionnelle de leur raisonnement. Si Weber définit en premier lieu cette institution stimulatrice comme la religion, pour Buchanan, il s'agit du contrat, de l'interdépendance des agents et des règles qui les cadrent (y incluant le rôle de l'Etat en matière de politique économique).

En tout état de cause, ils reconnaissent l'importance primordiale du travail dans le progrès économique, mais surtout, que le choix pour le travail (face au loisir ou à l'oisiveté) devient une vertu non pas imposée mais intériorisée dans l'individu. Ce qui le libère d'une pression qui peut le démoraliser, et qui au contraire, le rend heureux en prévision d'une anticipation d'un gain futur, que celui-ci soit d'ordre religieux (le salut), ou économique (externalité positive provenant d'autrui en sa faveur).

---

[221] T. Sebagh (2014) : « Compte rendu Ethics and economic progress J.M Buchanan » in *Journal de Economistes et des Etudes Humaines*. Volume 5, Issue 1, Pages 196-204.

Finalement, Buchanan relativise Weber mais d'un autre côté le conforte aussi. Que l'éthique soit laïque ou religieuse, que le comportement de l'agent soit le résultat d'une démarche morale et d'une éthique religieuse individuelle, ou liée à une interdépendance et à des externalités, on retrouve dans les deux approches, l'importance du contexte institutionnel dans les décisions prises. La posture de Buchanan n'a pas pour effet d'évincer l'approche wébérienne, elles sont complémentaires dans le cadre d'une conception *uniduale* de l'individu et dans une démarche *dialogique* de la pensée complexe.

Pour terminer, Buchanan aborde le rôle important de ce qu'il appelle *le prêcheur*, dans le cadre de l'incitation au comportement vertueux. Ce prêcheur est un leader d'opinion pouvant être laïc, mais l'on ne peut renier la portée éminemment religieuse du terme. Le choix de ce terme n'est pas fortuit, c'est une reconnaissance - du moins implicite - du rôle de la religion, de l'institution, de l'extra-économique dans l'économique.

L'élément original de Buchanan sur le concept du « *prêcheur* » est plus qu'intéressant. Il estime que l'action de ce dernier permet de modifier les préférences des individus en faveur du travail et de l'épargne, et que s'il le faut, il faudrait payer le prêcheur. Le *We should all pay the preacher* sera fondamental dans l'étude de la pertinence de Weber dans le contexte malgache.

4 - Approche institutionnaliste du concept : le modèle transformationnel d'Hédoin

La particularité de l'institutionnalisme se présente du fait qu'on ne peut pas le qualifier d'un courant de pensée économique particulier, ni d'un programme délimité d'étude économique, mais regroupe des penseurs qui ont intégré l'institution comme un sujet d'étude au cœur de l'analyse des sciences sociales et des systèmes économiques. L'étude de cette institution s'inscrit dans une logique dynamique et intègre l'évolution des systèmes encadrant la vie sociale et qui impactent sur le système économique.

Selon Hédoin[222] l'objet de l'institutionnalisme économique est de : « *produire une analyse historique et institutionnelle des systèmes économiques qui mettent en valeur la spécificité de chaque système économique* ». Pour ce faire, Hédoin a appliqué, **le modèle transformationnel sur la théorie du protestantisme de Weber**. Ce modèle est intéressant car il est utile dans le cadre de l'analyse de l'applicabilité de la théorie de Weber dans le cas malgache.

Ce modèle transformationnel a pour origine l'analyse du **Réalisme Critique (RC)** initié par Roy Bhaskar, relativement méconnu des économistes, mais appliqué à l'économie par T. Lawson[223]. Le postulat de Lawson, en résumé succinct, est une critique apportée à la théorie économique standard caractérisée par un recours systématique à des méthodes déductives de modélisations mathématiques. Les théories standards, selon lui, aboutissent souvent à une impasse car si la théorie économique standard déductive veut prétendre conceptualiser des théories élaborant une prédiction testable et stable, le résultat est globalement loin des prétentions. L'une des causes essentielles de cet échec est, selon lui, ce recours quasi-systématique au raisonnement déductiviste qui est inadapté au monde social dans lequel se déroule l'économie. Pour Lawson, le raisonnement par inférence qui s'adapte au monde social et économique n'est ni la déduction ni l'induction mais l'inférence dite « *rétroductive* » pouvant être appelée aussi *abduction*.

Pour résumer très succinctement ce qu'est l'abduction, c'est une méthode de raisonnement par inférence qui part de l'observation de certains faits vers la supposition d'un principe général donc d'une hypothèse qui permet de nouveau d'interpréter les faits observés tels qu'ils sont ou voir ce qu'ils peuvent devenir[224]. L'abduction part du résultat des

---

[222] Hédoin C. (2010) : « Le réalisme critique de Tony Lawson : apports et limites dans une perspective institutionnaliste » in Cahier d'économie politique n° 58, *Histoire de la pensée et théories*. Paris, l'Harmattan. p. 121.

[223] Professeur d'économie à Cambridge.

[224] S. Catellin S. (2004) : « L'abduction : une pratique de la découverte scientifique et littéraire », in *Hermès, La Revue 2004/2 (n° 39). C.N.R.S.* éd

phénomènes observés, pour remonter vers la cause qui est une hypothèse de règle pouvant ensuite expliquer le fait observé. C'est une forme de raisonnement qui cherche à expliquer un phénomène ou une observation à partir de certains faits. Cela consiste à rechercher les causes ou une hypothèse explicative. Si l'induction amène à des lois, l'abduction amène à la découverte des causes. Tandis que la déduction a un pouvoir prédictif et implacable, l'abduction est incertaine et peut se reconstruire *a posteriori* mais elle a le mérite d'être la seule à être créative et qui apporte de nouvelles connaissances. Elle est préalable à l'induction, car souvent, on ne peut déterminer avec certitude la cause réelle d'une observation[225], ce qui amène à ne pas écarter un raisonnement transcendantal, voire intuitif, donc pas forcément empirique.

L'explication du raisonnement de Lawson ne sera pas davantage approfondie, d'ailleurs des critiques peuvent être apportées à sa théorie[226], ce qui, en revanche, est intéressant, c'est son écartement de toute prétention à la régularité déterministe (propre au déductiviste) et donc de la prédiction, dans l'approche de la science économique en tant que science sociale. Il s'intéresse surtout aux mécanismes causaux qui tiennent compte des structures sous-jacentes. Poser des questions, pour analyser des causes souvent multidimensionnelles, au lieu de tenter d'enfermer l'analyse dans des réponses déterministes qui réduisent le champ d'investigation et l'importance de l'analyse transversale. Particulièrement dans un pays sous-développé comme Madagascar, la recherche des causes (questions) par l'abduction, quand bien même hypothétiques, est préalable à l'utilisation des règles (lois) se voulant scientifiques dans l'approche des sciences sociales. Sans renier nullement l'approche nomologique, il s'agit d'éviter d'appliquer selon une procédure de simple collage des préceptes, ne s'adaptant pas aux réalités sociales du pays. Dans un contexte social, car

---

pp. 179-185.

[225] Catellin, *op. cit.*

[226] Les critiques d'Hédoin s'y rapportant sont intéressantes.

l'économie est éminemment sociale, selon Lawson, il y a une dualité entre l'action humaine et les structures sociales qui se transforment mutuellement, donc évolutives et qui ne s'adaptent pas au seul raisonnement déductif. Cette évolution souvent contingente s'analyse *a posteriori*, et l'inférence par l'abduction permet de mieux l'appréhender.

Ceci rappelle sensiblement le raisonnement de Veblen sur la boucle rétroactive entre l'institution et l'individu, la causalité circulaire institutionnelle ainsi que la récurrence de la complexité. Ce qui permet de conclure que la RC économique de Lawson est parfaitement applicable au cadre de l'économie institutionnelle.

Veblen a en effet évoqué la centralité de la notion de causalité cumulative de l'analyse de la réciprocité de la cause et de l'effet dans la considération de l'institution. Sa théorie retient l'irréversibilité du temps et le caractère cumulatif des transformations successives, l'apport significatif d'Hédoin a été de l'avoir intégré dans un schéma qui illustre non seulement la question causale, mais également la dynamique dans le temps, ce qui permet de mieux comprendre la portée institutionnelle du concept de Weber dans l'analyse économique.

Figure 3 : La thèse wébérienne selon un modèle transformationnel

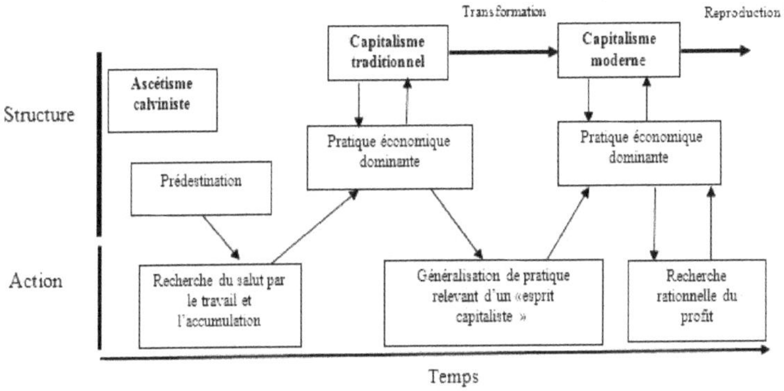

Il est important de voir que grâce à ce modèle transformationnel, il est déphasé de prétendre interpréter la théorie protestante de Weber comme étant à l'origine du capitalisme. Il s'agit de pratiques économiques dominantes induites par le protestantisme dans le cadre occidental, qui se rapprochent sensiblement des pratiques capitalistes et qui les rendent compatibles dans leur développement, pour ensuite encore dériver vers le capitalisme moderne. Ceci étant, il est utile de rappeler que la fin, pour le capitalisme, n'est qu'un moyen dans la pratique protestante.

Par l'abduction, le protestantisme est l'un des éléments ayant favorisé l'avènement du capitalisme, ce qui légitime une analyse *a posteriori* sans vouloir prétendre à un raisonnement économique déductif qui stipulerait que le protestantisme amènerait systématiquement au capitalisme. Si le raisonnement wébérien est légitimé dans le cadre d'un contexte historique évolutif, il est intéressant de voir que le modèle transformationnel combine en même temps la boucle récursive (donc la causalité circulaire de Veblen) dans une dynamique temporel donc évolutionnaire. Cette application judicieuse du modèle d'Hédoin devrait non seulement présupposer l'assimilabilité de Weber à l'institutionnalisme, mais renforcer sa validité.

L'avènement historique du capitalisme reste contingent et ne peut être un phénomène obligatoire induit par des causes obéissant à des lois invariables, le processus de la transformation reste évidemment lié à des causes qui ne sont pas déterministes. Hédoin évoque des pratiques économiques inférées par la recherche du salut protestant, mais qui se rapprochent et s'influencent mutuellement avec le modèle capitaliste, aboutissant à un capitalisme moderne déconnecté de ses origines religieuses. Il souligne le caractère essentiel de l'*émergence non intentionnelle*[227] des phénomènes.

Finalement, ce processus transformationnel de Weber retient l'interaction entre la structure qui est assimilable à l'institution et l'action qui peut être reliée aux décisions des individus. Il s'agit d'une approche structuraliste ouverte et récursive.

Pour terminer, ce modèle transformationnel est particulièrement utile pour deux points :

- premièrement s'il prend pour hypothèse de départ l'institutionnalisme de Weber, son analyse renforce *in fine* le caractère institutionnel de l'analyse économique wébérienne. Une fois de plus ce modèle transformationnel est une illustration de la boucle rétroactive entre l'institution et l'individu, la structure et l'action.

- deuxièmement ce modèle constitue une justification mais également une application du concept wébérien du protestantisme-capitalisme. En outre, il constitue un élément d'analyse intéressant dans l'approche de l'applicabilité de Weber dans un contexte malgache, qui admet le procédé par abduction, permettant une certaine ouverture dans l'analyse des causes tout en préservant une validité épistémologique.

En somme, ce modèle transformationnel, qui est un exemple d'application de l'institutionnalisme, non seulement conforte le

[227] Hédoin in *Cahier économique*, n° 58, *op. cit.*, p. 125.

caractère institutionnel de la réflexion de Weber, mais ouvre une possibilité non exclusive de vérification et de réflexion sur l'applicabilité de la théorie du lien entre protestantisme et capitalisme.

5 - Protestantisme wébérien : une approche crédible sur la théorie de l'affinité capitaliste du protestantisme

Si notre problématique centrale s'interroge sur l'applicabilité du concept wébérien sur le protestantisme et capitalisme dans un contexte malgache, il fallait, pour que cette problématique tienne, que cette analyse de Wéber du protestantisme, et plus particulièrement, du calvinisme, soit crédible. De ce fait, cette représentation devait être une première hypothèse globalement vérifiable du moins du point de vue théorique, pour pouvoir l'appliquer dans une réalité autre que le terrain d'étude de Weber.

Il est indéniable que des critiques puissent être portées au modèle de Wéber. Par l'approche de la complexité du « métapoint de vue », Weber faisait partie intégrante du système qu'il étudiait. Ces critiques concernent sa perspective historique ou l'approximation de son approche, dans sa globalité, son analyse est toutefois encore soutenable.

R. Motta (2009) reconnaît, même en se voulant critique et à la suite d'Herbert Lüthy « *qu'il y avait une disparité globale entre monde protestant et les autres confessions, tellement trop impressionnante* », et si Motta affirme que certaines affirmations de Weber sont discutables, il ne nie pas l'hypothèse du rapport entre protestantisme et capitalisme[228].

De l'autre côté, si une objection veut faire prévaloir le fait que son analyse est une vision occidentale d'un protestantisme occidental, et qu'ainsi l'approche occidentale prime sur la considération du protestantisme « authentique », alors c'est l'essence même du protestantisme qui ne trouve pas sa place dans un autre monde. En effet, on ne peut ignorer le fait que le

---

[228] R. Motta « Max Weber : vocation, ascétisme intramondain et vie dévote. Quelques remarques ». *Op. cit.*

protestantisme est occidental, né dans un milieu occidental, dans des conditions évolutionnaires occidentales, et, nonobstant la considération religieuse, d'une pensée occidentale.

A partir du moment où un protestantisme malgache existe - et c'est une réalité indiscutable - c'est que le protestantisme a pu faire son inculturation dans le monde malgache, et qu'en ce sens, la problématique est légitime, dans le sens où malgré les différences de contexte, une religion, une éthique et un esprit ont pu s'implanter en dépit des nuances culturelles, ce qui n'est apparemment pas le cas du développement. Quelles en sont les causes ? En dehors de tout devoir prosélyte, le protestantisme malgache devrait avoir un devoir essentiel de promouvoir le développement et la création de richesses (ou plutôt de biens), tout d'abord au nom de la dignité. C'est pour cette raison que, nonobstant toute autre approche idéologique, l'approche est positive vis-à-vis d'un capitalisme entrepreneurial.

Chapitre 6

APPLICATION DU MODELE TRANSFORMATIONNEL WEBERIEN FACE AU TEMPS MALGACHE

Avant d'aller plus loin, un bref rappel de la situation économique du peuple malgache est utile, ainsi que la place des protestants dans ce contexte.

La réalité est sans appel : si officiellement, Madagascar compte 30% de protestants (calvinistes et luthériens ou autres), l'enquête ENSOMD 2012-2013 indique une proportion de 71,5% de la population vivant en dessous du seuil national de pauvreté estimé à 535 603 Ar/an[229]. Si l'on se réfère au seuil de moins de 2$ PPA par jour ce taux augmente à 91%[230]. La réalité est incontestable : les protestants ne constituent pas une exception dans ce contexte généralisé de pauvreté et dans ce dynamisme économique limité.

Concernant les entreprises économiques, par exemple les non agricoles, 35,7% des ménages malgaches possèdent au moins une entreprise[231], ce qui est un chiffre non négligeable. Cependant, il s'agit surtout d'auto-entreprise où l'objectif principal est l'autocréation d'emploi ou la survie, plus qu'un objectif de maximisation de profit ou de croissance. Les productions de ces entreprises sont directement liées aux consommations du ménage propriétaire de l'entreprise[232]. Il faut aussi rajouter, que ces entreprises dans la majorité écrasante de cas, opèrent dans le secteur informel, seulement 5,6% possèdent un numéro statistique et 81,5% ne tiennent aucune comptabilité. Seuls 12,5% des ménages les plus riches sont en règle avec le registre de la statistique[233]. La taille moyenne de ces entreprises non-agricoles est de 1,7 qui généralement, ne change pas.

---

[229] INSTAT (2012-2013) : *Enquête nationale sur le suivi des objectifs du millénaire pour le développement à Madagascar. Eliminer l'extrême pauvreté et la faim.* ENSMOD instat. Résumé p. XIII.

[230] *Ibid.*

[231] *Ibid.* p. 72

[232] *Ibid.*

[233] *Op. cit.* p. 85.

Il est illusoire de prétendre que dans la réalité, les protestants malgaches se différencieraient des autres confessions, ou religions dans leurs comportements économiques. Les données chiffrées exactes manquent cependant car aucune statistique n'est disponible pour relater le niveau de vie, ou niveau d'activités économiques des protestants (calvinistes ou luthériens) surtout en comparaison avec les autres. Cependant, notre observation dans plusieurs temples protestants démontre qu'aucune différence n'est à noter dans la pratique économique des protestants vis-à-vis de celle des autres confessions. Il n'y a pas de domaines séculiers dans lesquels les protestants constitueraient une singularité au sein de la société. Toutefois, s'il est à noter qu'effectivement et particulièrement à Antananarivo, dans la capitale, une forte proportion de la bourgeoise ou de la haute société se retrouve dans les temples protestants, ce n'est pas parce que le protestantisme a particulièrement stimulé leur développement, mais c'est dans cette classe sociale que s'étaient opérés les recrutements originels lors de l'arrivée des missionnaires. Ainsi, historiquement et par identification, un nombre élevé de familles aisées d'Antananarivo se rattachent au protestantisme par rapport au catholicisme.

Si certains protestants s'enorgueillissent de leur élitisme notamment intellectuel, il est toutefois à noter que la majorité d'entre eux ont fréquenté les établissements tenus par l'autorité coloniale (ex : lycée Gallieni), ou, plus tard, les établissements français pour les plus aisés, mais aussi des établissements catholiques de renom, qui restent indiscutablement la référence de l'éducation de l'élite à Madagascar. En tout état de cause, les établissements protestants souffrent actuellement d'un déficit de notoriété, à tel point que si les anciens élèves des établissements catholiques font tout pour y intégrer leurs enfants, les parents, anciens élèves des établissements protestants, ne rêvent pas d'y inscrire leurs descendants.

L'élitisme protestant ou le capitalisme protestant, non dans un sens péjoratif, mais dans une optique d'instituer un dynamisme économique institutionnel selon l'optique de

Weber, reste plus que limité à Madagascar. Les raisons en sont pléthoriques, mais par l'abduction, si le protestantisme avait un rôle à jouer, des éléments liés à l'identité institutionnelle malgache constitueraient des freins.

Reconsidérons l'application du modèle de transformation de la thèse wébérienne, pour servir de base à nos analyses. Ce modèle est institué par Hédoin (2009) dans le cadre de l'application du Réalisme critique économique de Lawson.

Figure 4 : La thèse wébérienne selon un modèle transformationnel

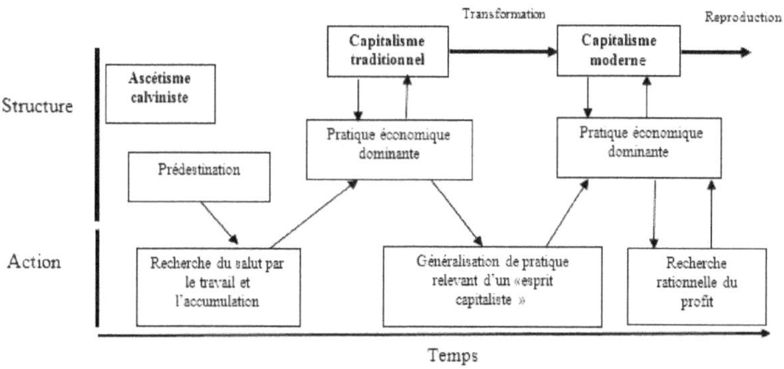

Ce postulat est reconnu ici comme valable et il sera appliqué dans le contexte de pauvreté qu'est le cas malgache. En effet, dans une approche par la contingence des évolutions historiques et économiques, chaque situation et chaque cas restent singuliers, dans le sens où les institutions et le contexte dans lesquels se déroulent les phénomènes ne seront pas identiques.

Le premier élément du contexte qui permet de valider en même temps l'évolution et l'accumulation du capital est **le temps**. Le temps est autant primordial dans l'économie évolutionnaire et institutionnaliste qu'essentiel dans la pensée classique smithienne du capital. En effet, qui dit évolution intègre le concept du temps. C'est également le point essentiel de l'analyse de Weber du protestantisme qui évoque l'importance cruciale du temps, dans son interprétation de la pratique puritaine. Ce temps est inséparable de l'éthique protestante car gaspiller du temps est une faute. Le temps est finalement le premier capital à utiliser et n'en rien faire, c'est « *le tuer* ». Le temps est « *périssable* ». Le facteur temps, comme déjà mentionné, peut être le point commun entre le capitalisme classique et cet institutionnalisme wébérien qui intègre l'évolution. Sur ce point, J Sapir (2000) justifie notre démarche : « *C'est en se plaçant au niveau de l'acteur, en essayant de comprendre comment l'écoulement du temps modifie ses réactions et ses comportements, que l'on perçoit le mieux ce que la prise en compte du temps peut apporter une théorie réaliste de l'économie* »[234]. Le temps, sur le modèle transformationnel, se déroule d'une manière linéaire. C'est tellement évident dans une logique occidentale que débattre ou disserter sur le sujet serait superfétatoire.

Mais il est aussi intéressant de voir que D. North, de la nouvelle économie institutionnelle (NEI), néoclassique convaincu, estime que l'erreur principale de la tradition néoclassique c'est d'avoir entre autres ignoré les institutions et le temps[235].

Cette conception du temps est le premier élément essentiel qui permet d'analyser l'applicabilité du modèle de Wéber à travers le modèle transformationnel dans le monde malgache.

1 - Cas du temps circulaire dans la pensée malgache

De quelle manière le Malgache conçoit-t-il le temps ? Nous avançons que le temps dans l'espace malgache est influencé par un **concept cyclique**. Depuis les périodes très anciennes, la perception malgache du temps ou de sa vie en général est basée sur un mouvement cyclique : ce qui part va revenir. La conception du temps agraire se base sur les successions des saisons et leurs répétitions rythment la vie de l'homme en

---

[234] J. Sapir (2000 & 2003) : *Les trous noirs de la science économique : essai de l'impossibilité de penser le temps et l'argent*. Paris, Albin Michel et Le Seuil.
[235] B. Chavance : *l'économie institutionnelle*, *op. cit.* p. 65.

fonction de ses activités agricoles. Plus tard, quand les anciens Malgaches adoptèrent les mois lunaires qui les lient « aux *vintana* », aux destins des hommes, ce furent une fois de plus la succession et la répétition de mois qui rythmèrent les décisions des hommes selon les destins des jours.

En tout état de cause, les Malgaches en général, à l'exception de certaines communautés arabisées, ne se soucièrent pas du comput temporel ; le décompte du temps n'avait réellement commencé qu'au XIXe siècle, au contact des Européens. Il est certain que le comput n'a jamais été un élément déterminant de la vie des Malgaches. Le temps linéaire, qui se défile, irréversible et en flèche - bien qu'il soit difficile d'affirmer qu'il n'était pas présent - n'était pas aussi déterminant que le temps qui part pour revenir.

Si le temps linéaire est **le temps historique** par excellence, cela permet de voir comment les Malgaches conçoivent cette histoire. Certains chercheurs européens[236] qui ont étudié l'histoire malgache ont constaté que la datation, l'estimation du temps, restent approximatives dans les traditions car elles ne constituent pas le souci des conservateurs malgaches.

1.1 Le temps circulaire dans la pensée malgache

Le temps de l'histoire, selon le concept malgache, diffère donc du concept occidental car il s'écarte sensiblement d'une logique de défilement irréversible. Ce qui fait en sorte que le passé reviendra, que le présent n'est en quelque sorte qu'un passé actualisé, et aussi que dans le futur le passé ressurgira : la vie, disent les Malgaches, est comme la roue de la charrette. Le bas sera en haut, et le haut deviendra bas, ce qui va à l'encontre d'une logique de progression et d'évolution mais qui préfigure ***un concept circulaire***, sous forme de roue qui en plus de cette analogie, est intimement liée aux différents cycles de saisons, des lunaisons, du jour et de la nuit, etc.

[236] Exemple : entretien avec J. Fremigacci (2011).

Si le modèle transformationnel de la thèse wébérienne est appliqué à cette conception du temps, alors de fait, la structure et les actions sont enfermées dans le temps.

Figure 5 : Le temps circulaire englobe les structures et les actions

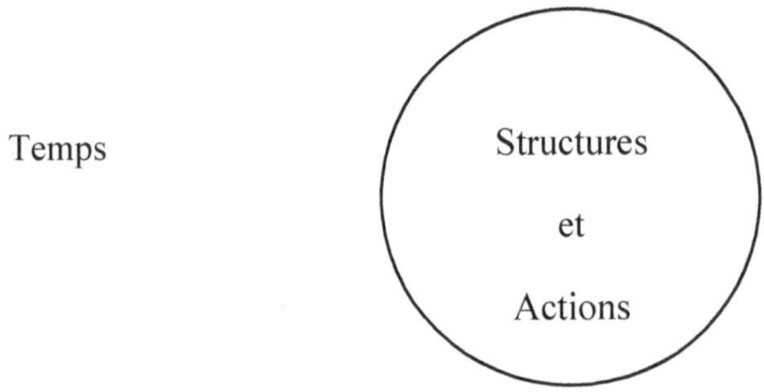

Ce qui sous-tend une conception supposant une certaine forme de déterminisme, voire de fatalisme, dans le sens où ce temps circulaire enferme les initiatives et fige les pratiques.

Figure 6 : Le temps circulaire fige les pratiques

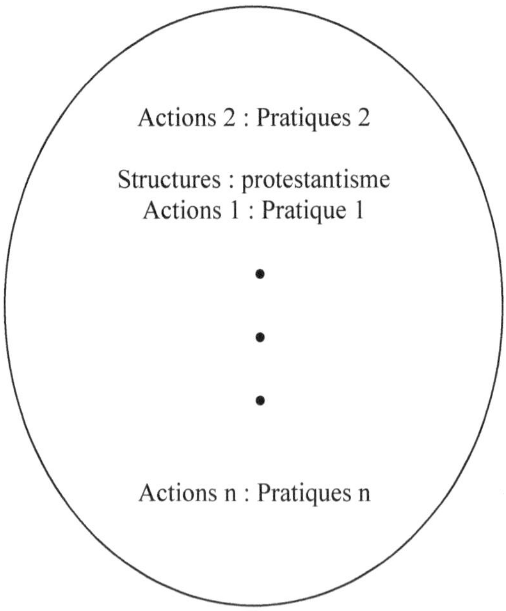

Les actions et les pratiques qui en découlent sont en quelque sorte intemporelles. Si on se réfère au temps standard linéaire et historique, et que dans ce sens, il ne peut être établi si telle action 1, est à l'origine ou la conséquence de l'action n car le temps les circonscrit. C'est l'analogie de la poule et de l'œuf. Citons un exemple : est-ce la pauvreté qui entraîne la léthargie (dans le sens d'une évolution très lente, voire le retour à la case départ), ou est-ce la léthargie qui entraîne la pauvreté ? En tout état de cause, on appelle Madagascar le pays du *moramora* (lentement, doucement)[237].

Cette forme d'abstraction par le temps circulaire peut expliquer, en partie, le manque de prise d'initiative et pourrait être l'une des causes de l'inapplicabilité - du moins la difficile pénétration du capitalisme dans le monde malgache - encore moins s'il s'agit de le lier au protestantisme. Ce capitalisme évoqué se limite à l'esprit de l'entrepreneuriat, de l'accumulation, de l'enrichissement minimum suffisant pour assurer au moins un minimum de dignité. Mais nous restons dans le domaine de l'abduction, pour dire que cette conceptualisation circulaire ne peut prétendre en être la seule cause. Certains cas de succès foudroyants ne sont pas occultés, mais les chiffres attestent cette pauvreté et la quasi-stagnation de la majorité écrasante des entreprises malgaches créées. La quasi-inexistence des sociétés pérennes confortent également notre point de vue. (Combien d'entreprises à capitaux malgaches ont-elles plus de quarante ou cinquante ans d'existence ?).

1.2 Limites du concept de temps circulaire dans la réflexion par l'économie institutionnelle

Encastrer la pratique malgache, en général et sa pratique économique en particulier dans un concept de temps circulaire, ne permet cependant pas son intégration dans une réflexion par l'institutionnalisme économique. En effet, le temps circulaire est relié à un temps répétitif qui, d'une manière générale, ne

---

[237] Exemple : http://www.madagascar-tribune.com/Au-pays-du-mora-mora,14689

défile pas et ne peut donc s'accompagner de phénomènes évolutionnaires. Ce concept circulaire fait en sorte que l'être humain (surtout l'individu) a tendance à subir une réalité déjà faite et ressent moins le besoin de changer la réalité, la structure ou encore les institutions.

De ce fait, le concept institutionnaliste de Veblen, qui explique le mouvement de va-et-vient incessant entre actions individuelles et institutions, se trouve fortement bridé car le temps circulaire ne peut qu'entraîner une certaine résignation face à une réalité perçue comme écrite et déterminée. Ainsi l'évolution est cassée, les institutions sont une donnée pour l'individu en général. Ce qui est néanmoins en partie vérifié dans la perception malgache.

Dans sa vision de sa relation avec la société, par exemple, l'individu se considère plus comme peuple (*sujet*) résigné que comme citoyen (*responsable et civique*).

Figure 7 : Le temps circulaire bride la causalité circulaire entre institution et action individuelle

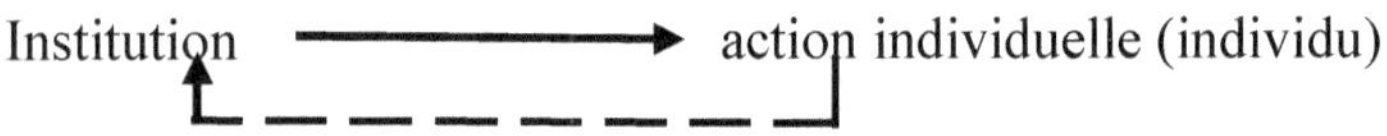

Les pointillés signifient - dans un environnement de temps circulaire et donc déterministe - que la conscience individuelle et son action sur la réalité se trouvent atténuées. Ce déterminisme est contraire au principe du déroulement contingent de l'histoire selon la vision des institutionnalistes.

D'ailleurs quand O'Hara (2007) précise les contours de l'institutionnalisme économique, il précise bien le déroulement dynamique de l'évolution et de la transformation à travers le temps historique[238] qui est avant tout linéaire et non pas circulaire.

---

[238] O'HARA P.A. (2007), "Principles of Institutional Evolutionary Political Economy - Converging Themes from the Schools of Heterodoxy", *Journal of Economics Issues*, vol. 41, n° 1, 1-41. Cité par Hédoin in thèse, *op.cit.*

Si on se cantonne à ce caractère purement circulaire du temps malgache, alors le débat est clos. **Dans ce cas, l'institutionnalisme économique dans son ensemble semble inapplicable au contexte malgache**. Ainsi, si la réflexion de Max Weber s'inscrit dans une logique institutionnaliste, alors son concept du protestantisme-capitaliste est inopérant dans l'environnement malgache car le modèle transformationnel ne s'y applique pas.

Cependant, un lien institutionnel entre protestantisme et pratiques économiques peut exister, dans le sens où, l'arrivée du protestantisme dans le contexte malgache constitue une rupture vis-à-vis de la structure de croyances anciennes malgaches, pouvant être qualifiée d'évolution brutale. L'existence de l'évolution est indéniable et le temps historique existe donc. Par extrapolation simple du principe évolutionnaire, il n'est pas exclu que le protestantisme aurait pu influer sur les pratiques économiques malgaches.

Enfin, ce concept du temps circulaire, bien qu'éclairant, présente une limite incontournable : si certains cycles sont observables, ils ne se reproduisent jamais à l'identique. Le temps cyclique n'est donc pas fermé, n'est pas hermétique mais présente des ouvertures qui permettent les évolutions.

Le temps circulaire pur reste du domaine de l'abstraction, incompatible à la réalité.

2 - Le temps en spirale dans la pensée malgache

2.1 Notion de temps en spirale

Ce temps en spirale est une autre représentation du temps cyclique qui présente une idée de retour des aspects du passé, sans toutefois qu'il ne soit possible de parler d'un recommencement à l'identique du temps et des événements.

Ce concept du temps allie l'idée de circularité et de cyclicité avec une idée de dynamique. Le temps revient et est sensiblement lent par rapport à une considération linéaire sans être pour autant figé, il n'y a pas de reproduction à l'identique des faits mais il y a une conscience de cette reproductivité du temps et des phénomènes.

Figure 8 : Le temps en spirale[239]

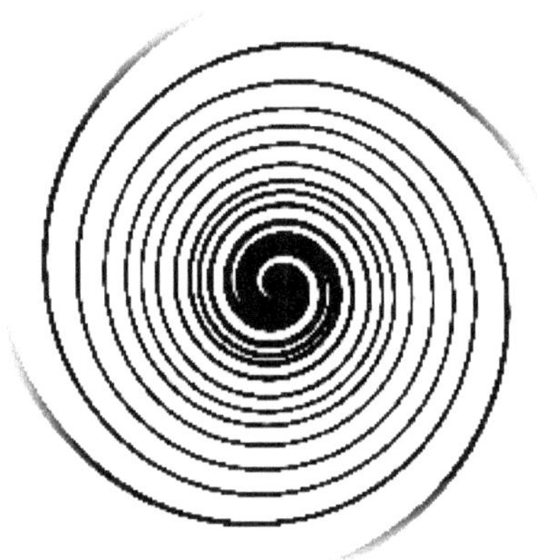

L'analyse de la religion indienne qui a approfondi ce concept ne sera pas abordée, il est cependant possible d'avancer que la notion d'irréversibilité du temps se trouve considérablement atténuée, dans le sens où le temps peut revenir, quand bien même, il ne s'agirait pas du même temps qui s'est égrené dans le passé. De ce fait, le temps n'est pas rare mais il défile, et contrairement au temps circulaire, il n'est pas fermé et n'enferme pas les actions, ce concept de défilement ne s'oppose pas à la linéarité. Ce défilement contient une idée de périssabilité même si cela s'opère beaucoup plus lentement.

2.2 Conséquences du temps en spirale dans la pratique économique

Dans ce concept du temps en spirale, le temps se défile mais n'est pas rare. On ne court pas après un temps qui va vite et qui ne reviendra plus. Ce temps pourrait favoriser la procrastination, ne pas intervenir aujourd'hui n'est pas

[239] Site internet : http://paradoxestemps.e-monsite.com/pages/percevoir/le-temps- une-question-de-forme/la-perception-du-temps-une-figure-qui-varie-selon-les-societes.html

blâmable car demain est une autre possibilité, et le temps se décline à répétition. Cette procrastination ne signifie pas pour autant ne rien faire mais impose la patience de celui qui considère le changement comme une vertu. Dans certaines situations, l'attente peut se décliner en jours, semaines, voire années ; dans d'autres cas, cette attente peut durer des générations, des siècles.

Ce concept du temps peut se rapprocher beaucoup plus de la représentation malgache du temps. Le concept du « *moramora* » : aller doucement, ne pas se précipiter, caractérise la majorité du préalable des décisions et des actions. Le temps en spirale est évolutionnaire mais ralentit cette évolution dans le sens où l'abstraction (qu'est le temps) ne peut être rare, l'abstraction étant le produit d'une conception mentale et non une réalité physique. Ainsi, les choses peuvent bouger mais très doucement et les possibilités de rattraper les décalages ou les méfaits sont multiples.

Dans ce cas, la recevabilité de la réflexion sur l'applicabilité du concept wébérien par son approche institutionnaliste dans le contexte malgache reste ouverte car l'évolution dans un temps historique existe, même si elle n'est pas directement perceptible, au quotidien.

3 - Temps malgache et pratiques économiques selon d'Oyvind Dahl

O. Dahl, missionnaire luthérien norvégien à Madagascar, a étudié particulièrement les signes et leurs significations dans leur contexte malgache. Il a produit une analyse intéressante et édifiante.

3.1 Présentation du temps malgache selon O. Dahl : l'apport du temps événementiel

Cette réflexion d'O. Dahl sur la question est primordiale, dans le sens, où non seulement il crédibilise notre hypothèse, mais en outre il apporte une synthèse correcte dans son approche du temps et des pratiques économiques malgaches.

Selon Dahl, les métaphores temporelles sont variées dans toutes les cultures. La réalité est tellement complexe, qu'il serait inexact de prétendre qu'il y a un concept « pur » du temps dans chaque culture, et qu'en ce sens, il y a plutôt une coexistence de métaphores temporelles. Autrement dit, dans une même conception culturelle du temps se retrouvent le linéaire, le cyclique, et ce que Dahl appelle **l'événementiel**.

L'apport essentiel de Dahl dans l'analyse est l'introduction du temps événementiel dans l'analyse du temps malgache.

Le temps événementiel selon Dahl ne peut être mesuré. Le temps se concrétise quand quelque chose se produit. L'action n'est pas née d'une planification comme dans le temps linéaire mais le résultat d'une occurrence[240]. Le temps ne peut pas être systématiquement perdu dans ce cas quand on n'agit pas car le temps n'existe pas quand il n'y pas d'événement et qu'ainsi, « le non-événement est un non-temps ». Exemple : le bus part quand il y a suffisamment de passagers - qui est alors le fait déclencheur - et non selon un horaire prédéfini. La ponctualité devient plus que relative, dans un concept de temps où c'est l'événement qui le détermine.

Selon Dahl, les trois conceptions du temps existent simultanément dans la culture malgache. Cependant, dans une culture occidentale industrialisée, même si on peut retrouver les trois aspects du temps, le concept linéaire semble celui qui prévaut, et d'ailleurs mis en valeur car étant l'élément essentiel et primaire de l'industrialisation et de la bureaucratisation. Dans la culture malgache, le concept événementiel et la métaphore cyclique traduite par le temps en spirale régissent plus la vie malgache que le temps linéaire.

Ce point de vue est fondamental dans la compréhension de la conception malgache de sa vie, et conséquemment de la conception malgache de l'économie. La réflexion par

---

[240] O. Dahl (2006) : *Signes & Significations à Madagascar. Des cas de communication interculturelle*. Paris, Présence africaine. p. 93.

l'économie qualitative, donc l'économie politique, est de ce fait primordiale dans un pays comme Madagascar.

3.2 Le Temps événementiel et ses conséquences dans la pratique économique et dans l'institutionnalisme économique

- Le temps événementiel prend naissance à partir d'un fait qui se manifeste, ce fait est ainsi l'élément déclencheur d'une décision, d'une action. De ce fait, nous rejoignons Dahl pour dire que dans ce cas, le temps ne se mesure pas en durée précise, le début ou la fin ne sont pas fixés et, comme déjà évoqué, ne sont pas déterminés quantitativement.

Cette considération du temps ne s'associe pas avec la prévision car dans l'événementiel la décision est prise après l'événement. Ce qui est contraire à la prévision qui implique une prise de décision permettant l'anticipation, donc bien avant la survenance d'un événement.

Dahl a évoqué à titre d'exemple la gestion de stocks dans une station d'essence, qui affichait systématiquement une rupture car finalement l'événement déclenchant la commande est justement cette rupture. Cette pratique, à défaut d'être invariablement vérifiable, fut une réalité du temps de la compagnie pétrolière nationalisée[241]. Cette notion de temps événementiel aussi peut être évoquée dans l'utilisation intensive d'une machine sans aucun entretien, jusqu'à ce qu'une panne survient, celle-ci étant l'événement déclencheur.

Tout d'abord, ce type de temps peut trouver un terrain commun avec l'économie institutionnelle. Il s'agit du **caractère encastré de l'économie** évoqué par O'Hara (2008) et rapporté par Hédoin.

En effet, si dans le concept orthodoxe, les sciences économiques peuvent être appréhendées d'une manière indépendante, dans l'approche institutionnaliste, l'économie ne

---

[241] Les compagnies pétrolières ont été nationalisées durant la deuxième république à Madagascar à partir de 1976 jusqu'en 1999.

peut se désengager de son environnement socioculturel et institutionnel, incluant les habitudes et les structures. De son côté, ce concept de temps événementiel est constitué d'habitudes et de pratiques et inclut une idée de facteur non maîtrisable (contingent). Ce temps événementiel entraîne une certaine pratique stable dans le temps linéaire de règles acceptées par un nombre considérable d'individus et qui régissent leur vie, **ce concept de temps événementiel est ainsi une institution**. Une réflexion sur l'économie malgache ne peut s'en dissocier, ou s'en isoler.

Le concept du temps événementiel est ainsi bien compatible avec le concept wébérien dans le sens où, l'événement étant par essence imprévu peut s'identifier à une contingence. Rappelons toutefois que la contingence ne signifie par pur hasard, étant donné qu'elle est liée à une évolution créée par l'action humaine, impulsée par de nouvelles nécessités et de nouveaux besoins. Il s'agit de cette permanente interaction entre l'homme et l'institution, ainsi que la structure qui l'encadre.

La compatibilité du temps événementiel avec l'institutionnalisme est acquise, mais c'est au niveau de la réaction de l'homme vis-à-vis de la contingence que l'approche événementielle malgache peut diverger de l'institutionnalisme « classique » pour aboutir à une sorte d'institutionnalisme malgache qui réduit l'applicabilité du modèle transformationnel d'Hédoin dans le contexte malgache.

Ce temps événementiel entraîne ainsi une approche particulière de l'économie institutionnelle. En effet, si dans « un institutionnalisme classique », l'interaction entre l'homme et la structure est en forme de causalité circulaire, donc mutuelle, dans l'optique du temps événementiel l'homme ne fait pas, ne prend pas ou presque pas l'initiative de l'événement car il l'attend et dans ce sens il subit plus l'événement qu'il ne le fait. Actuellement (2017), la pluie et les inondations sont appréhendées comme un événement imprévu, alors qu'il est présent pratiquement tous les ans, quoique d'une intensité variable, sans que des dispositions sérieuses soient prises (systèmes d'évacuation, curage, constructions anarchiques, remblaiement…).

L'homme « malgache » attendra toujours un événement avant d'agir et ce, pas forcément pour interférer sur la structure. L'inexistence d'événement marquant peut ainsi cantonner l'homme dans un rôle plutôt passif et à la limite de celui qui subit. Précisons toutefois l'atténuation et non la totale inexistence de l'influence de l'homme sur la structure car ce serait irréaliste. De ce fait, sans déclencheur, l'action ne se réalise pas et dans ce cas, l'évolution est beaucoup plus lente que dans une approche institutionnaliste classique. Si dans un temps linéaire, l'approche diachronique de l'évolution peut se configurer d'une manière régulière, dans cette approche par le temps événementiel, des périodes d'inactions peuvent persister, puis tout d'un coup être suivies d'un intense bouleversement, pour à nouveau faire place à un immobilisme se rapprochant de la léthargie. Si dans ce cas, l'évolution peut être latente, elle n'est pas toujours apparente. Il est toutefois possible qu'un événement ou plutôt des événements puissent marquer et entraîner des changements très rapides de certaines pratiques et de certaines institutions. Cependant, il est à noter que l'homme subit plus qu'il ne fait.

Cette analyse dans le cadre du comportement entrepreneurial est reliée à un dynamisme moins prononcé de la tendance à investir et à réinvestir, dans le sens où, il est de notoriété publique que les dépenses de fonctionnement dans une multitude d'organisations malgaches surpassent largement les dépenses d'investissement, autrement dit la consommation domine l'investissement. Ainsi, l'acception du temps événementiel ralentit l'investissement car ce dernier relève évidemment du temps linéaire de longue durée.

Dans ce cas, comme il est évident que ce modèle transformationnel d'Hédoin ne s'est pas réalisé à Madagascar, c'est explicable en partie par ce temps événementiel, qui rend irréguliers et ralentis l'évolutionnisme et l'interaction homme-structure. Dans l'éthique protestante wébérienne, l'homme protestant se rapproche du capitaliste par le fait que sous les préceptes religieux, il déclenche un comportement économique par le processus du Travail et de l'épargne systématique. Dans une optique événementielle, il y a une forme d'attentisme qui suspend le déclenchement d'une décision à un fait exogène et non interne à l'homme.

4 - Conclusion : Atténuation et décalage du processus transformationnel d'Hédoin dans le contexte temporel malgache

En résumé, le premier élément d'analyse qui permet de voir l'amoindrissement de l'applicabilité du concept wébérien du protestantisme-capitalisme dans le contexte malgache est l'approche temporelle dominée par le temps cyclique et événementiel et non le temps linéaire. Le processus transformationnel d'Hédoin permet de voir que l'analyse de l'applicabilité du concept wébérien par l'institutionnalisme économique est atténuée, d'une part par un ralentissement de l'évolution, du fait des lenteurs de comportement nées du concept du temps cyclique, mais d'autre part, par une irrégularité et un manque de visibilité de toute prévision ou anticipation d'actions, nées du temps événementiel. Ce qui rend incertaine l'évolution, même si elle existe. Ce qui veut dire que comparée au standard occidental, cette évolution est lente et imprévisible.

Si Weber s'accorde à dire que son modèle ne s'appliquerait que dans un contexte occidental, son point de vue est critiquable, du fait de la réussite du capitalisme dans le cadre asiatique, par exemple, mais il est justifié dans le sens où, à défaut d'être totalement inapplicable, son concept est difficilement réalisable dans le contexte malgache. Weber a avancé que l'acception occidentale de la rationalité est l'une des origines essentielles de l'éthique et de l'économie capitaliste. Cette approche par la rationalité-individualisme a toutefois un lien important avec l'analyse de la conception du temps précédemment analysée.

Chapitre 7

APPLICATION DU CONCEPT DE WEBER FACE A L'HOMO MALAGASI : RATIONALITE ET INDIVIDUALISME

Quand bien même, l'*homo-oeconomicus* est un concept qui relève de la théorie, retenons ses deux caractéristiques que sont la rationalité et l'individualisme pour faire une comparaison avec l'homme malgache. Ces deux variables seront les trames utilisées pour pénétrer dans la réflexion sur un hypothétique capitalisme malgache, et en plus du modèle particulier d'Hédoin, cette voie permettra d'aboutir à l'analyse de l'applicabilité du concept de Weber dans le contexte malgache. Au nom de la théorie de la complexité, il ne s'agit nullement de prétendre à l'exhaustivité de l'analyse du fait du principe de l'incomplétude dans la compréhension de l'homme malgache, le champ est tellement vaste que seules les parties estimées les plus significatives dans l'analyse seront étudiées dans le but de mieux cerner le problème face au cas du capital. Hugon (2006) est plus englobant en évoquant la rationalité de l'*homo africanus*[242], ainsi procéder par négation d'une analyse en évoquant des singularités contredisant une tendance n'est pas constructif dans l'effort de compréhension de certaines causes des blocages économiques. L'étude n'en sera que plus enrichie si d'autres constatations viennent l'étoffer.

1 - Rationalité de l'homo malagasi

Il n'y pas ici la prétention de faire une analyse anthropologique ou ethnologique approfondie, il s'agit de procéder par une comparaison par rapport au référent occidental et économique de la rationalité déjà examiné dans la première partie.

L'*homo malagasi* n'est pas une généralité facilement cernable, des singularités existent, cependant il est intéressant de préciser que l'*homo malagasi* influencé par le calvinisme

[242] P. Hugon (2006) : *L'économie de l'Afrique*. Paris, La découverte 5e édition. p. 55.

peut revêtir une unité culturelle dans le sens où l'église réformée dominante dispose d'un réseau national, d'une organisation, d'une pratique et d'une culture unifiés.

Rappelons très brièvement le modèle de ***la Théorie du Choix Rationnel (TCR)*** qui est à la base de l'homme économique orthodoxe, et qui se conçoit de manière étroite par le modèle de l'*homo-oeconomicus*, qui vise à maximiser sa satisfaction en comparant systématiquement les coûts et les avantages de ses actions. Le calcul économique donc est ici primordial. De plus, quoique critiquable, ***la théorie d'anticipations rationnelles*** est présentée comme le prolongement logique et naturel de la TCR.

Comme lors de la considération du temps, nous n'oserions affirmer que l'ensemble des Malgaches optent sans distinction pour tel ou tel autre type de rationalité. Les comportements sont nuancés en fonction du degré d'instruction, de l'accès à l'information etc., cependant, certaines pratiques sont plus dominantes que d'autres.

La première question existentielle et essentielle est : s'enrichir et accumuler le capital est-il l'objectif fondamental de tout Malgache ? Bien conscient de la désapprobation de certains, nous répondrons par la négative. Souvent la consommation ostentatoire, par définition handicapant pour l'accumulation du capital, est primordiale, voire vitale. Cette forme de consommation n'enrichit pas mais est une forme d'expression de la richesse qui conforte une considération sociale, au détriment du capital. De ce fait, la rationalité instrumentale n'est pas dominante et ne peut caractériser le Malgache du moins dans son contexte de vie actuelle. Ce qui n'écarte pas toutefois - pour que nos propos ne soient pas mal interprétés - l'envie de s'enrichir, mais ce n'est pas l'objectif ultime tel que la rationalité instrumentale néoclassique le conçoit.

L'enrichissement est utile, donc un moyen et non une fin, pour pouvoir confirmer et conforter sa place dans une société caractérisée par son communautarisme et sa stratification. L'économisme est ici remis en question car dans ce contexte, quand on réfléchit sur l'économie, ce sont les problèmes sociologiques et historiques qui prennent le pas et donc conditionnent l'économique. Ne désigne-t-on comme la suprême bénédiction chez le malgache la fameuse : « *Tsy haniry olona fa irin'ny olona* » (que tu sois envié des gens mais tu n'envieras personne) pour dire qu'au-delà de l'objectif économique, l'enjeu porte sur le regard des autres.

De ce fait, un phénomène de monstration, pouvant être rapidement assimilé à une pratique hédoniste, domine l'homme malgache. Si dans une large mesure, ce comportement est sans nul doute humain, quand il est dominant, il s'opère au détriment de la capitalisation. La question ne concerne pas encore l'ultra capitalisme, mais un entrepreneuriat disposant de suffisamment de moyens pour se développer. Toute théorie classique, reliant le facteur capital et financier à la croissance économique et au développement, est relativisée dans le contexte malgache non pas du point de vue théorique mais par une réalité qui est un juge impitoyable. D'ailleurs, l'histoire du pays n'a pu justifier aucune théorie économique qui pourrait prétendre être la panacée, le succès économique n'a pas encore été au rendez-vous.

De ce fait, face à un raisonnement et des prises de décisions qui s'écartent du standard, et d'une manière générale du standard néoclassique, certains occidentaux pétris de leur rationalité instrumentale sont déstabilisés : des Allemands n'ont pas compris pourquoi un entrepreneur malgache, qui dispose d'une certaine liquidité, préfère acheter un véhicule tout-terrain (prestigieux), plutôt que de renforcer son capital technique, ou ses machines. La déduction par la qualification d'irrationnel, d'hédoniste, à la limite du jouisseur est un raccourci critiquable mais parfaitement compréhensible.

On peut voir dans cette prise de décision, nonobstant d'autres aspects de la problématique, l'importance du temps présent dans l'optique d'une acception par le concept cyclique et événementiel. Mais en plus, il ne faut pas perdre de vue, compte tenu d'une pression permanente, l'importance vitale chez le Malgache de la place qu'il doit tenir dans son environnement social (lire communautaire). C'est pour cette raison que faire abstraction de cet état de chose dans la compréhension de ce comportement économique, c'est élaborer des théories attrayantes mais inutilisables. La théorie de Karl Polanyi[243] sur la question est vérifiée.

Polanyi dans son ouvrage de référence : « *La grande transformation : aux origines politiques et économiques de notre temps* » évoque que les relations sociales de l'homme englobent, en règle générale l'économie et que surtout « *L'homme agit, de manière, non pas à protéger son intérêt individuel, à posséder des biens matériels, mais à garantir sa position sociale, ses droits sociaux, ses avantages sociaux* »[244]. S'il est indiscutable qu'une rationalité utilitaire existe dans toute société (y compris malgache), cet aspect comportemental qui encastre l'économique dans le social - bien que masqué par des emprunts occidentaux - est vérifiable. L'enjeu de la survie (donc purement économique) est vital mais la pauvreté sera d'autant plus ressentie et plus oppressante qu'il y a une déconsidération sociale et communautaire.

De même que la richesse matérielle ne peut pleinement s'exprimer et s'apprécier que grâce à la considération et l'admiration qui en découlent. Une conséquence déjà vue dans le cadre du concept temporel revient ici : la consommation est primordiale face à l'investissement car la consommation démontre plus (même si c'est souvent plus que superficiel) un niveau de vie perceptible par la société. En tout état de cause, pour reprendre les termes de Polanyi, l'économie est encastrée dans les institutions et plus généralement dans un environnement social en général.

Ce postulat, cadre parfaitement le cas d'espèce malgache : l'ultime objectif est de devenir le « *grand raiamandreny* » : devenir les père et mère, c'est-à-dire les « parents référents, anciens, grands sages, notables... » respectés et sur qui repose

---

[243] K. Polanyi, (1983) : *La grande transformation*. Paris, Gallimard. pp. 87-102.
[244] K. Polanyi *op.cit.* p. 91.

le fonctionnement social, clanique ou communautaire ou même national. A terme, au-delà du décès, devenir le grand ancêtre de référence de la communauté.

De ce fait, plus que l'accumulation du capital ou la possession en elles-mêmes, c'est la perception par la communauté (donc devant être montrée à la communauté), qui procure un positionnement enviable (souvent symbolique : la charge de la représentation familiale, de la parole,...) et qui caractérise l'ultime réussite. Un riche rejeté par sa communauté n'a pas réussi. Nous avons pu constater maintes fois cette volonté oppressante de se valoriser au sein de sa communauté et d'asseoir son prestige communautaire pour valider la consécration de la « réussite ».

La rationalité malgache s'analyse autour de ce concept, mais en vertu de la présente adhésion à la théorie de la complexité, il n'y a ici, aucune prétention à l'exhaustivité. Aux yeux de l'*homo malagasi*, toutes les voies pour acquérir ce statut de « *raiamandreny* » ont les mêmes valeurs : l'enrichissement (du moins dans l'apparence et peu importe son origine), la généalogie, le poste politique, les responsabilités religieuses telles que les professions cléricales (pasteurs, catéchistes), ou les responsabilités dans les assemblées de l'église (diacres..). L'enrichissement ou la détention du capital n'est ainsi qu'un facteur parmi les autres dans les voies d'accession vers le statut de notable « *raiamandreny* ». Ce qui illustre que la pensée économique dans le cadre malgache n'est qu'un élément de la science sociale et ne peut s'en autonomiser, d'autant plus que dans la quête de cet objectif social, ces différents facteurs ne sont pas exclusifs les uns par rapport aux autres mais sont souvent inextricablement imbriqués et mélangés. Les dépenses liées aux obligations familiales, ne peuvent être par exemple conçues comme une perte mais un investissement utile pour une reconnaissance sociale et familiale, pouvant être qualifiée de capital « social » (la société communautaire).

1.1 Une rationalité instrumentale bridée dans un contexte malgache

Ainsi, la rationalité instrumentale est bridée dans le contexte malgache. Sans dire que c'est inopérant car elle peut exister, elle n'est pas l'élément déterminant dans le processus de choix et dans le processus décisionnel. La TCR peut ainsi exister mais limitée, et dans le cadre de l'analyse de rationalité malgache, nous pouvons évoquer à l'instar de la théorie d'Herbert Simon, *la rationalité limitée*[245]. Il s'agit d'une Rationalité limitée, non seulement par les données techniques mais aussi par les impératifs d'ordre sociologique et par le concept du temps événementiel.

Enfin, compte tenu du temps événementiel, le choix n'est pas anticipé mais pressé par l'urgence (l'événement). La faiblesse de l'anticipation fait en sorte que le recueil d'information ou toute veille informationnelle n'est pas primordiale dans ce contexte, ce qui accentue la limite du choix rationnel. Finalement, on n'est pas pressé de procéder à un choix et à une décision tant qu'il n'y pas un impératif, et souvent ce choix est plus dans une optique de réparation, voire de survie, que de croissance ou d'expansion. La majorité écrasante des entreprises malgaches est une autocréation d'emploi ou un enjeu de survie, plus qu'un objectif de maximisation de profit, ou une politique de croissance, et les grandes entreprises malgaches restent rarissimes.

La rationalité instrumentale est marginale dans le monde malgache, le développement du capitalisme (notamment entrepreneurial) semble hypothétique sur ce point.

---

[245] P. Mongin (1986) : « Simon, Stigler et les théories de la rationalité limité ». *Information sur les sciences sociales*, 25, n° 3, pp. 555-606, cité par C. Quinet (1994) : « Herbert Simon et la rationalité » in *Revue française d'économie*. Vol. 9 n° 1 pp. 133-181 p. 134.

1.2 La rationalité axiologique wébérienne et le monde malgache : rapprochement et divergence

La relative faiblesse de la rationalité instrumentale dans le contexte malgache semble amener vers la rationalité limitée de Simon. Mais cette dernière reste toujours une variante de la rationalité instrumentale. Est-ce le cas de cette rationalité limitée ou bridée malgache ? La réponse est négative, cette rationalité bridée dans le cadre malgache s'écarte significativement de la rationalité instrumentale en finalité, donc elle est à nuancer par rapport à celle de H. Simon car si ce dernier est plutôt modeste dans l'impossibilité d'atteindre la totale optimisation, il est bien dans le cadre d'un minimum d'objectif de profit qui, de ce fait, ne s'exclut pas de l'optique du gain. Or, dans l'optique malgache étudiée, la rationalité d'une décision (du point de vue instrumental) n'est pas seulement limitée par la faiblesse du recueil et du traitement d'informations mais par l'influence de la communauté et par son influence sur la notion de valeur.

De ce fait, si un entrepreneur ne prendra peut-être pas une décision qui causera une perte économique, il prendra volontiers une décision qui pourra diminuer considérablement un profit qu'il est possible de réaliser, si cela peut éviter de nuire à sa position communautaire ou entraîner son écartement de la communauté. Koulibaly (1992) estime l'importance des préférences et des arbitrages des agents : « *Le sous-développement africain est le résultat principal des pressions communautaires et des ponctions et distorsions opérées par l'Etat* »[246].

Les Malgaches disent d'ailleurs, « *aleo very tsikalakalam-bola toy izay very tsikalakalam-pihavana* » (vaut mieux perdre de l'argent que la bonne entente) pour signifier la primauté de la bonne intelligence entre les membres de la communauté devant le profit. Anticipant toute réaction critique, la justification est que, quand un membre de la famille a visiblement (peut-être

---

[246] M. Koulibaly (1992) : *Le libéralisme, chance pour l'Afrique*. Paris, L'Harmattan.

expressément) porté atteinte à l'intérêt économique d'un autre, si ce dernier décide de l'attaquer judiciairement, celui qui porte plainte sera désapprouvé par la majorité de la famille, quand bien même son existence économique est en danger. La notion de justice est souvent devancée par l'honneur hypothétique de la famille. Les malgaches disent « *Ny tokantrano tsy ahahaka* » (le linge sale se lave dans le foyer, en famille).

Il est opportun de mentionner le cas de certaines personnes qui ont choisi de renier leur communauté, cas qui restent marginaux face à la tendance générale. Ce qui est surprenant, c'est que cette communauté, dans la majorité des cas, ne constitue nullement une ouverture économique ou un réseau efficace. Elle a un impact sur l'agent économique, non pas parce qu'elle lui apporte, même pas une espérance de gain futur, mais parce qu'elle a une capacité de nuisance sur l'agent économique. La communauté suscite la crainte car le Malgache ne supporte pas d'être seul ou plutôt d'être isolé, c'est cela la nuisance tant redoutée. On est ici dans le cadre d'une puissante institution à Madagascar. L'économiste malgache devrait ainsi tenir en compte dans ses analyses que si l'*homo-oeconomicus* est un être sous-socialisé, le Malgache commun est un agent sur-socialisé ou *hypersocialisé*. L'applicabilité du modèle néoclassique se trouve fort compromise. Hugon (2006)[247] précise que «*...la compréhension des agents hypersocialisés, passe par la prise en compte préalable des structures sociales et des systèmes de valeur* ». Cependant, qui dit sur-socialisé ne veut cependant nullement dire solidarité.

L'exemple cité par A. Deliège (2008) sur les *famadihana* (retournement des morts) dans son analyse de l'applicabilité de l'analyse polanyienne dans un cadre malgache sur ce point, est édifiant : « ... *Le famadihana - par exemple - est l'occasion d'exposer sa réussite afin d'affirmer son prestige social. (...)Les dépenses qu'elles engendrent sont importantes pour les budgets des familles et contredisent d'ailleurs le modèle de*

---

[247] P. Hugon (2006) : *L'économie de l'Afrique*. Paris, La découverte 5e édition. p. 55.

l'homo-oeconomicus qui postule que tout homme est poussé par la recherche de l'efficacité économique (...) »[248].

L'*homo malagasi* est très influencé par ces valeurs dans ses décisions. Cependant, conclure qu'il s'agit ici d'une rationalité axiologique wébérienne, ou de la TRO de Boudon selon l'analyse de la première partie, est hasardeux. Si le processus de décision, influencé par les valeurs, est leur point commun, un élément fondamental les différencie : la TRO et la rationalité axiologique n'ont jamais écarté la rationalité instrumentale dans la décision mais veulent seulement l'intégrer dans un processus plus global, qui l'allie à la rationalité en valeur. En revanche, cette rationalité malgache s'éloigne davantage de la rationalité instrumentale dont la place est moindre vis-à-vis de l'autre rationalité.

Un raccourci qui consiste à dire simplement qu'il s'agit ici d'un mode d'action traditionnel qui s'écarte de toute forme de rationalité, voire irrationnelle, n'est pas souhaitable. Il s'agit surtout d'insister sur le fait que vouloir copier et reproduire le modèle occidental ou plutôt néoclassique, en isolant la réflexion économique de son encastrement social, est utopique.

La rationalité en valeur dans le contexte malgache répond plutôt à un objectif d'insertion, ou mieux d'influence ou de dominance au sein d'une communauté. Dans ce sens, la rationalité en valeur ne saurait être interprétée dans l'optique de Weber ou de Boudon. L'écartement de cette notion de rationalité dans son approche purement économique du concept malgache est ici constaté.

1.3 La rationalité malgache : une approche par le magique

S'il est évident que des entrepreneurs malgaches rationnels selon l'optique instrumentale et axiologique existent, (plutôt à

---

[248] A. Deliège (2008) : « La place de l'économie de marché dans une société rurale malgache : l'actualité des travaux de Polanyi », in *Revue Interventions économiques*| Le renouveau de la pensée polanyienne. URL: http://interventionseconomiques. revues.org/326.

dominance instrumentale et axiologique), dans la grande majorité de cas, ces types d'entrepreneurs sont soit incompris soit, au fil du temps et à un certain âge, ramenés aux valeurs communautaires.

Quand Wéber évoque la rationalisation des activités par l'autonomisation et par la spécialisation des fonctions sociales et des savoirs ainsi que la rigueur dans les procédures de gestion, et quand il rajoute l'émancipation des décisions, des institutions traditionnelles, ceci permet l'autonomisation croissante des sphères de la vie sociale. Force est de reconnaître que, dans la démarche de la typologie des actions, l'*homo malagasi* est dans une optique de l'action traditionnelle. Cependant, cette démarche ne consiste pas seulement en une répétition sans réflexion des coutumes, mais apporte des réponses à des questions (enjeux) de survie, voire existentielles de l'homme malgache.

Sur ce point, Weber évoque le point central du **désenchantement du monde** comme un élément déclencheur (mais pas facteur exclusif) de l'éthique capitaliste, et plus tard, par ricochet, la théorie économique classique et ses dérivés. Si la rationalité occidentale est concomitante au recul de la magie, (définie par Weber comme la compétence pour manipuler les forces naturelles du monde extérieur et donc aboutir à des résultats défiant la loi naturelle des choses), et qui est définie comme *La rationalité*, Weber n'a pas osé qualifier cette forme de « magification » comme irrationnelle mais l'évoque comme une rationalité magique, qui entre en concurrence avec la rationalité moderne, capitaliste, etc.

La rationalité malgache est dominée par cette rationalité magique. Ce n'est toutefois pas une simple accumulation de superstitions même s'il est indéniable que celles-ci existent, c'est que cette forme de rationalité répond à des besoins concrets. Un cas rapporté est intéressant : dans une paroisse protestante d'une commune rurale, le pasteur a fortement incité les membres à ne pas recourir aux « *ody havandra* », charmes contre la grêle, (interdiction normale pour les protestants). Lors d'un violent orage, les cultures de riz des paroissiens ont été dévastées par la grêle, tandis que celles du confectionneur de charmes ont été épargnées. L'encouragement du pasteur à ses paroissiens, consista à dire que Dieu pourvoira toujours aux besoins de ses enfants, ce qui est un discours cohérent, qui est ici un exemple d'une rationalité en valeur. Mais ce qui est intéressant, c'est de voir, que si certaines personnes ont choisi, ou choisiront plus tard de prendre les charmes contre la grêle, cela relève certes d'une rationalité magique, mais également assimilable à une rationalité instrumentale. La finalité est dans ce cas de préserver la production donc le gain. Dans ce cadre assez singulier, la rationalité magique peut être compatible avec la rationalité instrumentale, sans toutefois aboutir à la rationalité capitaliste mais à une rationalité de survie. Hugon (2006) évoque le fait que « *dans les sociétés rurales traditionnelles, la distinction du sacré et du profane s'abolit ; toute activité économique et sociale est soumise à un rite* »[249]. Cette frontière entre le sacré et le profane reste floue, même dans les décisions au niveau urbain ou étatique, cependant les rites sont moins visibles. Il n'en demeure pas moins qu'elles sont bien présentes et vigoureuses. Dans la grande majorité des cas, cette rationalité magique malgache, intimement liée à la conception du temps cyclique et événementiel, réduit le rôle de la prévision, pourtant un élément essentiel du capitalisme (parce que la prévision atténue la force de la magie).

Le choix d'éviter l'isolement communautaire et d'y acquérir une place respectable est à la fois une cause et un effet, donc en « récursion » avec cette rationalité magique car cette place communautaire revêt une essence transcendantale, qui relève du magique. Cette forme de rationalité ne peut être qualifiée ni d'instrumentale ni de valeur mais peut s'en accommoder dans certaines circonstances et qui s'écarte ainsi de la rationalité wébérienne. Ce qui explique en partie la fragilité capitalistique et entrepreneuriale ou sa difficulté de pérennisation, quand bien même des efforts matériels ou d'investissement sont opérés : la rationalité de l'*homo-oeconomicus* est loin.

---

[249] P. Hugon (2006) : *L'économie de l'Afrique*. Paris, La découverte 5e édition p. 56.

2 - Individualisme Wébérien face à l'individualisme malgache

D'un côté, l'individualisme est un élément fondamental du capitalisme. Si la forte influence de la communauté sur l'individu malgache a été évoquée, et dont la rationalité est conditionnée par sa place au sein de celle-ci, peut-on déduire que l'individu s'efface devant le social ?

2.1 L'individualisme malgache : un individualisme institutionnel complexe

Le premier réflexe est de tendre vers une réponse affirmative : la pression sociale est telle que l'individu semble servir le commun, à tel point que les initiatives individuelles sont bridées par les devoirs communautaires. D'ailleurs, souvent les jeunes se plaignent de ce qu'ils considèrent comme la restriction des individualités. Même « le *fihavanana* » désigné comme valeur séculaire de solidarité, de bonne entente, de parenté, et encensé par les anciens, est de moins en moins estimé par les jeunes générations car considéré plus comme une pression à se conformer à des directives improductives, discours creux sans éthique concrète : « (…) *Le seul mot de* « fihavanana » *déclenche chez certains jeunes une réaction d'hostilité, parce qu'il évoque pour eux une part vieillotte et désuète de leur civilisation. Plus grave : ils accusent la réalité qu'il désigne d'ouvrir l'accès au parasitisme des parents, à l'écrasement des personnes devant les* raiamandreny »[250] (Dubois, 1978). La communauté prend le pas sur l'individu qui, de ce fait, limite son indépendance. L'attitude individuelle est tributaire de la communauté, moins l'individu se singularise, plus il est conforme à la communauté, mieux il est considérée par cette dernière. L'individu doit donc s'effacer devant la communauté.

Il s'agit d'une approche institutionnaliste dont le groupe ou la communauté tient le rôle d'institution qui influe sur la décision

[250] R. Dubois (1978) : *Olombelona. Essai sur l'existence personnelle et collective à Madagascar*. Paris : l'Harmattan.

économique de l'individu. Pour Morel (2010)[251], l'institution peut réduire l'incertitude mais peut permettre la domination d'un groupe sur un autre, - voire sur chaque membre - et il est certain que les anticipations, ainsi que les décisions de l'agent économique, tiennent compte des comportements des autres.

Souvent les règles du groupe (l'institution) dans le cadre de la communauté, ne sont pas formelles mais relèvent de la coutume et, selon Y. Ramstad[252] (1993 : 179), encadrent le comportement individuel de manière directe par des conventions qui définissent les décisions et les contrôlent mais aussi indirectement en inculquant des modes de pensée intériorisés et qui se reproduisent. L'action individuelle et les transactions, selon Ramstad sont, soit contraintes (conduite imposée par la coercition, la discrimination…), soit libérées (les individus agissent selon leur volonté initiale), soit prolongées (favorisent la multiplication des actions et des innovations).

Commons, économiste institutionnaliste de la première génération, appelle cette communauté le « going concern » qui institue des règles formelles et informelles et qui modèle la conduite individuelle à l'intérieur d'un champ dans lequel évolue l'agent qui essaie de maximiser le gain au sein de contraintes acceptées, choisies ou imposées. Sur ce point, la réflexion d'Easterly sur les appariements est fort intéressante car l'identification à un groupe est un phénomène ou une démarche inconsciente d'appariement. Easterly évoque les trappes à pauvreté dans un pays, groupe ethnique ou géographique, tout comme il évoque des pièges à richesse ou enclaves d'opulence. Les personnes de même situation se rassemblent et auto-entretiennent leur état[253].

Cependant, l'individualisme de l'homme malgache n'a pas été totalement avalé par son aspect social. En effet, cet

---

[251] S. Morel (2010) : « L'économie du travail commonsienne : l'analyse transactionnelle de la relation salariale », *Revue Interventions économiques*, n° 42. URL : http://interventionseconomiques.revues.org/1254

[252] Morel *op. cit.*

[253] Easterly *op.cit.* pp. 190-207.

environnement social, loin d'être exclusivement un terrain d'expression de valeur, de solidarité, est aussi un lieu de négociation, de clientélisme, bref un lieu de développement d'une certaine forme de marché car parallèlement au discours communautariste, une forte concurrence des individus pour décrocher la place sociale tant convoitée existe. Il est certain que dans certains groupes, il y a les dominants et les autres qui ont une attitude suiviste.

L'interprétation de Morin par Laurent (1994) évoque cet esprit individuel pouvant mener une stratégie propre lui permettant de fixer et d'atteindre un objectif au sein des déterminations sociales. Ces dernières constituent ainsi des contraintes mais que l'individu arrive à intégrer dans ses équations, au même titre que toutes les autres contraintes. Dans une optique institutionnaliste, l'objectif de maximisation (des profits ou de satisfaction) et de minimisation (des coûts) tient compte, au même titre que les prix ou les budgets, des contraintes sociales.

C'est dans ce sens qu'il est possible, pour l'analyse de la complexité, d'intégrer dans une analyse individualiste, les contraintes sociales comme un variable du calcul de recherche du maximum de satisfaction. Il y a un jeu propre individuel, qui ne cherche pas toujours l'intérêt communautaire mais qui fluctue au sein d'une communauté et qui sait tirer profit des règles de jeu institutionnelles.

L'individualisme malgache est un type d'individualisme institutionnel qui officiellement ne s'affranchit pas, voire qui respecte profondément des règles institutionnelles communautaires mais qui, en même temps, recherche - au-delà des intérêts communs - des profits individuels. Le summum serait de pouvoir contrôler et influencer la communauté tout en y tirant le maximum de bénéfices.

Nous appellerons ainsi ce type d'individualismes **des individualismes agglutinés ou individualismes agrégés**. Le pluriel est de rigueur dans la fusion de sens où le jeu, purement personnel ou isolé, est souvent écarté mais quand les individualités se rapprochent, cela ne signifie pas dilution de l'individualisme au profit du social, on ne peut ainsi déduire que la somme des individualités donne le social :

$$(i1) + (i2) + \ldots + (in) \neq \sum_{n=1}^{\infty} i_n$$

i désigne les individualités qui sont agglutinées par la communauté (ils sont ensemble, le + est ici un opérateur booléen qui signifie « et », mais les individualités ***i*** ne peuvent pas donner une somme unique bien que ce soit une apparence, de plus confirmée par des discours de circonstances. La généralisation des i_n individuels en est impossible, les ***i*** ne sont pas sommables car il ne s'agit pas des mêmes variables.

Il est constaté que la proximité, voire la promiscuité, influence la rationalité individualiste mais ne l'élimine pas. La complexité donne naissance à une rationalité de la proximité.

En bref, il est possible d'évoquer une forme d'individualisme institutionnel malgache, dans le sens où l'individualisme méthodologique chez le cas malgache est rare, mais en revanche, le total effacement de ce dernier au profit de la communauté ou du social (quoique influent) n'est pas envisageable. Le raisonnement par le capitalisme purement individuel est impossible dans le cas malgache, de même que l'homme économique désencastré du social.

Appliquer indifféremment le raisonnement microéconomique sur un occidental surinformé, suréquipé, individualiste, et sur un Malgache certes individualiste aussi, mais encastré dans un raisonnement social (résultant de divers facteurs mentionnés), souvent incompréhensible pour une rationalité occidentale, relève d'un collage qui aboutit à des équations heuristiquement séduisantes mais qui s'écarte de la réalité, pouvant aboutir à une incompréhension entre les économistes et le Malgache lambda.

2.2 Individualisme malgache - individualisme wébérien : un rapprochement possible

Dans les deux approches de l'individualisme, il s'agit d'un individualisme institutionnel. L'individualisme institutionnel, n'est pas une variable incompatible avec l'esprit du capitalisme.

Etant donné l'institutionnalisme de Weber, si son approche du protestantisme-capitalisme est une réflexion institutionnaliste crédible, alors *a priori*, cette forme d'individualisme malgache, qui est institutionnel, ne devrait pas être un obstacle majeur au capitalisme. Ainsi, il est possible de rapprocher l'individualisme que Weber développe, dans le cadre du protestantisme et celui du Malgache classique, aussi bien dans sa vie civile et communautaire, que dans le cadre de sa vie religieuse parce que dans les deux cas, il s'agit d'un individualisme intimement lié et conditionné par une institution, que ce soit l'église ou la communauté. D'ailleurs, l'église, dans le cadre malgache, fait partie de la communauté d'appartenance. Il est courant chez les Malgaches de demander si on est catholique ou protestant et où se situe le temple ou l'église qu'on fréquente, pour mieux se connaître.

Sur la question de l'individualisme donc, il n'y a pas d'opposition majeure entre celui déterminé par Weber et celui des Malgaches. Il n'est en revanche pas possible de mesurer précisément et de comparer les niveaux de pression ou d'influence de l'institution sur l'individu ainsi que son impact dans les décisions économiques individuelles. Est-ce plutôt l'automatisme qui prime, (qui entraîne une décision plus ou moins inconsciente) ou plutôt la contrainte.

Chapitre 8

LE TRAVAIL DANS LE PROTESTANTISME MALGACHE FACE AU CONCEPT WEBERIEN

Evoquer le concept du travail est primordial dans le sens où c'est l'élément central sur lequel s'est appuyé Weber pour développer son concept. Ce qui n'est d'ailleurs pas étonnant : s'il est un point sur lequel Weber se rapproche le plus de l'idée originelle de Calvin, c'est sur le cas du travail.

En revenant sur la théologie de Calvin, ce qui fait sa particularité c'est d'avoir mis le travail au centre de la pratique protestante : ***le travail est un véritable acte spirituel.*** A travers son travail, l'homme est le collaborateur de Dieu et prolonge l'activité créatrice et providentielle. L'homme ne s'accomplit que dans le travail, le travail n'est plus une malédiction, c'est une vocation. L'homme qui ne travaille pas ne peut accomplir sa vocation. Se soustraire au travail, c'est pécher, et l'oisiveté est condamnée par Calvin. Le chômage est une offense à l'homme et à Dieu car le travail est l'existence, c'est la vie.

Revenons au schéma de l'implication du travail sur l'enrichissement et l'accumulation capitalistique.

Si fonction de base est ***Y = F (K,L)***

Travail L1 → Revenu Y → Epargne S → Investissement I → Capital K → L2

Il s'agit d'essayer de comprendre le rôle qu'aurait pu jouer le protestantisme dans le comportement économique du Malgache. Pour ce faire, il faut essayer de procéder à l'interprétation économique du rôle du travail dans la vie de l'individu économique, de l'individu économique protestant, et enfin dans le protestantisme malgache, pour pouvoir mesurer les rapprochements et les décalages.

1 - La fonction d'utilité néoclassique du travail

Selon la définition économique et classique, le travail est l'activité rémunérée, considérée comme un facteur de production de l'économie (avec le capital). L'agent économique vend son travail en échange d'un salaire. Il est tout à fait possible dans ce cadre de conceptualiser la fonction de l'offre de travail.

Examinons ce qui détermine l'arbitrage de l'individu dans l'offre de travail néoclassique. Dans un modèle néo-classique et en théorie microéconomique, on prend comme hypothèse de départ un agent pratiquant un individualisme méthodologique qui décide d'occuper un emploi et dont l'arbitrage essentiel se situe entre le travail et le loisir. Le loisir est l'activité exercée durant le temps disponible en dehors du travail. Cette notion de loisir a évolué pour englober la liberté, l'oisiveté et, plus tard, le divertissement.

Eu égard à la conception hédoniste des néoclassiques, le choix vers le travail n'est pas directement la conséquence de la satisfaction que celui-ci procure mais plutôt l'utilité qu'apporte le travail par la possibilité de consommation qu'il apporte, ce qui tient compte de la contrainte du budget donc du revenu.

L'arbitrage du travailleur sera selon une fonction d'utilité présentée d'une manière simplifiée[254] :

$$U = U(C, Lo)$$

C = l'ensemble des biens et services consommés,

Lo = loisir

Opter pour ***C*** ou pour ***Lo*** amène à choisir le temps consacré au travail ou au loisir.

Si ***H*** est le temps total, et ***T*** le temps alloué au travail, une formule simple consiste à dire que :

$$U = U(H, H-T = Lo)$$

H-T étant le temps consacré au loisir.

---

[254] N. Lucchini (2011) : *La microéconomie en fiches*. Paris, Ellipses et H.R. Varian (2011) : *Introduction à la microéconomie*. Bruxelles, éd. de Boeck.

Si **p** est le prix lié à la consommation et **w** le salaire horaire du travailleur, on peut écrire l'équation de la contrainte budgétaire de la manière suivante s'il est supposé que tous les revenus du consommateur sont utilisés :

$$wH + R = pC + wLo$$

w est ici affecté à **Lo,** étant le coût d'opportunité car c'est le salaire auquel le travailleur renonce quand il s'abstient de travailler au profit du loisir.

Ces fonctions d'utilité peuvent être représentées par des courbes d'indifférences qui représentent des combinaisons de loisir et de consommation, qui fournissent un niveau d'utilité constant et qui, par conséquent, permettent de déterminer le TMS (taux marginal de substitution) entre la consommation (lié à un temps de travail conséquent) et le loisir. C'est la substituabilité entre la consommation (liée à un temps de travail conséquent) et le loisir (le temps consacré pour...) qui est intéressante dans cette approche.

2 - Essai de conceptualisation de la fonction d'utilité du travail protestant

2.1 Equation simple de l'utilité du travail protestant

Tout d'abord, l'hypothèse retenue est que le travail ne concerne pas seulement le travail salarié mais celui de l'entrepreneur aussi.

Ensuite, il ne s'agit pas ici d'un individualisme méthodologique mais institutionnel. Dans le cadre d'un individualisme institutionnel calviniste, la fonction d'utilité, si on peut l'utiliser ainsi, ne peut absolument pas valider la substituabilité de la consommation au loisir, (temps non travaillé) car ni l'une ni l'autre ne sont des variables déterminantes de l'éthique protestante, si on considère par exemple l'incitation à l'ascétisme[255] :

---

[255] Il est utile de rappeler que nous ne soutenons pas l'infaillibilité de ce genre d'éthique, ni sa validité dans le temps, ce qui nous intéresse c'est l'impact même minime que peut avoir ce genre d'éthique dans la pratique économique

- D'abord parce que la consommation ne représente nullement l'objectif logique du travail (mais plutôt l'épargne en vue du réinvestissement). La consommation consiste à garantir une vie acceptable sans verser dans l'Hédonisme ou dans la jouissance.

- Ensuite parce que le loisir (en dehors du repos utile) n'est que la représentation de l'oisiveté à proscrire dans l'éthique du protestantisme. La fonction microéconomique d'utilité :

$$U = U\,(C, Lo)$$

est invalidée car en aucun cas, C ne peut être la finalité du travail et le loisir ne peut se permettre de se substituer au travail.

Rappelons l'œuvre littéraire relatant le conseil d'un père protestant allemand dénommé Budddenbrook à son fils, le fameux : « *Travaille, prie et épargne* »[256] qui résume bien cette affinité capitalistique.

Dans l'optique protestante, si le travail est un véritable acte spirituel qui plaît à Dieu, la fonction d'utilité serait :

$$U = U\,(L, P)$$

***L** étant le travail* (qui n'a pas besoin d'être représenté par sa finalité consommatrice) et

***P** la prière et toutes pratiques spirituelles.*

L'épargne est la conséquence logique du Revenu généré par le travail, et surtout de la minimisation de la consommation.

Mais ce qui freine c'est la détermination du degré de substituabilité entre le travail (considéré comme un acte spirituel) et la prière (l'acte spirituel par excellence). Ainsi, il n'est pas possible de déterminer la forme exacte des courbes d'indifférence ou le taux marginal de substitution, cela relève

---

et les choix de l'individu.

[256] T. Mann (1901) : *Les Buddenbrook*, éd. Le livre de Poche

de la pratique individuelle de chacun selon sa conscience mais cet individu est institutionnaliste et non méthodologique.

Pourrait-on indifféremment (jusqu'où ?) réduire son temps de travail qui glorifie Dieu (donc ne pas travailler) pour prier, ou à l'inverse jusqu'où réduire le temps de prière et agir (travailler) pour la gloire de Dieu ? S'il est certain que les deux extrêmes (agir sans prier ou prier sans agir) portent préjudice à la raison d'être de cette fonction d'utilité, la mesure du taux marginal de substitution entre les deux variables reste indéterminée (même si certaines personnes prétendraient pouvoir y répondre). Il n'y a pas lieu d'établir un rapport de grandeur entre les deux variables.

Dans ce cas, on ne peut déterminer laquelle des deux variables est prépondérante sur l'autre. Malet (1977) relate l'expression de l'éthique de la vie quotidienne du protestant : « *(...) Repentance, prière, bonne œuvre sont autant de manifestations de cœur fidèle. (...). Les manifestations de la foi sont multiples : œuvres, prières, repentance, témoignent d'un cœur sincère* »[257]. Cette citation permet de voir les pratiques importantes du protestant sans préciser leur hiérarchisation.

Cependant, l'empirisme permet de déterminer que pour le fidèle λ le nombre d'heures consacrées au travail est (largement) supérieur, au nombre d'heures consacrées à la prière. Du point de vue quantitatif, le travail occupe plus le temps du fidèle que la prière, mais cela ne signifie nullement qu'en terme de valeur il est supérieur à la prière. Il s'agit ici, effectivement, d'une rationalité axiologique, voire d'une TRO (Théorie de rationalité ordinaire de Boudon).

La seule certitude avancée ici, c'est que dans l'optique protestante, le rapport :

$$\frac{T}{Pr} >> 1$$

Pr : temps de prière.

[257] N. Malet (1977) : *Dieu selon Calvin : des mots à la doctrine*. Ed. L'âge d'homme.

T est très supérieur à Pr, sinon, ce serait une attitude contemplative qui est admise dans une tradition catholique, mais récusée par les protestants, car celle-ci peut être traduite comme une oisiveté.

L'équation budgétaire n'est pas ici déterminante car la rationalité sur laquelle est basé le choix individuel est axiologique (présence de la valeur) et non dans une optique de finalité de gain.

C'est ici également que l'individualisme institutionnel est confirmé car si ce choix du rapport $\frac{T}{Pr}$ est du ressort de l'individu (individuel), la religion protestante (l'institutionnel) préconise que ce rapport ne doit pas être au détriment de T même si *Pr* est un élément primordial de la vie pieuse. *Pr* n'est donc pas parfaitement substituable à T.

Mais *Pr* ne doit pas être égal à 0, sinon c'est l'éthique protestante qui est remise en question, il y a un minima de *Pr*.

2.2 Etude empirique de Robert Barro

Considérons quelques éléments de l'étude empirique de Robert Barro sur ce point[258] : il soutient la relation entre la religion et la vie économique et sociale. La religiosité est ainsi une variable qui a un impact sur la sphère sociale, les performances économiques et éventuellement les institutions politiques.

Cette théorie repose sur le fait que la religion a une influence sur l'économie, par le facteur du comportement individuel, et éventuellement la productivité des individus, c'est-à-dire l'efficience du travail. Ce travail est intimement imbriqué à l'honnêteté, à l'éthique et à d'autres facteurs qui, semble-t-il, favorisent aussi la confiance. Cette dernière est un élément essentiel de la transaction et de la convention, même si dans d'autres situations, la religion peut limiter le dynamisme économique quand elle restreint le crédit ou certaines

[258] Barro R. (2004) : "religion faith and economic growth: what Matter most-Belief or Belonging?" in *Héritage lecture*, n° 841, 17 juin 2004.

transactions commerciales par la pression sur les fidèles ou par une influence sur l'Etat.

Barro a tout d'abord constaté que le haut revenu et un PIB élevé sont reliés à une faible religiosité. C'est l'hypothèse de sécularisation (lien entre enrichissement et non religiosité), toutefois il nuance ce résultat en précisant que c'est l'enrichissement qui entraîne la faible religiosité et non l'inverse. Ce qui ne remet donc pas en cause l'impact de la religion (ou croyance religieuse) sur l'économie, surtout que le pays le plus riche du monde, les Etats-Unis, a un degré de religiosité importante.

Il constate que dans les pays en général, la relation entre croissance économique et religiosité est fragile, en revanche, son étude empirique a démontré que les croyances, en particulier, influent sur l'économie. Barro a cité en particulier les croyances relatives à l'enfer (qui limitent les mauvaises actions) et qui ont un impact important sur la performance économique. ***C'est dire de l'influence prépondérante de la théologie eschatologique sur l'attitude productive, l'éthique productive et la croissance***. En revanche, la croyance globale en Dieu et/ou la religiosité n'ont pas une relation établie avec la croissance.

Barro établit donc l'influence des pratiques religieuses sur la croissance plutôt que l'inverse. Pour lui, il s'agit non pas d'une simple corrélation mais d'une relation de causalité entre les pratiques nées de la religion et des croyances et la performance économique. Sur ce dernier point, Barro, économiste réputé, est allé plus loin que Weber qui, plus prudent, avait évoqué « l'affinité élective » entre capitalisme et protestantisme, sans oser aller dans le sens d'un lien de cause à effet direct. Dans une approche par abduction, il est utile de rappeler que notre approche considère ce lien comme un facteur parmi tant d'autres et non le seul déterminant, influant sur la croissance économique.

Enfin, toujours selon l'étude, la pratique d'une religion ou d'une croyance entraîne une influence positive sur la croissance (dynamisme économique) mais si cette pratique est très assidue, l'effet inverse se produit : un impact négatif sur le dynamisme économique. La participation assidue aux différents services influence la croyance mais en outre absorbe du temps et des ressources, ce qui affaiblit la croissance.

Les constatations de Barro sont édifiantes car sur ce point elles rejoignent les analyses de Weber, et si la pratique assidue semble aller à l'encontre de l'impact positif de la piété sur la croissance, l'analyse de Barro et celle de Weber sont compatibles.

2.3 Convergences entre Weber et Barro sur la Religion, la croissance et travail

La certitude que seule la religion protestante peut influer positivement sur la croissance et le capital est écartée. Barro aborde le sujet sur les religions en général, mais il n'y a pas de contradiction majeure entre Weber et Barro par rapport à l'élément principal de l'étude qu'est la prédisposition au capitalisme du protestantisme, et d'en expliquer ainsi les facteurs importants.

Si le rapport, $\frac{T}{Pr}$ est retenu, rajouté à l'explication de Barro sur la baisse de la croissance économique avec l'augmentation de la pratique assidue de la religion, alors la raison pour laquelle Weber soutient que le protestantisme est un terreau de la croissance et du capital est non seulement compréhensible mais soutenable.

Le protestantisme calviniste estime que le travail productif (suivant une éthique rigoureuse) est un acte spirituel, de ce fait il est élevé au même niveau que la prière comme un élément déterminant de la piété. Mais il faut être précis sur ce point : l'augmentation (considérable) des heures de pratiques religieuses (assister aux services, activités confessionnelles,...) voire des heures de pratique de prière, n'est pas en soi blâmable, en revanche, ces dernières effectuées au détriment des heures de travail sont condamnées par l'éthique calviniste. Il ne faut pas que derrière l'assiduité religieuse se dissimulent l'oisiveté et la paresse, justifiées par une soi-disant rationalité en valeur.

Ce rapport (autant que l'oisiveté) $\frac{T}{Pr}$ est la hantise des calvinistes et des puritains, quand bien même ces derniers seraient un dévoiement de la pensée calviniste originel.

C'est à travers le travail que se rapprochent l'éthique protestante et le capitalisme, à savoir le développement du capital, quand bien même l'incitation originelle n'est pas la même. Si la motivation du travail chez le néoclassique est la consommation et relève de la rationalité en finalité et de l'individualisme méthodologique, le travail du protestant (tel que prescrit par Calvin) relève de la rationalité en valeur et de l'individualisme institutionnel. Les classiques et néoclassiques sont hédonistes, les protestants puritains sont ascètes (cela a bien changé car l'enrichissement entraîne indubitablement la rente), mais les deux approches amènent au point central du travail productif.

Ce paradoxe, inconcevable pour certains, est éclairé par le dialogisme complexe et la très récente et sérieuse analyse de J-P Dupuy (2014) qui soutient la cohérence de la thèse wébérienne: « *la thèse de Weber est discutée aujourd'hui plus que jamais, les sociologues et les historiens ne se privant pas de la mettre en accusation au double chef de son absence de cohérence logique et de son inadéquation des faits. (...) La thèse a la forme d'un paradoxe. Mais un paradoxe n'est ni une incohérence, ni une contradiction. (...). Je n'entends pas soutenir la thèse de Max Weber dans tous ses aspects ; simplement la défendre contre les incompréhensions majeures* »[259].

3 - Le travail dans le protestantisme malgache

Le travail traduit-il le même concept dans le protestantisme calviniste et dans le protestantisme calviniste malgache ? L'approche de l'essence du travail chrétien n'est pas la même

[259] J.-P. Dupuy (2014) : *L'Avenir de l'économie*. Paris, Flammarion.

selon les contextes et la valeur, et surtout la place du travail séculier dans la théologie varie sensiblement du protestantisme originel à sa variante malgache.

La réponse à la question est ainsi sans équivoque. J. Ramamonjisoa avait évoqué l'héritage puritain dans les mœurs et surtout dans la parole mais pas dans le comportement économique[260].

Quelles en sont les causes ? Une démarche plutôt abductive a été choisie pour essayer d'y apporter des réponses et ne prétend ni à l'exhaustivité ni à la certitude dans le cadre d'une approche complexe.

3.1 La motivation au travail dans le protestantisme malgache

La première question fondamentale qui s'impose est la signification du terme « travailler » dans son acception usuelle et dans le cadre du protestantisme malgache.

Les réponses peuvent diverger, mais le sens le plus courant qui s'impose est l'accomplissement des services et des œuvres dans le cadre de la pratique religieuse. Par l'expérience de notre très longue pratique[261], « Travailler » est un terme récurent dans une optique ecclésiale mais il s'agit invariablement des actes relatifs aux missions que s'est assignée l'église : d'abord l'évangélisation sous toutes ses formes, toutes activités prosélytes, les missions de réconfort des mouvements de réveil, les services des diacres ou les œuvres de charité…

---

[260] Entretien avec Mme J. Ramamonjisoa (2008).

[261] Nous sommes protestant calviniste pratiquant depuis notre enfance et sans discontinuité, tout en ayant été en revanche élève des jésuites durant de longues années. Nous avons également longuement fréquenté une église luthérienne et des églises évangéliques durant nos études en France. Nous avons eu diverses responsabilités au sein des paroisses. Ayant été pratiquant dans un temple protestant réformé citadin durant notre jeunesse, nous pratiquons actuellement à la campagne.

On peut conceptualiser une fonction d'utilité :

$$U = U\ (Lp, Pr)$$

Lp représente les œuvres effectuées dans le cadre ecclésial reconnu d'utilité par la paroisse.

Ce ***Lp*** *est* censé être la manifestation de la foi et de ce fait l'expression par les actes de piété et donc de la prière.

Lp est alors $\frac{\delta Pr}{Pr}$, étant donné que ***Lp*** est le dérivé de la prière, et

conditionné par cette dernière.

De ce fait,

$$U = U\ (\frac{\delta Pr}{Pr}, Pr)\ Pr$$

Cette fonction d'utilité dans le cadre du protestantisme malgache sort totalement du cadre de la sacralité et de la spiritualité du travail et du métier tel que le calvinisme les a conçus. L'arbitrage se fait entre participer aux activités de prière ou aux œuvres qui en découlent selon la conception de l'église

Il ne s'agit nullement de critique, mais d'une constatation. Les grands capitaines d'entreprises malgaches peuvent être indifféremment protestants ou catholiques, et ceux avec qui nous avons discuté n'ont guère évoqué l'importance de leur appartenance confessionnelle dans leur réussite mis à part le cas remarquable de la famille Ramanandraibe[262]. L'environnement familial et cette pression communautaire à la réussite en constituent souvent les incitations majeures et le moteur principal. Les temples seront ensuite un lieu d'expression de leur recherche d'épanouissement ou de respectabilité.

---

[262] M. Ramanandraibe, Entretien, Antananarivo 2017.
Marcel Ramanandraibe a évoqué la place centrale de l'épargne et de la capitalisation dans leurs affaires familiales, une valeur bien protestante a-t-il précisé. Son père, feu Joseph Ramanandraibe, fondateur du groupe, avait insisté sur l'importance de la simplicité, l'humilité et la discrétion.

Ainsi le rapport $\frac{T}{Pr}$ est *a priori* exogène du protestantisme malgache, tout simplement parce qu'il n'y a pas de théologie du travail, sur l'acte de production, le métier, qui fait de l'homme un créateur à l'image de Dieu selon la conception calviniste. Ce rapport $\frac{T}{Pr}$ pourrait éventuellement être évoqué quand il est question d'un reproche adressé par la communauté à celui qui se soustrait à ses obligations confessionnelles pour cause de travail, mais pas l'inverse. Il est même possible que le travail en tant qu'existence sociale peut être substitué par le travail confessionnel en tant qu'existence sociale. Certes, des activités productives peuvent être organisées dans certains groupements, des projets de développement existent, mais l'éthique du travail, de la production destinée à l'*Homo-protestantius* malagasy, telle que prescrite par Calvin, n'existe pas.

Tandis que s'enrichir est très important pour exister et s'imposer au sein de la communauté (y compris confessionnelle : notons l'omniprésence de la rationalité « magique » malagasy) indépendamment de la source d'enrichissement. Mais comment faire pour y parvenir ? Le moyen importe peu, avec un travail acharné ou pas. C'est plutôt une économie de rente qui prédomine dans la société malgache, corollaire d'une économie de prédation qui souvent, enrichit les uns mais appauvrit les autres et peut même porter préjudice à l'intérêt général. Notons entre autres les différents trafics : bois précieux, pierres précieuses, or, fausses déclarations à l'importation, à la douane…

La constatation supra concerne d'abord les grandes villes car en même temps dans les temples de campagne pauvres et démunis, c'est l'économie substantive qui prévaut (sauf dans les régions où des ressources naturelles sont disponibles). En tout état de cause, il n'y pas de processus de croissance et de développement sur le long terme, impulsé par les confessions.

Un net décalage est observé entre le protestantisme calviniste interprété par Weber et le protestantisme malgache. Par abduction, en quoi le protestantisme malgache aurait-il pu influer sur l'économie malgache dans le bons sens, quand bien même n'est-ce peut-être pas son rôle principal ? Pourquoi le concept du Weber sur le travail protestant ne s'est-il pas opéré dans le contexte malgache ?

3.2 Les causes de l'inapplicabilité du concept du travail protestant dans le contexte malgache

Pourquoi le concept central du travail n'a-t-il pas été déterminant dans le protestantisme malgache ? Pourquoi le travail n'est-il pas consacré ? Pour ce faire, le cheminement de la pensée de Weber est appliqué, c'est-à-dire une approche hétérodoxe qui va de l'extra-économique vers l'économique. La réponse se situe dans le rôle central de **la prédestination**. Paradoxalement, la prédestination n'entraîne pas la résignation, mais au contraire, un combat permanent, car la défaillance ou le « décrochage » signifie la non-élection. Défaillance est signe de non-élection, mais ce n'est pas l'acte qui permet l'élection, donc il faut persévérer pour garder l'assurance de cette élection.

La prédestination, sans en être l'origine, a eu un rôle dans le développement du capital : la solitude face au salut qui constitue une pensée individualiste, une liberté qui s'exprime par des contraintes volontaristes et une rationalité qui élimine le poids du rituel au profit de l'éthique : une action moins tributaire de la « magie ».

Ce bref rappel permet de situer le protestantisme malgache face à son origine calviniste. La première constatation est l'élimination de la théologie de la prédestination dans le protestantisme malgache.

3.2.1 La théorie de la prédestination évacuée

La prédestination est évacuée du protestantisme malgache. Nous n'avons jamais pu relever l'évocation de ce concept, ni dans les enseignements pour les catéchumènes, ni dans la théologie dogmatique, ni dans les prêches. La prédestination ne constitue nullement la base doctrinaire du protestantisme malgache. Tout le monde est appelé à l'élection (prééminence de la théologie de la grâce divine) et doit avoir l'assurance de son salut : être né de nouveau[263].

Si l'individualité du salut reste un élément primordial, cette notion d'angoisse permanente du croyant malgache face à son salut est totalement absente. Le protestant malgache, du simple croyant au système clérical, est confiant, plus que confiant. Le discours eschatologique, qui normalement influe sur l'éthique et la pratique religieuses, a moins d'impact sur des chrétiens rendus confiants par la grâce et la miséricorde de Dieu. Or, Barro a empiriquement relevé l'influence de l'eschatologie sur le dynamisme économique. Si le système a adopté un discours teinté de puritanisme et une pratique très marquée, sa confiance en son salut, du moins l'inexistence de la crainte de ne pas être élu, n'entraîne pas une éthique de comportement et surtout une éthique économique qui le singularise vis-à-vis des autres confessions. Ce protestantisme est surtout très attentif aux questions concernant les croyances, les pratiques traditionnelles, les problèmes d'ordre sociologique (ex : sur les groupes statutaires ou sur les castes, etc.) et enfin d'ordre politique : les enjeux de pouvoir mais pratiquement pas aux pratiques économiques.

Il s'agirait d'un protestantisme plus communautaire que d'éthique individuelle. Ce qui est compréhensible car l'objectif de l'*homo malagasi* est d'abord d'assurer sa place au sein d'une communauté puissante qui a un impact réel sur sa vie.

L'éthique individuelle est reléguée au second plan car elle est moins visible par rapport aux actions de pratiques religieuses au sein de la communauté. La richesse est visible mais l'action pour l'acquérir ne l'est pas. L'éthique pour acquérir la richesse se trouve moins valorisée (et souvent négligée) par rapport à la richesse elle-même qui reste la plus importante et qui est même bien intégrée dans la fonction utilité du protestantisme malgache, quand elle sert (surement en partie) au fonctionnement de la communauté et de la pratique religieuse. La question de son origine ne se pose même pas.

---

[263] Selon l'évangile de Jean 3: 1-21.

En revenant à l'équation, elle est ainsi :

$$U = U\left(\frac{\delta Pr}{Pr}, Pr\right)$$

Le don accordé à l'église relève de ***Lp*** traduit par $\frac{\delta Pr}{Pr}$ étant donné que ***Lp*** est le dérivé de la prière. La considération du travail productif en tant que variable essentielle de l'éthique protestante est évacuée. Si plaire à Dieu dans le protestantisme « calvino-wéberien » c'est d'abord travailler selon sa volonté, dans le protestantisme malgache, le don de la richesse acquise est plus importante (il n'y pas que celui-ci mais c'est ce qui est retenu dans la présente analyse).

La création de la vraie valeur ajoutée pour la gloire de Dieu n'est pas plus déterminante aux yeux du croyant que la possession par l'économie de rente et l'économie prédatrice. Le travail n'y est pas valorisé.

Ce problème est encore plus accentué dans les églises évangéliques (heureusement pas toutes) qui professent la théologie de la prospérité : on prie et pratique pour la réussite matérielle, tout en négligeant le processus pour y arriver.

Il a été entendu à la radio un prédicateur qui a déclamé que grâce à Dieu, un croyant venait d'acquérir un outil de transport par la force de sa foi, pour préciser ensuite : «*je ne vous expliquerai pas les détails du processus, ce n'est pas important, l'important c'est qu'il l'a eu (en deux semaines) grâce à sa foi* ». Pour noter ici l'effet dévastateur de ce genre de propos dans l'éthique du travail et le processus productif en général, les deux semaines aussi signifient que le temps si important dans l'accumulation du capital est rendu insignifiant par la rapidité du processus magique. C'est ce qui amène à voir la deuxième cause liée à la rationalité.

3.2.2 La rationalité magique ou la substituabilité de la pratique religieuse au travail

Tout d'abord, pour éviter toute interprétation erronée, il n'y a ici aucun jugement de valeur de la pratique de la piété et de l'éthique de travail, si les deux sont complémentaires, la question de leur substituabilité reste une problématique majeure. Pour rappel, toute action dans le cadre de religiosité (appelée travail par le protestantisme malgache) est intégrée en tant que dérivée directe de la piété donc ***Lp*** et non pas ***L.***

Cette rationalité magique évoquée supra n'a pas forcément pour effet direct de détruire le travail et la fonction travail. Cependant, si Weber explique la rationalité (axiologique) comme un élément essentiel de la croissance du capital et de l'économie moderne, la rationalité magique réduit l'efficience de la productivité. Cette rationalité magique réduit la rigueur, la primordialité de la comptabilité, la qualité du travail fourni et octroie le mérite de la réussite à un facteur transcendant qui échappe à la volonté de l'homme, non dans le sens d'un objectif d'humilité mais par une forme de fatalisme, ou de déterminisme divin (*sitrapon'Andriamanitra* : volonté de Dieu).

Plus particulièrement dans certaines églises évangéliques : il n'est point surprenant de voir des personnes qui pratiquent tous les jours de la semaine, parce qu'ils sont au chômage, ou certaines personnes qui n'hésitent pas à démissionner ou à se morfondre, parce que le congé pour aller assister à un rassemblement, une campagne d'évangélisation etc. leur a été refusé. Il est certain que, pour eux, pratiquer leur religiosité peut se substituer à un travail actif et peut être aussi efficace qu'une recherche active et sans relâche d'emploi. La pratique religieuse est substituable jusqu'à un certain degré au travail.

Ce qui n'est pas étonnant car cette forme de religiosité selon eux peut leur garantir la subsistance au même titre que l'activité. Qu'importe le moyen pour réaliser cette subsistance, le miracle, par essence exceptionnel, est considéré comme normal. En tout état de cause, le miracle est le parfait substitut du travail. Plus de pratique religieuse, plus de prière, est un excellent déclencheur de miracle. Ce qui agrandit l'autorité de la communauté religieuse et cléricale sur le croyant et réduit encore sa rationalité individuelle. Ainsi, l'importance de l'éthique du travail n'est pas au centre de la préoccupation protestante malgache.

Le fameux **désenchantement du monde** de Weber ne s'est pas opéré, ou du moins a eu un effet très limité à Madagascar.

$$U = U\,(L, Pr)$$

et

$$U = U\,(\frac{\delta Pr}{Pr}, Pr)\ Pr$$

sont équivalentes dans un cadre « magique » ou « enchanté », quoique le degré de substituabilité pour chaque croyant entre ***L*** et $\frac{\delta Pr}{Pr}$ reste individuel et subjectif. Rappelons que Barro estime que l'augmentation de $\frac{\delta Pr}{Pr}$ a un impact négatif sur le dynamisme économique car il réduit ***H-T*** (heure de travail). Chez bon nombre de croyants, cette baisse de productivité peut être contrebalancée par l'apparition de miracles et de bénédictions obtenus avec l'augmentation de $\frac{\delta Pr}{Pr}$.

Une fois de plus, ici le travail n'est pas le domaine de prédilection de l'éthique religieuse.

3.3 Le travail : un facteur exogène à l'éthique protestante malgache

Tout d'abord la fonction d'utilité néoclassique du travail est altérée par une approche institutionnelle protestante classique, mais en outre cette institution protestante s'est encore transformée dans un contexte institutionnel malgache. La fonction d'utilité néoclassique du travail n'a plus qu'une vague parenté avec la fonction d'utilité protestante malgache du travail pour signifier notre adhésion à un postulat de variabilité de certains concepts économiques, selon les institutions dans lesquelles elles s'insèrent. Nous adhérons au principe de Weber, quand ce dernier énonce que les modèles ne sont pas systématiquement applicables en tout lieu, et vraisemblablement en tout temps compte tenu du principe évolutionnaire.

Si le travail est essentiel dans une optique néoclassique pour satisfaire à un besoin hédoniste de consommation et donc intimement lié à ce dernier, le travail dans une optique wébérienne du protestantisme est vital tout en s'autonomisant de la consommation et en étant une valeur centrale de l'ascétisme. Dans le cadre contextuel malgache, le travail en tant qu'activité productive et créatrice de valeur ajoutée est une variable exogène de la pratique du protestantisme malgache.

Puisque le travail n'est point particulièrement valorisé dans le système protestant malgache alors que le riche est très mis en valeur, il n'est ainsi pas surprenant de constater que le protestantisme malgache n'est pas un vecteur particulier de dynamisme économique pérenne, encore moins d'accumulation d'un capital « sain », ou d'émulation entrepreneuriale.

La pratique assidue de religiosité prédomine sur l'éthique, de telle manière qu'il y a une absence de continuité claire entre la vie confessionnelle et la vie séculière ou intramondaine, malgré un discours puritain bien huilé dont la majorité maîtrise parfaitement l'usage. La rigueur protestante n'est pas perceptible aussi bien dans la vie courante que dans la qualité du travail effectuée car bien faire son travail relève plus de la vie laïque que d'un acte spirituel. Bien gagner sa vie permet en revanche d'intégrer très rapidement la communauté et d'y influer. Dans le protestantisme malgache, le communautarisme prévaut sur la discipline privée, « le » politique et la pratique « voyante » priment sur l'économique et l'éthique individuelle est souvent silencieuse. Il est clair qu'aucune théologie ni éthique économique propre au protestantisme n'est réellement présente dans le contexte malgache.

Cependant en tant qu'institution, le protestantisme, dont l'influence sur une partie de la population est avérée, devrait avoir un rôle non négligeable à assurer dans le développement et le dynamisme économique du pays, non seulement parce qu'un peuple pauvre n'a pas le minimum de dignité, mais qu'une église qui ne promeut pas le bien-être et le développement humain de ses fidèles n'a pas une légitimité justifiée, même si elle dispose d'un réseau d'influence traditionnel.

Chapitre 9

LE PROTESTANTISME MALGACHE : DE L'INSTITUTIONNALISME POLITIQUE A L'INSTITUTIONNALISME ECONOMIQUE

Ce dernier chapitre relève le constat d'inapplicabilité du concept wébérien dans le contexte malgache, non pas parce que ce concept n'est pas pertinent mais parce que des facteurs brident le déploiement de l'éthique économique protestante.

Le problème économique malgache est multidimensionnel et une approche par une solution moniste est utopique. Cette réflexion mérite d'exister sans prétendre être la seule déterminante, mais ignorer l'impact (ou le potentiel d'impact) de la religion en général et celui du protestantisme dans la vie socio-économique des Malgaches et dans des décisions microéconomiques en particulier, est irréaliste. C'est apporter une réflexion dans une optique de simple extrapolation, car l'*homo malagasi* n'est pas l'être asocial hyper-rationnel du modèle néoclassique.

La présente étude ne défend pas aveuglément la pensée wébérienne, mais il est certain qu'elle a l'immense mérite d'exister, elle ne demande qu'à être affinée et constitue jusqu'à aujourd'hui une base solide de réflexions. La principale cause de la faiblesse du discours sur l'éthique économique du protestantisme malgache relève de son histoire.

1 - Le poids de l'histoire du protestantisme malgache : la prédominance du politique

L'entrée officielle et durable du protestantisme à Madagascar par le biais de la L.M.S (London Missionary Society) fut l'appendice d'un traité politique signé entre les Anglais et le roi Radama Ier en 1820. V. Huyghues-Belrose (2001), se référant aux divers écrits britanniques et malgaches, estime « *que le seul souci de Radama était de procurer des artisans et des enseignants techniques et qu'il acceptait la christianisation comme une condition peu gênante imposée par ses interlocuteurs britanniques »*[264].

Il est toutefois important de noter les récits historiques d'Huyghues-Belrose selon lesquels les missionnaires britanniques, au fil du temps, réalisèrent leur idéal puritain d'effort, de travail, d'économie et de prière[265]. Il va même plus loin quand il voit dans la récompense de ¼ de piastre en argent que le Roi donnait aux élèves méritants une influence de l'idéologie « capitaliste » des congrégationalistes qui stipule que tout travail dégage un profit terrestre et que les missionnaires ne séparaient point le bonheur en ce monde de celui à venir, même si l'œuvre ne garantit pas le salut[266]. Ce qui se rapproche bien du concept de Weber. Toutefois, selon J.T Hardyman la manière dont les missionnaires interdisaient toute volonté de mouvement ou de geste lors des chants, « *renforça chez les Malgaches l'impression que le christianisme n'impliquait pas d'action de la part du croyant, mais une acceptation passive du message divin* »[267]. Ce qui, certes, a beaucoup évolué dans le temps notamment sous l'influence des églises évangéliques.

Mais au-delà de ces quelques faits somme toute assez limités, Huyghues-Belrose affirme la primauté du politique[268] dans les pratiques religieuses malgaches et conclut que l'organisation de la L.M.S a fait en sorte que sa mission ne pouvait s'implanter dans un pays sans l'appui d'un pouvoir fort[269]. Pour rapporter ensuite, en des termes sans équivoque des faits que « *combien les missionnaires assiégeaient le pouvoir royal, comment ils se*

---

[264] V. Huyghues-Belrose (2001) : *Les premiers missionnaires protestants de Madagascar (1795-1827)*. Paris, Inalco-Karthala. p. 274.

[265] *Ibid.* p. 324

[266] *Ibid.* p. 332.

[267] J.T. Hardymann (1952) : *The principles and Methods of Missionary Work illustrated by the work of the L.M.S.* in *Madagascar to 1920*. Thesis for the degree of Bachelor of Divinity, University of Oxford. Cité par Belrose, *op. cit.* p. 343.

[268] Belrose-Huygues, *op. cit.* p. 380.

[269] *Ibid.* p. 392.

servaient de leurs élèves pour constituer un groupe de pression, comment ils leur ont donné la tentation du pouvoir et de l'utilisation de la religion chrétienne à des fins politiques, tout ce dont saura se souvenir leurs disciple indirect, le premier ministre Rainilaiarivony (de 1863-1896) »[270].

En tout état de cause tout au long de l'histoire - du royaume aux régimes actuels en passant par la colonisation à des degrés variables - l'Etat et la religion chrétienne malgache s'étaient toujours mutuellement influencés, sans influer sur le dynamisme économique. Il ne s'agit pas d'une critique mais d'un constat. L'argumentation qui stipulerait que l'économique n'est pas le rôle de la religion - sa priorité étant la question spirituelle - est de mauvaise foi car quand elle s'immisce dans les questions politiques, c'est non seulement accepté naturellement par le peuple, mais surtout parce que l'église justifie cette immixtion à grand renfort d'écritures saintes et de théologie.

2 - La dépendance du sentier du protestantisme malgache

La dépendance du sentier ou *path dependence* selon North[271], explique que les difficultés d'évolution ou de changement d'un système institutionnel ne sont pas seulement d'ordre technologique mais liées aux comportements des individus au sein des institutions. De ce fait, le protestantisme malgache, à l'image de toute autre institution - et malgré des discours de rénovation ou de réforme - résiste au changement et bénéficie d'une orientation héritée du passé notamment dans sa relation avec le politique.

Bruno et Bonoli s'expriment en ces termes pour expliquer la position de North sur ce cas de dépendance : « *Douglass C. North a montré l'importance de ces analyses pour comprendre les processus d'émergence et de changement des institutions. Pour cet auteur, ce phénomène de "dépendance au sentier"*

---

[270] *Ibid.* pp. 392-393.

[271] D. North (1990) : *Institutions, Institutionnal Change et economic performance*, Cambridge University Press.

tient moins aux technologies elles-mêmes qu'au comportement des individus au sein des institutions. Ces analyses expliquent pourquoi les institutions sont stables, résistent au changement. Changer signifierait perdre l'amortissement et les rendements croissants des investissements de départ, et devoir investir à nouveau ; il faudrait aussi reprendre les processus d'apprentissage ; ce serait risquer de ne plus être coordonné avec les autres institutions : il faudrait enfin changer d'anticipation, être capable de prévoir les nouveaux comportements adaptés »[272].

Pour North, dans le contexte du *path dependence*, le changement institutionnel est souvent rigide. Démanteler totalement une institution étant impossible, il existe toujours un effet de verrouillage (*lock-in*), quand bien même une amélioration de la vie des individus est constatée. L'histoire joue un rôle prééminent et comprendre le protestantisme malgache d'aujourd'hui revient à retracer le passé, pour y trouver les racines des pratiques actuelles.

Si le concept wébérien n'est pas applicable dans le contexte de la pensée et du protestantisme malgache, l'histoire y apporte un éclaircissement pertinent. En effet, les éléments qui déterminent l'*homo-oeconomicus* - à la base du fonctionnement du capitalisme - ne se retrouvent pas dans le contexte général de la pensée malgache.

Si l'individualisme malgache est institutionnel, ce qui - *a priori* - n'est pas un obstacle insurmontable à l'esprit du capitalisme, la rationalité magique malgache en revanche favorise la prééminence de variables exogènes, au détriment des variables propres à l'économie, ce qui bride l'importance du choix purement économique au profit des questions d'ordre métaphysique et immatériel. Cette rationalité magique est liée à une conception du temps cyclique et surtout événementiel qui réduit la visibilité dans le sens où la prévision est bridée.

---

[272] P. Bruno & G. Bonoli (1999) : « Phénomènes de Path Dependence et réformes des systèmes de protection sociale » in *Revue française de science politique*, 49e année, n° 3, 1999. pp. 399-420.

Le protestantisme malgache favoriserait cette rationalité magique, quand il valorise (même indirectement) la réussite matérielle, sans insister sur la voie éthiquement correcte pour y arriver. Le travail qui est l'un des éléments les plus importants dans l'éthique calviniste, n'est pas apprécié à sa juste valeur, la réussite matérielle qui se rapporte à une cause miraculeuse, voire messianiste, est aisément admise et occulte la cause économique et mécanique d'une d'accumulation obéissant à une progression naturellement plus arithmétique que géométrique. Plus la réussite est rapide et fulgurante, plus elle suscite la fascination car elle présuppose le rôle de la bénédiction et du miracle, de la volonté de Dieu, sans tenir compte qu'avant tout, l'économie malgache est d'abord dominée par la rente et surtout par la prédation qui vont à l'encontre de l'éthique protestante.

L'analyse de Facchini sur le lien rente-prédation est bien édifiante : « *L'existence de mentalités rentières peut, par exemple, empêcher les hommes d'entrer dans une relation marchande. Ils vont se détourner du marché pour chercher à s'enrichir par la prédation* »[273].

Le protestantisme malgache n'a pas joué son rôle éthique en tant que contrepoids, - même si c'est relativement déséquilibré - face à cet état institutionnel de l'économie malgache, ne serait-ce qu'au nom de la lutte contre cette inégalité économique insupportable (qui existe d'ailleurs entre pasteurs de villes et pasteurs des campagnes). En effet, la rente et la prédation amoindrissent la place du travail dans l'économie, ainsi que son impact en tant que facteur de lutte contre la pauvreté et de mutation de la structure économique.

Acemoglu, Johnson et Robinson (2002)[274], dans une étude économique empirique sur des pays anciennement colonisés,

---

[273] F. Facchini (2008) : « Culture, Diversité Culturelle et développement économique. Une mise en perspective critique de travaux récents » in *Revue Tiers Monde*, 2008/3 n° 195, p. 523-554.

[274] D. Acemoglu, S. Johnson, J.A. Robinson (2002) : "Reversal of Fortune: Geography and Institutions in the Making of the Modern World Income Distribution", *The Quarterly Journal of Economics*, 117 (4) : 1231-1294. Cité

ont montré la prédominance du facteur institutionnel dans la performance économique. Des « institutions d'extraction » ont été mises en place par les pays colonisateurs et ont servi à exploiter les ressources disponibles dans le cadre d'une économie de rente. Ces situations, pouvant être rentables à court terme, n'ont cependant pas favorisé la concurrence et l'innovation, entraînant une économie très peu compétitive dotée d'institutions inefficientes. Ce sont plutôt d'autres pays dotés d'institutions favorisant l'innovation et le dynamisme entrepreneurial, donc plus aptes à faire face à une économie moderne, qui ont pu mieux appréhender l'économie de marché.

Le protestantisme malgache aurait pu, mais n'a pas pu devenir, une institution qui favorise l'innovation, la compétitivité et le dynamisme économique dans le sens où il n'a jamais pu ou n'a pas voulu se démarquer de son héritage politique qui continue à influer nettement sur le cours de son histoire. En dehors de son rôle religieux traditionnel, le calvinisme et à moindre mesure le luthéranisme malgache, sont des institutions très orientées « au » politique. La tendance du protestantisme malgache s'inscrit dans le sillon tracé par la genèse de son arrivée à Madagascar et de sa stratégie d'implantation dans la société malgache.

Dans le cadre d'une approche par l'économie évolutionnaire, la trajectoire de la firme ou de l'institution est fonction de son histoire particulière et des routines accumulées. Le protestantisme malgache est aussi effectivement largement tributaire d'une somme d'habitudes accumulées. Le protestantisme malgache entre dans le cadre de la ***dépendance du sentier,*** dans sa vision générale, y compris dans son appréhension de l'économie. Une vision ou une prévision sur le long terme n'existe pas, l'approche magique - liée à une conception événementielle du temps et une sensibilité politique beaucoup plus aiguisée - prédomine.

---

par C. Hédoin (2011) in « Institutionnalisme en économie » in Dicopohttp://www.dicopo.fr/.

Sur ce point, et suivant la théorie de l'économie de la régulation, Amable (2005)[275] et Boyer (2004)[276] estiment que des formes de capitalisme sous optimales peuvent exister et résultent de contingences historiques ou de choix institutionnels faits dans le passé et qui perdurent en raison d'une forme de dépendance du sentier. Ces axes de réflexions peuvent aider à mieux comprendre les causes de l'orientation institutionnelle du protestantisme malgache.

Cette dépendance du sentier entraîne une certaine inertie de l'institution dans sa propre représentation mais également dans sa représentation de son monde ainsi que de son rôle dans la promotion de l'homme et de l'évolution concrète de son milieu ambiant. Le protestantisme malgache est dans cette situation, non seulement parce que la tradition pèse (alors que les effets de la mondialisation se font sentir de plus en plus) mais aussi, parce que l'institution religieuse, étant une forme de manifestation très marquée d'un pouvoir sur la population, hésite à procéder à une réforme réelle, de peur de perdre cette emprise.

Le pouvoir du magique[277] prédomine (nous n'en sommes pas contre, mais quand il devient un frein au développement économique et social nous ne pouvons y adhérer), et relègue le pouvoir de changement de l'homme au second plan. L'homme soumis et conditionné par l'inertie d'une institution n'a pas de vision et ne peut être innovant dans une optique de dynamisme économique et plus largement dans le développement humain. En somme, cette dépendance du sentier est l'héritage de l'imbrication entre le protestantisme et la politique à Madagascar.

---

[275] B. Amable (2005) : *Les cinq capitalismes : Diversité des systèmes économiques et sociaux dans la mondialisation*, Paris, Seuil. Cité par C. Hédoin, *op. cit.*

[276] R. Boyer (2004) : *Une théorie du capitalisme est-elle possible ?*, Paris, Odile Jacob. Cité par Hédoin, *op. cit.*

[277] La magie ici, évoque le mode de pensée qui place le monde enchanté comme le facteur déterminant de la réalité de l'homme. L'homme subit plus que ne fait sa réalité.

3 - Du protestantisme malgache vers le concept de Weber : le rôle institutionnel central du Travail et de la rationalité

Les problèmes sont multidimensionnels et complexes, et ce paragraphe veut apporter des éclaircissements pour un développement décomplexé du capital entrepreneurial. La rationalité et le travail en seront les éléments essentiels.

3.1 Le débat sur l'individualisme n'est pas le facteur de blocage principal du développement économique malgache

Si Weber estime que le capitalisme (surtout le dynamisme entrepreneurial) ne peut se faire que dans le cadre occidental et dans l'optique de l'individualisme, ce postulat n'a pas été entièrement justifié par la réalité compte tenu des cas de réussites asiatiques. Notons entre autres le cas japonais car il va à l'encontre de l'approche individualiste du capitalisme. Morishima M. dans son ouvrage « *le capitalisme et le confucianisme* » (1987)[278] explique l'impact du confucianisme japonais prônant les vertus de la loyauté et l'obéissance, une discipline rigoureuse dont ont bénéficié les grandes entreprises japonaises et qui ont favorisé le développement du capitalisme japonais mais bien loin d'un esprit individualiste. E. Mandrara[279] quant à lui, s'écarte de la culture pour expliquer la réussite du Japon et voit surtout l'impact décisif des décisions financières et monétaires de l'Etat, avec des choix souverains sur le budget, en fonction des décisions économiques prises ainsi qu'un endettement intérieur plutôt qu'extérieur.

Ainsi, aborder la question du point de vue de la prééminence de l'individu ou de la communauté n'est-il pas le point central du questionnement dans le sens où il y a une causalité circulaire qui les lie dans leur fonctionnement et où l'approche prioritaire

---

[278] M. Morishima (1987) : *Capitalisme et Confucianisme : Technologie occidentale et éthique japonaise*. Paris, Flammarion.
[279] E.T Mandrara (2003) : *Court traité de développement*. Paris, l'Harmattan.

par l'un ou par l'autre n'est pas un frein au développement économique, du moins empiriquement.

3.2 La nécessité d'un discours en faveur du travail et d'une rationalité moins magique

Suite à la raison évoquée supra, abordons ce que le protestantisme peut apporter au dynamisme économique du pays, par l'éthique du travail et la rationalité.

Tout d'abord, évacuons les objections classiques suivantes car elles sont récurrentes, alors que les réponses y afférentes coulent de source :

- La première stipule que la religion ou le protestantisme ne peut être le seul facteur déterminant du dynamisme économique. Cette assertion est indiscutable, la religion n'est pas la cause directe d'un résultat économique. Cependant, il est irréaliste de fermer les yeux sur l'influence majeure que la religion a sur les décisions de l'homme et sur les facteurs influençant directement l'économie (exemple : le travail ou le crédit, ou encore la confiance dans les transactions).

Cette influence est encore très perceptible dans le contexte malgache, c'est une erreur d'aller dans une démarche négationniste (orgueil d'économiste d'affirmation, que par essence le religieux et le matérialisme ne peuvent que s'opposer et qu'il faut ignorer la religion ou la culture) dans une réflexion économique scientifique. Sur ce point, la position de D. North (1990) qui insiste sur le rôle des structures de croyance est soutenable : « *l'histoire démontre que les idées, les idéologies, les dogmes (...) comptent* »[280]. Notre démarche est d'autant plus justifiable que l'histoire économique malgache ne peut justifier la supériorité de la légitimité d'une méthode d'approche ou d'une solution économique sur une autre. L'enjeu de la science économique malgache ne serait pas de gérer l'existant (car tout est à construire) mais de penser à la création de ce qui n'existe pas.

---

[280] D. North (1990), *op. cit.*

- L'autre objection est de dire que le rôle de la religion n'est pas de s'occuper de l'économie (évacuer la responsabilité de la religion sur ce point). Or depuis des siècles, les religions à Madagascar, à l'image du protestantisme malgache, s'étaient plus qu'intéressées à la question politique et s'étaient dangereusement liées aux jeux de pouvoir, malgré des discours soigneusement policés qui ne furent pas particulièrement bénéfiques au pays.

Il n'y a plus aucune raison pour que l'Eglise ne réfléchisse pas sérieusement sur son rôle dans le développement économique, dans le sens où l'église est une, sinon la première institution qui a le plus d'influence sur l'éthique du citoyen malgache. Le contexte social actuel est en effet caractérisé par un Etat fragile, des socles du fonctionnement des pouvoirs politiques chancelantes, une pauvreté dominante, un attrait pour l'enrichissement rapide etc. de telle manière que les individus n'ont plus le degré de confiance et d'audience dont dispose encore l'Eglise (du moins de la part de ses fidèles), quand bien même cette audience reste relative. L'éthique économique est à la base de création de valeur ajoutée dans le sens économique de richesse et dans l'objectif de freiner l'économie de rente liée directement à l'économie de prédation.

La notion de temps joue également un rôle primordial dans le sens où l'enrichissement par la prédation est rapide, contrairement à l'enrichissement par le travail qui, non seulement, demande beaucoup d'efforts, mais nécessite beaucoup de temps. Non seulement la prédation enrichit une minorité au détriment de l'intérêt général, mais même le prédateur n'est pas sûr d'être pérenne, dans le sens où souvent la source d'enrichissement est épuisable de manière relativement rapide. Exemples : exportation illicite de zébus, de pierres précieuses, ou de bois précieux ou importation détaxée. Le travail, le vrai travail, est méprisé car faiblement enrichissant (dans la vie d'un homme) et créateur d'une valeur ajoutée relativement faible (comparativement au revenu de l'économie de rente).

Sur ce point, le prix dérisoire du travail est la preuve de sa déconsidération. Ce fait accentue encore plus - avec une logique de « récursion » - la déconsidération du travail et réduit la qualité du travail procuré soit parce que le travailleur n'a pas les moyens de fournir une prestation de qualité (faible apport calorifique, santé défaillante…), soit parce qu'il choisit de fournir un travail de piètre qualité, dans le sens où il sait que s'il s'efforce de faire mieux, il ne sera pas récompensé.

C'est ce cercle vicieux de « récursion » qui pourrait être entretenu par une religion, quand elle n'est pas tranchée dans son éthique économique. Il est certain que seul l'enrichissement est valorisé d'une manière ou d'une autre, mais en outre, il est légitimé par une religion qui se tait sur l'importance morale, religieuse, ou éthique du travail productif alors que cette importance est édifiante dans la qualité de la valeur ajoutée créée (plus pérenne, moins inégale).

Ce travail productif est, selon le concept « calvino-wéberien », aussi important que le « travail de prosélytisme » car il procure de la dignité à l'homme s'il (le travail) est considéré (donc normalement avec davantage de rémunération). En outre, il améliore la structure économique du pays (par la production) et contribue à son éthique économique même[281], améliorant la qualité de la confiance à la base de toute transaction, contrat, ou de toute économie de la convention. Quand D. Long (2009) analyse la crise du capitalisme, il parle : *« de la négation du travail, de la transmission des savoirs, du mépris des métiers, du talent, de l'ingénierie et du savoir-faire »*, il évoque une dégradation de l'existant, un concept qui n'a pas réellement existé dans notre pays (la valorisation du travail par la société).

---

[281] Cette constatation est le résultat de notre longue écoute des discours protestants dans les temples nonobstant les écrits qui peuvent exister sur le cas (que nous n'avons jamais vus et qui ne peuvent qu'être un enseignement secondaire ne serait-ce que face aux discours politiques récurrents que nous avons entendus depuis notre enfance). En tout état de cause, sur la question, le protestantisme malgache s'écarte de la position calvinienne, et c'est irréfutable.

Pour Calvin, les biens matériels peuvent être le véhicule et le signe de la grâce de Dieu. Il est cependant faux de faire un rapport quantitatif entre richesse matérielle et bénédiction spirituelle. Et que dans ce sens, aucune correspondance ne doit être faite entre prospérité et mérites personnels.

Il est très grave de penser qu'il est possible d'engranger ou de réussir sans un travail conséquent, et il est aussi grave de penser que travailler sans trafiquer est naïf et peut être économiquement bénéfique. Il arrive que des églises favorisent le blanchiment d'argent (au propre comme au figuré par une certaine forme de légitimation du gain de la prédation), ce qui ne fait qu'accentuer l'appauvrissement.

Le débat lancé par le Bianco (Bureau central anti-corruption malgache) mérite d'attirer l'attention et devrait être un point central du discours protestant : « *Le BIANCO et le tribunal ont chacun leur manière de lire ce qu'est un enrichissement illicite. Je ne pourrais pas entrer dans les détails. Mais pour le BIANCO dès qu'une personne n'arrive pas à expliquer et à prouver l'origine de ses biens, c'est de l'enrichissement illicite. Ce dernier ne devrait pas non plus concerner seulement l'autorité publique* »[282]. Dans une optique de la rationalité magique malgache, quand l'enrichissement sans traçabilité nette peut légitimement être interprété comme du domaine du miracle ou de la bénédiction de Dieu (ou des ancêtres selon le cas), il est certain que la prédation déjà tolérée trouve une certaine forme de légitimation et anéantit l'éthique du travail.

Si nous nous éloignons un tant soit peu du pur raisonnement économique, alors une réflexion dans le contexte institutionnel malgache, va au-delà d'un raisonnement microéconomique orthodoxe du travail. Il est en effet possible d'arbitrer autrement que par le travail/consommation/revenu et loisir, car le revenu ici, peut être dissocié du travail formel tel que la théorie économique le conçoit.

---

[282] V. Radasimalala (2015) : « L'enrichissement illicite reste "impuni" », in *L'Express de Madagascar* du 07/02/15.

Cette analyse permet de faire la transition sur la nécessité d'atténuation de la rationalité magique vers une rationalité plus axiologique, c'est-à-dire qui intègre en même temps une notion de finalité affirmée avec la rationalité en valeur. L'enchantement dans la vie malgache est un fait qui n'est pas critiqué mais quand celui-ci est prédominant et décisif dans les processus de décision surtout économique, il ne peut qu'être extrêmement préjudiciable pour la performance, la compétence, la productivité et surtout la prévision. Sans prévision, l'accumulation du capital (dans un sens entrepreneurial) ne peut être possible et même avec un apport initial, il ne peut perdurer.

Dans le contexte malgache, la gestion du temps et le monde enchanté sont intimement imbriqués dans un processus de décision économique prédominé par l'imprévisible. Cet imprévisible n'est pas totalement incontrôlable, et ainsi peut être transformé - du moins en partie - en variable prévisible. Cette forme de fatalisme fait en sorte que la réalité est déterministe et l'action (le travail) sera moins décisive que le destin. Déjà, ce système de croyance est ambiant dans le contexte malgache, mais la position du protestantisme reste ambigüe entre une volonté de contrer l'enchantement syncrétique et l'hésitation à trancher en faveur d'une démarche plus réaliste (sûrement de peur d'être taxé de matérialiste), pourtant impératif dans la recherche de performance et de compétitivité économique.

En tout état de cause le formalisme microéconomique est peu opérant dans un contexte de décision où le choix est encastré dans une institution de transcendance. Comme l'affirme encore North (2005) : « *une grande part de ce qui se passe pour du choix rationnel ne relève pas tant de la cogitation individuelle que de l'encastrement du processus de pensée dans le contexte social et institutionnel plus large* »[283]. Ce contexte institutionnel est, dans le cas malgache, le monde magique.

[283] D. North (2005) : *Le processus du développement économique*, Paris, éd. d'organisations.

Totalement transformer cet environnement institutionnel est utopique, il s'agit plutôt de rechercher une atténuation du magique vers une rationalité axiologique car il est intéressant de voir qu'en gardant une approche par les valeurs, le protestantisme ne pourrait être critiqué de matérialiste, s'il incite les fidèles à être plus réalistes, et être moins tributaires du déterminisme dans les questions économiques. Il faut arrêter de dire *« izay no sitrapon'Andriamanitra »* telle est la volonté de Dieu, pour justifier un résultat non pas fatal mais résultant de la médiocrité, du manque d'initiative ou encore de l'inexistence d'anticipation. Le protestantisme n'a pas à encourager le gain économique par tous les moyens (une rationalité en finalité pure) et devrait être exigeant sur l'éthique économique (une rationalité en valeur) mais surtout devrait culpabiliser voire condamner l'inaction, l'oisiveté, l'inertie et la prévarication.

3.3 Importance du prêcheur « économique » de Buchanan

Constatant l'influence des Eglises sur la vie et les préférences des Malgaches, un parallèle avec le concept du prêcheur de Buchanan peut se faire, auquel est ajouté l'adjectif économique pour le nuancer de son sens commun.

Même si Buchanan ne considère pas la religion comme le principal moteur de l'éthique puritaine fondée sur le travail et l'épargne, il parle de la nécessité de ***payer le prêcheur*** pour changer les préférences des individus[284], cela entre dans le cadre du rôle de l'Eglise, quand bien même cette dernière ne peut prétendre en détenir l'exclusivité. Le discours du prêcheur de Buchanan fait en sorte que ces préférences ne sont pas totalement exogènes, données, mais peuvent se modifier ou s'ajuster par le processus de socialisation. L'influence de ce rôle du prêcheur économique peut donc s'identifier avec celui des religieux, s'ils le veulent.

Cependant, ce qui est très intéressant, Buchanan mesure parfaitement le risque de confier au seul prêcheur ou au

---

[284] J. M. Buchanan (1994) : *Ethics and the economic progress*. University of Oklahoma Press.

prêcheur attitré la prérogative du discours d'influence[285]. En effet, un prêcheur institutionnalisé peut prêcher pour un réseau d'intérêt, pour l'Etat providence (que Buchanan redoute en tant que libéral), pour un groupe de pression, pour ses propres intérêts ou pour un groupement-réseau politique. Notons que les deux derniers cas cités constituent les risques les plus élevés dans le contexte malgache. Souvent, l'intérêt individuel, financier ou de pouvoir va de pair avec l'intérêt politique qui constitue l'une des manières les plus rapides de s'enrichir sans passer par le travail productif, ou la constitution d'une épargne patiente en vue d'une capitalisation. La dépendance du sentier est omniprésente. Mais il faut dire aussi, que si l'Eglise ainsi que ses chefs ont bien compris les bienfaits (en termes de notoriété ou économiques) qu'ils pourraient en tirer, ils ne peuvent qu'adhérer à ce rôle vertueux du prêcheur économique. Ils ont tout à y gagner.

L'Etat, ou son représentant, a essayé de jouer le rôle de prêcheur économique, en incitant à travailler, travailler dur, bien travailler toujours, sans résultat conséquent, probablement en raison de la fragilité de la confiance vis-à-vis des institutions politiques et étatiques. C'est pour cette raison, que s'il n'est pas vrai de dire que l'Eglise dispose d'une influence sur tous les Malgaches, il est possible d'affirmer qu'elle est la plus influente - même si c'est limité - pour orienter les préférences.

Mais le discours de Buchanan est très pragmatique sur ce point : au lieu d'inciter à un choix vers la qualité de travail et/ou d'épargne, de respecter le contrat ou la parole donnée, parce que c'est faire du bien ou c'est altruiste, il s'agit de soutenir que si tout le monde travaille dans le bon sens et respecte les contrats, c'est un gain pour tous grâce à l'externalité positive ambiante dont chacun pourrait bénéficier :

« *L'objectif n'est pas de dire que les individus devraient travailler plus ou épargner plus, dire la vérité et respecter la parole donnée. L'objectif est de dire que l'individu, tout individu, se portera d'autant mieux, en termes de bien-être*

[285] *Ibid.*

économique, si les autres travaillent plus, épargnent plus, disent la vérité etc. »[286]. Notons entre autres, la confiance qui, au-delà de la morale ou de l'éthique religieuse, est née du comportement économique vertueux, ce qui est un facteur primordial de la réussite de toute convention, de toute association et du développement du contrat.

Reste le problème judicieusement évoqué par Buchanan qu'est le passager clandestin, qui veut recevoir tous les bénéfices (la prêche, l'externalité) sans y contribuer. Le premier objectif serait de réaliser une masse critique minimum d'adhérents et de comportements qui peuvent apporter une amélioration palpable et qui créeront un effet d'entraînement. En effet, le désordre prévaut, pour ne pas dire une certaine forme d'anarchie, où aucune ébauche d'éthique commune n'est tracée. Il n'y a d'autres solutions que de commencer.

Ce rôle de prêcheur économique de Buchanan serait dévolu à l'Eglise dans le contexte malgache car les externalités positives ne peuvent qu'améliorer l'éthique et la morale ainsi que les institutions, et créer un cadre du progrès économique, social et humain. Ce qui entre dans le cadre du devoir de l'Eglise mais il est certain que l'Eglise n'en est pas la seule responsable, chaque citoyen est concerné.

Pouvant être qualifié de prêcheur (intentionnel ou non), Thomas Piketty, dans son édifiant discours, *Le capital au XXIe siècle*[287], défend à sa façon le travail et surtout le revenu du travail et qui, *de facto*, transmet une éthique. Mais si Buchanan et Piketty ne partageraient sûrement pas leur point de vue sur les options fiscales ou de lutte contre les inégalités, Piketty a utilisé à juste escient sa notoriété pour défendre une cause qui va bien au-delà de la question purement économique. C'est ainsi qu'il est qualifiable de prêcheur dans le sens de Buchanan.

---

[286] Buchanan, *op.cit.* Cité par T. Sebagh (2014) : « Compte rendu Ethics and economic progress J.M Buchanan » in *Journal de Economistes et des Etudes Humaines*. Volume 5, Issue 1, Pages 196-204. *op. cit.*
[287] T. Piketty (2013) : *Le capital au XXIe siècle*. Paris, éd. du Seuil.

La préconisation de Buchanan sur l'utilité du prêcheur pourrait parfaitement s'associer et être complémentaire avec la nécessité d'un discours en faveur du travail et d'une rationalité moins magique.

3.4 Problématiques du discours en faveur du travail

Mais le discours en faveur du travail doit faire face à de nombreux freins théoriques dont on devrait tenir compte pour apprécier son efficacité.

3.4.1 Le cas du contexte de l'ordre d'Etat naturel de Madagascar (Modèle d'accès limité de North, Wallis, Weingast : NWW)[288]

NWW proposent une analyse institutionnaliste de l'histoire politique et économique dans leur grand ouvrage *Violence et ordres sociaux* (2010). Leur point de vue sur l'intégration de la question politique de la violence (qui est donc un facteur institutionnel) dans l'analyse globale des sciences économiques est intéressant dans le sens où celui-ci se concentre sur le lien entre institutionnalisme politique et économique.

Pour NWW, il y a trois types d'arrangements institutionnels, appelés « ordres sociaux » qui font interagir l'économie et la politique dans la considération des systèmes économiques, politiques, religieux et/ou militaires constituant une société. Il y a l'ordre social primitif, les ordres sociaux d'accès limités appelés Etats naturels et les ordres sociaux d'accès ouvert. Chaque ordre présente des fonctionnements institutionnels sensiblement différents ainsi que la manifestation de la violence y afférente.

L'analyse se concentrera sur le cas des Etats naturels, (pratiquement 85% des Etats de la planète), qui sont caractérisés par une croissance lente et vulnérable aux chocs (politiques, climatiques…), un pouvoir sensiblement personnalisé et qui n'est pas le fruit d'un consentement

---

[288] D. North & J.J. Wallis & B.R. Weingast (2010) : *Violence et ordres sociaux*. Gallimard. Paris 2010.

généralisé et légitime (vote censitaire ou fraude électorale), un droit de propriété fragile, une hiérarchie sociale accentuée et inégalitaire, un système juridique inéquitable, une violence qui plane au-dessus de la société.

Dans cette optique, le souci premier des gouvernants est de durer le plus longtemps possible au pouvoir et d'être stables, compte tenu de la fragilité des institutions étatiques. De ce fait, un système de clientélisme est utilisé pour circonscrire le recours à la violence ou la force de certaines fractions des élites (réseaux politiques ou plutôt de pouvoir). Il s'agit de leur accorder un système de rente (économique, matérielle ou symbolique) qui permet de mieux contrôler la violence. La formation des coalitions (politiques, économiques,…) est ainsi intimement liée à l'octroi, la gestion ou l'acquisition de privilèges spéciaux liés à cette rente : contrôle des ressources, prestige, droit de propriété sur la terre…

Nonobstant les critiques sur l'approche élitaire de l'évolution historique et l'hypothétique ethnocentrisme occidental de NWW, et malgré des nuances pouvant être notées sur la réalité malgache, force est de constater que la majorité écrasante des idées forces de cette analyse est vérifiable dans le contexte institutionnel et le système de pouvoir malgache. Madagascar est un cas typique de *l'ordre d'Etat naturel fragile* (à la différence des Etats naturels primaires et les Etats naturels matures).

Le système de rente économique d'un Etat naturel tel que Madagascar porte atteinte à la valorisation du travail, dans le sens où :

- la légitimité de l'Etat (fortement identifié aux personnes dirigeantes) reste fragile et hypothétique. La préservation du pouvoir, liée à un système d'octroi de rente, rend peu crédible le discours des dirigeants. Toute forme de légitimation de pouvoir est utilisée, y compris le magique, l'imaginaire, le messianisme et c'est d'autant plus grave quand les églises s'y associent ou sont tentées de s'y associer. Le système étatique, malgré son emprunt républicain, est fortement teinté d'essence (ou plutôt se pare) du pouvoir divin, où la personne du dirigeant subjugue l'institution étatique alors que les gouvernés ne s'y reconnaissent pas, mais l'acceptent par contrainte et sous la menace de la violence « légale » (forces de l'ordre, emprisonnement,...)[289]. Ici, on sort de la logique impersonnelle du pouvoir selon Weber (relayée par NWW). Ce qui porte atteinte évidemment à la rationalité dans le sens où les discours magiques foisonnent pour légitimer et personnaliser des systèmes de pouvoir.

L'Etat et ses gouvernants ou les détenteurs de toute forme de pouvoir n'ont pas suffisamment de charisme pour faire évoluer le cadre institutionnel, d'autant plus qu'ils trouvent un intérêt à maintenir les dirigés dans l'ignorance pour mieux les maîtriser. Si l'approche élitaire de NWW est effectivement critiquable, elle trouve sa place dans l'analyse d'un pays comme Madagascar, dans le sens où les soi-disant mouvements populaires sont toujours orchestrés par l'élite et souvent à coup de financements occultes.

Un discours en faveur du travail provenant de l'Etat reçoit peu d'écho car personne n'est dupe du système de rente et de l'enrichissement rapide en dehors d'un travail ardu et d'une épargne patiente. Les jeunes veulent aussi s'enrichir rapidement, la vraie création de richesse n'existe que très superficiellement. Le système de rente et les trafics profitant à une minorité (pensons aussi aux systèmes d'intermédiations commerciales infinies qui n'ont pour effet que de renchérir les prix) causent de graves externalités négatives. Ce qui décourage le travail productif, souvent moins gratifiant, et qui, étant une externalité positive, profite plus à l'intérêt collectif qu'à son producteur. Prenons le cas des recherches universitaires et/ou technologiques : Des « affairistes » osent offenser les professeurs d'université ou des agrégés de médecine : « *vous*

---

[289] Weber parle de la détention de la violence légitime. Ce qui a notre avis diffère de la violence légale dans un Etat fragile. Toutefois, il est compréhensible que L'Etat (le dirigeant) l'utilise pour se défendre, sinon ce serait l'anarchie totale. Le débat peut se situer sur la frontière entre la défense et l'abus.

avez un bac+20, j'ai un bac -5 mais je suis beaucoup plus riche que vous ». Ce n'est pas tant sa richesse qui est gênant mais le sentiment quasi-généralisé qui estime que c'est l'affairiste qui a fait le choix judicieux, quand bien même les externalités positives produites par le médecin sont inestimables.

- Il est ainsi évident que le travail dur, productif, est moins estimé que les activités lucratives liées à une recherche de systèmes de rente. Les Malgaches appellent cette activité *mi-bizna* (business), *miketrika* (faire tourner les méninges), dont la réussite est surtout liée à l'existence d'un vaste réseau de connaissances au sein de l'administration étatique. Un système de partage de bénéfices maintient la bonne entente et contrôle toute velléité de violence politique. Il est évident que celle-ci provient de ceux qui se sentent écartés de ce système de rente. Et les prétendues révolutions n'en sont pas, dans le sens où elles ne s'opèrent pas dans l'optique de correction ou d'amélioration mais dans l'objectif de prendre le contrôle de ce système de rente.

En revanche ne sera pas évoquée en détail la transition que NWW préconisent pour passer de l'Etat naturel à un Etat à système d'accès ouvert (celui des pays occidentaux démocratiques), elle fait encore l'objet de beaucoup de critiques, en espérant que l'œuvre de NWW, relativement récente (2010), fera encore l'objet d'amples approfondissements.

Cette transition institutionnelle devrait passer par l'évolution du système de croyances, d'habitudes et indubitablement par la rationalisation des activités et du pouvoir. En tout état de cause, North[290] estime que la croissance économique est intimement liée aux institutions propres à chaque société, précédant les logiques théoriques d'accumulation du capital et de progrès techniques. Ces institutions sont adossées à des croyances qui donnent un sens au capital, au progrès. Et c'est ici que le rôle des organisations religieuses est important.

[290] D. North (2005) : *Le processus du développement économique*, Paris, éd. d'Organisations.

3.4.2 La difficulté d'évolution des institutions informelles malgaches vers la priorisation du travail (application du concept de D. North)

Après avoir proposé la solution qui se base sur une démarche institutionnelle, le souci du réalisme impose de reconnaître la difficulté du changement, dans un contexte où les institutions informelles particulièrement vigoureuses sont soigneusement masquées par des institutions formelles, voire officielles, qui débitent des discours d'emprunts imposés par la pression économique et sociale mais qui n'influencent que superficiellement les pratiques.

Outre la dépendance du sentier déjà évoquée, plus les pratiques sont implicites, moins elles sont évolutives, et ainsi il y a un décalage entre la réalité et le discours. On ressent souvent l'impression qu'il y a un jeu de dupes entre la reconnaissance d'un concept économique, d'une institution, d'une règle de jeu que l'on encense et la pratique qui s'en écarte significativement et durablement.

Prenons un exemple réel : le protestantisme interdit les pratiques magiques, occultes, la détention de charmes, y compris les pratiques ésotériques pour une meilleure réussite économique. Officiellement, les protestants sont contre une telle pratique et l'affirment, ils assurent qu'ils honnissent ce genre de syncrétisme. Alors que dans la réalité, de très nombreux protestants pratiquants sont des assidus de ce genre de pratique. Un « prestataire » nous a affirmé que parmi ses adeptes ou clients, se trouvent de nombreux *raiamandreny* « notables » des grandes paroisses protestantes.

Souvent, la croyance informelle donc réellement personnelle a la primauté sur la croyance protestante qui, dans ce cas, est sociale et dont l'adhésion réelle aux éthiques n'est que de façade. Sans prise de conscience de ceux qui peuvent influencer l'institution, aucune évolution positive ne viendra d'elle-même. Si la légitimation de l'enrichissement sans cause traçable, et donc de la prédation, est l'alternative de l'enrichissement par des pratiques occultes, alors une magie est remplacée par une autre magie, la vraie création de richesse n'existe pas, et le capital dans son sens noble par l'entrepreneuriat ne se réalisera jamais.

North évoque les causes diverses des changements institutionnels tels que les changements des prix relatifs ou des préférences, dans l'activité des organisations, des entrepreneurs ou des détenteurs du pouvoir, de l'Etat, ou encore dans l'évolution des croyances ou des modèles mentaux. Chavance (2012) porte une analyse, un tant soit peu critique sur l'approche de North[291], la qualifiant de syncrétique, ce qui, selon lui, peut réduire sa cohérence. Cependant, cette approche de North, non seulement est cohérente avec une approche de la complexité, mais cadre bien avec la réalité malgache syncrétique.

L'approche par le rôle de la religion et du protestantisme, en tant qu'institutions influençant la réalité économique, se rapproche de l'impact primordial des croyances ou des modèles mentaux selon North, et de ce fait, l'évolution des discours et de l'éthique économique religieux vont dans le sens de l'évolution institutionnelle analysée par North. Didier Long (2009) dans un contexte plus large évoque la puissance des croyances en ces termes : « *Qui peut raisonnablement affirmer que l'Amérique aurait tenu cette place d'empire messianique mondial sans le christianisme* ? »[292].

L'évolution institutionnelle est difficile et lente (qui concerne les croyances et/ou les modèles mentaux de North) dans le sens où, l'histoire démontre que ce changement est de type graduel et progressif, et que surtout celui-ci se déroule sur une longue période, sauf dans le cas de changements majeurs occasionnés par des événements à forte intensité tels qu'une révolution.

Cette éthique de la priorisation du travail passera indubitablement par une rationalité moins magique et c'est au

---

[291] B. Chavance (2012) : *L'économie institutionnelle*. Paris, La découverte nouvelle édition. Collection Repère.
[292] D. Long (2009) : *Capitalisme & Christianisme. 2000 ans d'une tumultueuse histoire*. Paris : Bourrin.

niveau de l'évolution de cette forme de rationalité que se retrouve la difficulté car la question essentielle concernera la volonté réelle du Malgache à faire évoluer la structure de sa pensée vers plus de rationalité axiologique. Une notion de rationalité moins tributaire du miracle, du magique, sera la base de la légitimation et la valorisation du travail.

Sur ce point, North et Denzau[293] (1994) préconisent la séquence causale du processus de changement institutionnel :

Figure 9 : Séquence causale du processus de changement institutionnel

Modèles mentaux et idéologie (croyances)

↓

Cadre institutionnel de la politique et de l'économie

↓

Structure d'incitation

↓

Organisations

↓

Politiques

↓

Performance

North rajoute (c'est essentiel) que ce changement institutionnel se décline en deux aspects : formel et informel. Si le changement au niveau de l'institution formelle peut s'opérer assez rapidement, celui-ci risque d'entraîner des changements peu profonds, donc superficiels et aboutissant à un résultat peu significatif car le changement informel est souvent le fruit d'une imitation sans bouleversement profond des agents qui appliqueront et dupliqueront les changements.

Tant que les normes et institutions informelles n'évoluent pas, les révolutions économiques escomptées resteront du domaine du discours officiel. Seulement, les institutions protestantes ou chrétiennes ont eu une forte influence sur les

---

[293] Denzeau A. et North D. (1994) : "Shared mental Models : Ideologies and Institutions", in *Kyklos*, vol. 47 n° 1.

normes formelles, mais bien moins profonde sur les normes informelles. En outre, la rationalité magique est une norme profonde et informelle qui, non seulement n'a pas été atténuée par le protestantisme autochtone, mais au contraire fut accentuée par une autre forme (Exemples : l'enrichissement sans traçabilité exprime le miracle de la grâce de Dieu). Seuls les sens positifs ou négatifs du magique (du monde enchanté) sont débattus, mais ce magique reste le cadre dominant, alors que l'influence néfaste de cette représentation à dominante magique, surnaturelle ou enchantée du monde n'a pratiquement jamais été débattue.

Cependant, s'il semble que l'influence informelle est relativement limitée, l'impact de celle-ci est bien plus important que la norme Etatique (l'Etat de droit tant ressassé) et/ou civique qui sont en profonde crise dans le monde malgache. La norme formelle et institutionnelle de l'Etat n'a pratiquement plus de crédibilité aux yeux des citoyens. Long (2009), en s'exprimant sur la nécessité de réformer le capitalisme, déclare que « *(...) le politique, qui ne représente plus le pays, qui est largement incompétent économiquement et parfois (très souvent dans notre cas) corruptible et qui se trouve dans un état de décomposition quasi absolue de croyances et de doctrines politique* »[294] ne pourra donc faire grand-chose.

L'Eglise ne doit pas perdre cette influence informelle qui reste fragile parce qu'elle l'oriente systématiquement vers des visées politiques. Le politique, pour l'instant, n'a d'impact que sur le formel et les citoyens sont lassés[295] car c'est un espace de prédation. North (1994) souligne que : « *si le cadre institutionnel récompense la piraterie, des organisations pirates seront créées, s'il récompense les activités productives, des organisations seront créées afin de s'engager dans des activités productives* »[296], si le discours ou l'éthique encourage la

---

[294] D. Long (2009) : *Capitalisme & Christianisme. 2000 ans d'une tumultueuse histoire*. Paris : Bourrin.

[295] Lors des dernières élections communales (2015), la moyenne des participations était descendue à 30%.

[296] D. North D. (1994) : "Economic performance through time", *in American*

prédation, des organisations seront créées pour s'occuper de celle-ci.

Il est à préciser que, quand l'activité productive n'est pas présente, forcément c'est la piraterie et la prédation qui dominent, et c'est pour cette raison que le protestantisme malgache doit clairement se positionner au nom de l'éthique chrétienne, mais aussi suivant l'orientation calvino- wébérienne qui priorise le travail et la production.

La présente approche dépasse le cadre strictement économique de l'analyse mais pas celui de l'institutionnalisme. L'imbrication inextricable de multiples facteurs : matériel, spirituel, social, religieux, économique, politique magique, etc. conforte le postulat « polanyien » de l'encastrement de l'économie dans les institutions et le social. Les propos de Perroux : « *L'introduction de facteurs extra-économiques dans la théorie économique n'est pas seulement possible : elle est rigoureusement et absolument nécessaire* »[297] sont ainsi justifiés, et renforcés par l'analyse édifiante de North.

Les protestants peuvent contribuer à l'évolution économique institutionnelle mais elle ne sera ni facile, ni rapide. Des voix s'élèvent de plus en plus pour dire que les religions chrétiennes sont des religions importées et occidentales, inefficaces au développement de la personne malgache car inadaptées.

L'avis A.V Banerjee et E Duflo (2012) sur ce point est réaliste, ils estiment qu'il ne s'agit pas de se focaliser sur les grandes institutions et « *il est difficile de trouver des grandes solutions à des grands problèmes* »[298]. Ils pensent que les changements, qui sont progressifs, perdurent et s'additionnent les uns aux autres pour pouvoir être à l'origine d'une révolution tranquille[299].

Economic Review, vol. 84, n° 3 cité par Chavance,

[297] F. Perroux (1945) : *Le Néo-marginalisme*. Paris, Domat-Montchrestien.

[298] A.V. Banerjee & E Duflo : *Repenser la pauvreté*. Paris, éd. du Seuil.

[299] *Ibid.*

4 - L'enjeu de l'économie malgache : vers un objectif de capitalisme triomphant ou une économie substantive ?

Dans notre quête de la compréhension économique, il nous a été maintes fois conseillé de nous concentrer sur un concept économique orthodoxe parce que « cela attirerait la foule ». Devrions-nous tenir compte de l'ironie de J.K Galbraith qui déclarait : « *Nombre d'économistes mesurent la valeur de leurs déclarations aux applaudissements qu'elles recueillent (...)* » ?[300] Mais, si la foule est attirée, n'est-ce pas également un jeu de dupes où l'objectif est de discourir suivant un sillon qui sied mieux à un courant dominant, sur une économie qui n'est pas du tout dominante voire marginale ? L'histoire du pays et le peu d'histoire économique ont-elles montré une tendance vers une aspiration réellement capitaliste, ou plutôt vers une autre voie alternative ?

La vision capitalistique, quand bien même institutionnalisée, ramène en effet à la pensée orthodoxe et néoclassique, dans le courant de la Nouvelle économie institutionnelle et dans le sillage d'O. Williamson, D. North, M. Aoki. Mais l'approche de l'applicabilité du concept de Weber, répond-elle au problème économique existentiel du Malgache ? En effet, cette conception « formelle » de la science économique étudie les choix humains mus par des fins illimitées et des besoins insatiables, dans un contexte de ressources limitées[301]. Ce qui sous-tend une idée de maximisation. Le dernier questionnement est de se demander si cette question de performance économique liée au gain, à l'accumulation, au capital, répond réellement au paradigme malgache.

L'économie substantive a été développée par l'étude de K Polanyi[302], qui s'écarte de l'optique exclusive du gain, de la

[300] J.K. Galbaraith & N. Salinger (1978) : *Tout savoir ou presque sur l'économie*. Paris : Le Seuil. p. 14.

[301] F. Degrave et A. Lemaître (2008) : « Approches substantives de l'économie : des outils pour l'étude des organisations d'économie sociale », in *Revue Interventions économiques* N° 38.

[302] K. Polanyi, (1983) : *La grande transformation*. Paris, Gallimard. pp. 87-102.

maximisation ou de la rationalité, pour être motivée par de multiples facteurs. Les besoins des agents économiques sont ainsi définis par les institutions et l'économic sert à satisfaire ces besoins. L'objectif n'étant pas de développer l'économie substantive, elle est simplifiée par la définition épurée de Bresson (2007) : « *économie vouée à assurer l'alimentation de la communauté selon des règles institutionnelles parfaitement étrangères à la rationalité économique* »[303]. Les Malgaches veulent-ils devenir capitalistes, s'enrichir ou aspirent-ils seulement à bien vivre, à vivre heureux en satisfaisant l'essentiel qui leur permette d'être heureux ?

Il est évident qu'en guise d'alternative à la pauvreté ambiante, à la prédation, à l'altération grave de la dignité humaine, un capitalisme entrepreneurial est souhaité, mais qu'en est-il d'un hypothétique « *substantivisme* » malgache ? Et que dans ce sens, proposer un modèle économique auquel les principaux concernés n'aspirent même pas serait peu pertinent ?

La réponse à l'image de la complexité de la question est tout aussi complexe, ces deux aspirations : capitalistique et substantive, coexistent dans le contexte malgache.

- L'aspiration capitalistique existe en raison de l'impact de la mondialisation, des technologies d'informations, de la vague irrésistible du consumérisme dans la société malgache, mais aussi de la prise de conscience des Malgaches de leur marginalisation rapide et effrénée face aux capitaux, aux investissements, aux accumulations qui se font dans le pays. Ils ne sont que spectateurs des grandes transactions qui se font au-dessus de leurs têtes, les capitaux sont détenus d'une manière écrasante par des personnes qui ne sont pas des nationaux malgaches. Les prises de conscience existent, mais la voie à emprunter reste énigmatique et la vision commune n'existe pas, ce qui favorise les prédateurs de tout bord.

---

[303] A. Bresson (2007) : « *Au-delà du primitivisme ou du modernisme : Max Weber ou John Nash* » in Pallas Economie et société en Grèce classique et hellénistique. Toulouse : Presses universitaires du Mirail.

- Mais l'optique substantive prévaut et est intimement liée aux croyances. Une majorité écrasante des Malgaches est paysanne et n'a accès ni aux informations, ni au minimum de subsistance. L'objectif principal reste la survie, l'accumulation relève du domaine de l'utopie.

L'accès à la propriété foncière est un parcours de combattant et le système de don/contre-don caractéristique d'une économie substantive prédomine.

Ces deux aspirations coexistent dans une société à deux vitesses et dualiste mais en outre, elles coexistent au sein même de chaque individu : entre la volonté de posséder, d'accumuler, de consommer et cette omniprésence d'institutions qui conditionnent les besoins.

Le capitalisme malgache doit toujours dialoguer avec une économie substantive qui est intimement liée à la personnalité et l'identité malgaches. De ce fait, penser à une valeur capitaliste prépondérante et triomphante dans la majorité des Malgaches (nonobstant une minorité d'élites) relève encore d'une vision hypothétique. En revanche, augmenter la masse critique d'élites entrepreneuriales, accepter la vertu du capital honnête, est une nécessité absolue. Tous les décideurs et ceux qui influencent sur les institutions, devraient en être conscients et œuvrer dans ce sens, à commencer par les institutions religieuses et particulièrement, le protestantisme qui se prévaut de son statut de vivier d'élites.

Les institutions religieuses, à force d'être des interlocuteurs politiques, devraient se rendre compte que jusqu'à aujourd'hui, elles n'ont pas encore été particulièrement efficaces (en dehors des discours vertueux) pour rendre meilleure la société malgache. Outre l'approche holistique et politique, il faut trouver une alternative crédible à la prédation et ses conséquences néfastes : le travail honnête et l'accumulation patiente, une approche individualiste qui a une valeur sacrée chez Calvin.

CONCLUSION DE LA DEUXIEME PARTIE

Après avoir intégré Max Weber dans le champ de l'économie institutionnelle, il a été possible d'analyser la pertinence de ses idées dans le contexte malgache. Tout d'abord, il s'agit de voir la crédibilité de son analyse indépendamment de son champ d'application et ensuite d'en analyser sa validité dans le contexte singulier des institutions et du protestantisme malgache.

Si la crédibilité du concept de Weber suscite d'interminables controverses, son postulat reste toujours un sujet de débat qui à ce jour n'est pas prêt de s'éteindre. Contrairement à des courants d'idées dont l'essence s'est tarie faute de défenseurs, son intacte renommée, ses écrits sans cesse décortiqués dont le plus connu reste *l'éthique du protestantisme et le capitalisme*, signifient qu'il est encore très loin d'être effacé par l'oubli, au regard des études qui lui sont consacrées et qui ne s'arrêteront pas de sitôt. En tout état de cause, une position tranchée et avec certitude, sur l'erreur de son analyse, est une position peu crédible, car relève d'un discours dogmatique alimenté plus par une conviction, que par une démonstration indiscutable.

L'intérêt à l'égard de sa théorie n'exclut pas les incomplétudes et les limites de celle-ci. Ce principe d'incomplétude est une démarche de base dans le cadre du procédé par la pensée de la complexité, à laquelle la présente étude adhère pleinement. Cependant, à défaut d'être le principal moteur du capitalisme, le protestantisme a des affinités avec ce dernier, ayant favorisé grâce à son éthique, une éclosion et le développement capitalistique. Cette interaction ne relève toutefois pas d'une inférence simpliste par induction mais plutôt par abduction car pour être vérifié, ce rôle du protestantisme devait être relié à des facteurs et à un contexte particuliers.

Il s'agit d'une ouverture par l'analyse des causes souvent multidimensionnelles, et non d'une fermeture dans des réponses déterministes et affirmatives prétendant à l'universalité. Dans le cas d'un pays comme Madagascar, les problèmes économiques sont tellement multidimensionnels et imbriqués, que prétendre à une solution unique et valable, relève d'un monisme prétentieux et fallacieux. Le protestantisme est un de ces volets institutionnels malgaches qui sont incontestablement influents, sans prétendre être le seul déterminant.

In fine, le but n'est pas d'analyser si oui ou non le protestantisme a influé sur le développement économique ou la performance capitalistique malgache (on aurait fait l'économie d'une longue étude), mais d'analyser plus finement et par abduction, donc sans aucune prétention péremptoire, les causes de l'inexistence d'affinité élective (termes de Weber) entre le protestantisme contextuel malgache et le capitalisme désigné modestement par développement entrepreneurial. Le protestantisme, à l'instar de toute institution influente, à défaut de susciter directement le capitalisme, pourrait être une institution qui désinhibe le développement du capital « propre » (contraire du sale), ou du moins qui n'en constitue pas un obstacle ou une « désincitation » telle qu'expliquée par Easterly[304]. Mais il reste à définir les conditions de cette *désinhibition* dans le sens où, dans la situation malgache actuelle, tous les facteurs institutionnels semblent étouffer l'initiative capitalistique et un entrepreneuriat dynamique et pérenne.

En ce qui concerne le cas malgache, il y a une dominance de sa considération du temps par l'événementiel et accessoirement cyclique qui limite l'impact de l'action capitalistique et la prévision. Ainsi le modèle transformationnel d'Hédoin est bridé dans le contexte malgache dans le sens où, ce dernier est basé sur le temps linéaire.

Si l'existence d'une forme d'individualisme institutionnel n'est pas un obstacle majeur au développement du capital, la prédominance d'un monde enchanté, en revanche, formate une forme de rationalité qui dévie de l'instrumental ou de

[304] W. Easterly (2006) : *Les pays pauvres sont-ils condamnés à le rester ?* [« The Elusive Quest for Growth: Economists' Adventures and Misadventures in the Tropics »]. Paris, Éditions d'Organisation.

l'axiologique vers une variante magique. Ce qui réduit la prévision et entretient mutuellement le temps événementiel. Toutes ces constatations handicapent unc accumulation du capital ou plus simplement le dynamisme entrepreneurial.

Cette prédominance du magique privilégie aussi un discours protestant axé sur des obligations d'ordre confessionnel assimilées au travail et a permis de présenter une fonction d'utilité qui est déviée aussi bien de l'arbitrage loisir-travail/consommation néoclassique, que l'arbitrage prière/travail du protestant puritain. Le rapport $\frac{T}{Pr}$ omniprésent dans la vie pratique protestante n'est pas primordial dans le discours du protestantisme malgache car le concept du travail productif est exclu du domaine du sacré, devancé par un travail d'ordre ecclésial.

Il est préconisé que le protestantisme malgache doit être une institution incitative, en réduisant la place du « magique » ou du transcendant dans l'appréhension du Malgache de sa vie, pour induire une rationalité plus productive, valorisant le travail avant même l'enrichissement (car la religion peut interférer entre le profane et le sacré) et ériger une éthique plus rigoureuse qui condamne la prédation, le trafic et l'enrichissement sans cause légale pour stimuler la confiance, à la base de toute transaction et d'une économie de convention efficiente.

L'enjeu économique, au-delà de la question profane, est primordial pour soutenir des institutions plus vertueuses, et vice-versa. Pour l'instant, l'impression ressentie est que les institutions religieuses permettent (peut-être à leur insu), grâce à des actions en leur sein, de blanchir ou de légitimer des actions économiques et des liquidités, éminemment préjudiciables à l'intérêt général. Il s'agit ici non pas d'un discours de l'extrême mais celui du milieu (du moins dans les conditions actuelles) comme le cite le philosophe malgache Rahajarizafy : « *Efforcez-vous d'acquérir des connaissances dans toutes les disciplines, pour que les fils de Madagascar sans distinction puissent raisonnablement s'enrichir et qu'ils ne soient inférieurs aux fils de toutes les autres nations (notre traduction) »*[305].

Pour en terminer avec ce chapitre, il faut surtout que chacun prenne conscience qu'une religion qui n'induit pas une éthique de vie et une morale plus élevée, n'en est pas une. L'activité religieuse ne doit pas être seulement un élément d'une tradition communautaire et identitaire qui permet aux Malgaches d'aller au-delà de leur environnement familial strict, sans impact concret sur la dynamique de transformation sociale et économique.

---

[305] Rahajarizafy A. P. (2004) : *Filozofia malagasy*. Antananarivo : Ambozontany

CONCLUSION GENERALE

Quand John Kenneth Galbraith estime que le mot capitalisme est obsolète, car « *nous persistons* à *attribuer aux capitalistes à l'ancienne ce qui relève des méthodes modernes (...) »*[306], il a peut-être raison. Le capitalisme est en effet un système en perpétuelle évolution aussi bien dans les progrès scientifiques que dans le contexte sociopolitique. Cet état évolutionnaire, soutenu par la prépondérance de la mondialisation et l'extrême mobilité de l'information, accentue l'impression d'universalité et une illusion d'uniformisation (sous-tendue par la consommation), à des économies ou des sociétés dont les trajectoires sont à la marge de cette évolution passée par des étapes ou des cycles plus ou moins longs. Dans cet évolutionnisme caractéristique, les économistes des pays dont les économies sont primitives (dominées par la rente, la prédation et la sous-production) ne doivent pas chercher à réfléchir de la même manière que les économistes des pays développés. Les économistes des pays en développement ne doivent jamais perdre de vue que le contexte institutionnel et social de leur environnement n'est pas au même stade d'évolution, à la même expérience du vécu social et historique que les autres. Dans de nombreux pays, l'histoire économique est encore limitée car il n'y a d'autres expériences que des échecs économiques et sociopolitiques.

L'illusion de vivre ou d'avoir vécu (par procuration) les mêmes problématiques économiques ou sociales que les pays ayant vécu des expériences très intenses (révolution culturelle ou politique, guerre, génocide) semble illusoirement montrer la voie toute tracée pour rechercher la solution à nos affres, alors que la réelle problématique, les questionnements, prémisses à toute démarche réflexive, et à un réel changement, ne sont pas encore sérieusement posés. Qu'en est-il de nos croyances, de

---

[306] J. K. Galbraith (2013) : « Les mensonges du capitalisme ». Interview de F. Aramanet et J-G Fredet in *Le nouvel observateur Hors-série*. Déc 2013-Janv 2014.

nos traditions, de nos peurs, de la profondeur de nos aspirations, de notre démarche de prise de décisions, de notre perception de la légitimité du pouvoir, de notre conception de la démocratie, des règles du jeu, de la valeur de la discipline etc.?

Quand systématiquement les gouvernants rappellent les conditionnalités des bailleurs de fonds internationaux (qui sont sans exagération les véritables patrons), quand les dirigeants se prévalent de leur compétence parce qu'ils savent « emprunter », quand on est persuadé qu'on est exportateur parce qu'on exporte les cheptels de zébus, alors qu'il n'y a aucune structure pérenne et efficiente d'élevage, « le travail » est forcément basée sur la prédation et l'extermination prévisible du parc etc. Ensuite quand les prédateurs se prévalent de leur richesse par des consommations ostentatoires de produits importés et qui font donc ressortir du pays ce qu'ils ont gagné en saignant le pays, de plus qui ne garantissent que très précairement leur position, est-il possible, est-il soutenable que notre réflexion économique doive être absolument (sans autres alternatives) orthodoxe et universelle, alors que souvent notre paradigme s'éloigne de celui des occidentaux ? Et que même bon nombre d'entre eux, ont avoué qu'ils n'ont pas compris comment nous fonctionnons ?[307]

En bref, il s'agit de questions existentielles, à la base du fonctionnement des institutions formelles ou informelles qui conditionnent fortement notre économie. Dans notre cas, la position de Polanyi sur la question de l'encastrement de l'économie dans le social, est indiscutable. De ce fait, la posture de Myrdal est légitime quand il affirme que les pays en développement se doivent de réfléchir d'une manière institutionnelle à leur économie[308]. Les économistes malgaches, outre leur domaine d'analyse, devraient être aussi hétérodoxes et aller au-delà de la pensée économique dominante inculquée

---

[307] Déclaration de Michel Camdessus (1995) DG du FMI dans les années 1990 quand il était passé à Madagascar en 1995 : plus il a écouté, moins il a compris. In *Revue de l'Océan Indien (ROI)* année 1995.

[308] G. Myrdal (1976) : *Le drame de l'Asie : une enquête sur la pauvreté des nations.* Paris, Le Seuil. p. 19 cité par Ferraton, *op.cit.*

car leur environnement institutionnel est particulier. Il ne s'agit pas de s'opposer à une certaine forme d'universalité de la pensée mais s'y conformer sans nuancer c'est devenir le chantre de l'imitation qui n'a pas encore démontré son efficacité. La singularité ne s'oppose pas à l'universalisme mais s'y complète comme l'affirme de manière judicieuse A. Touraine : *« c'est maintenant que nous découvrons - bien tard - que le particulier et l'universel ne sont pas opposés »*[309].

L'économiste, outre sa légitime prétention à la scientificité, doit être un ingénieur social car c'est le contexte de son pays qui l'y oblige. Les conseils ultralibéraux de Milton Friedmann aux Etats-Unis, au Chili avec ses *Chicago boys* ou à la Grande-Bretagne, du point de vue économique, ont peut-être (bien que fortement critiqués), montré une relative efficacité, mais ce sont des préceptes qui ne peuvent s'appliquer dans le contexte social malgache.

L'analyse de Weber est fort intéressante car sa question ouvre un horizon illimité de réflexions dans diverses disciplines au sein même de l'économie : sur l'histoire, la rationalité, l'institutionnalisme, l'économie de la convention, l'individualisme méthodologique, l'économie du travail... Weber a ouvert une excellente voie pour défendre l'hétérodoxie de la pensée économique.

Le débat sur l'éthique protestante et l'esprit du capitalisme, plus de cent ans après, n'est pas encore prêt de fermer ses pages et fera encore l'objet d'approfondissements intéressants. Les analyses d'Hédoin[310], de Colliot-Thélène et celles de Dupuy[311] ...ont suscité nos plus vifs intérêts.

---

[309] A. Touraine (2010) : *Après la crise*. Paris, éd. du Seuil.

[310] C. Hédoin (2009) : *Le rapport entre théorie et histoire dans les approches historicistes et institutionnalistes en économie : essai de reconstruction rationnelle du programme de recherche scientifique de l'institutionnalisme historique*. Thèse de doctorat en Sciences Economiques. Faculté de sciences économiques, sociales et de gestion. Université de Reims Champagne-Ardenne. Reims 2009.

[311] J.-P. Dupuy (2014) : *L'Avenir de l'économie*. Paris, Flammarion.

Les analyses de Weber présente un commun intérêt avec le récent ouvrage de Thomas Piketty, qui sur certaines questions renforcent la présente posture. *Le capital au XXIe siècle*[312] défend à sa façon le travail, le revenu du travail (et l'entrepreneuriat à l'échelle d'un pays comme Madagascar), nonobstant le débat que peut soulever la question de la fiscalité sur le capital ou les inégalités internes. Ce qui est, par extrapolation, contre l'économie de rente, la prédation et l'enrichissement sans cause descriptible, sans justification. Il ne s'agit nullement pour la présente étude d'être contre le capital, quand Piketty affirme que « *le capital est le contraire du mérite* »[313] mais les écrits de Piketty sont légitimes quand il écrit qu'il s'intéresse : « (…) *à l'origine des disparités des revenus et de patrimoines entre groupes sociaux, et aux différentes justifications économiques, sociales, morales politiques susceptibles de les conforter ou de les condamner. L'inégalité n'est pas nécessairement mauvaise en soi : la question centrale est si elle est justifiée, si elle a des raisons* ».[314]. Si dans les pays riches, plus particulièrement ceux qui ont des systèmes de redistribution et de sécurité sociale pérennes, l'inégalité reste une préoccupation majeure, cette inégalité serait alors indescriptible dans un pays pauvre d'autant plus qu'elle est renforcée par le fait qu'entreprendre, travailler, acquérir des compétences ne sont pas toujours la voie tracée pour s'enrichir.

Cependant, au-delà de la question d'inégalité, les raisons et les origines des enrichissements, ainsi que leur justification, transmettent une éthique qui est admirable et qui représente autant de valeur que la question d'éthique relevée par Weber. Cette question d'éthique (ou plutôt l'absence d'éthique) est l'une des principales causes de l'appauvrissement de notre pays et est un élément primordial dans la réflexion sur notre économie institutionnelle. Par une approche intellectuelle, l'économiste Piketty supplée au rôle normalement dévolu aux

---

[312] T. Piketty (2013) : *Le capital au XXIe siècle*. Paris : éd. du Seuil.

[313] T. Piketty *ibid.*, version numérique, Emplacement 10604

[314] T. Piketty *ibid.*, version numérique, Emplacement 803.

Eglises, surtout dans un pays comme le nôtre, où leur influence est majeure, mais dont la réalité est minée par la corruption totale des pratiques. Pour diverses raisons, les Eglises n'ont pas joué leur rôle de gardiennes de l'éthique économique. Finalement, ce n'est pas la précision implacable de son ouvrage qui importe, au-delà du débat économique, c'est qu'il a joué un rôle éthique très important, (même si ce n'est peut-être pas son but) qu'il apporte une ébauche de réponse à l'aspiration naturelle et humaine à une certaine équité et justice.

Les critiques économiques évoqués sur l'ouvrage de Piketty masquent un débat de fond qui dépasse la question économique vers un débat sur des valeurs humaines qui s'opposent. Certes, ces valeurs dépassent le cadre strictement économique, mais dans notre cas, ce sont des éléments institutionnels qui influencent l'économie.

Enfin, une approche transversale de la réflexion économique qui s'inspire de Weber, légitimée par la complexité de Morin, est une voie qui n'exclut pas d'autres méthodologies d'analyses économiques, mais qui a sa place dans une pensée qui recherche sincèrement les possibles solutions à des problèmes imbriqués. Comme l'affirme également Piketty : *« j'essaie, plus modestement, de contribuer à développer une économie politique et historique plus soucieuse des relations avec les autres sciences sociales (...). Les modèles théoriques peuvent être utiles, à condition qu'ils soient simples et permettent de mieux comprendre un grand nombre de faits historiques. (...) Je crois en la nécessité d'une approche multipolaire et pluridisciplinaire de la recherche »*[315].

L'interprétation de R. Boyer est convaincante quand il dit que *« la plus importante contribution de l'ouvrage (de Piketty) est sans doute de réintégrer l'histoire économique et sociale au cœur de la discipline économique »*[316] ou quand G. Allègre et X.

[315] G. Macke (2014) : "L'austérité en Europe profite aux universités américaines". Interview de T. Piketty in *Challenges n° 404*, du 09 au 15 octobre 2014.

[316] R. Boyer (2013 & 2014) encadré « le retour de l'économie politique », in

Timbeau commentent Piketty en ces termes : « *Il y a un pessimisme profond dans sa description d'une société de rentiers capturant les fondements de la démocratie, détournant à leur avantage les lois et les administrations, accumulant tout ce qui peut être accumulé et nous acculant à l'explosion sociale* »[317].

L'évocation des points de vue de Piketty dans cette conclusion est justifiée par notre totale adhésion à la recherche transversale et pluridisciplinaire, l'approche de l'économie par les sciences sociales, et plus particulièrement pour un pays encore en construction.

En 1820, le roi Radama Ier voulait un développement et les missionnaires de la London Missionary Society lui proposèrent le développement et la religion, et finalement Madagascar a eu la religion sans le développement[318].L'histoire enseigne à éviter les erreurs du passé, encore faut-il que l'on soit conscient que si le présent est primordial, il n'est qu'un élément du temps. Le passé et l'avenir sont intimement liés au présent mais ils ne devraient pas être imbriqués.

Les propos de J.K Galbraith : « *(...) La science économique (...), est soumise à un changement continuel (...) ; Certains se cramponnent* à *l'illusion selon laquelle la matière de la science économique, (...), est donnée une fois pour toutes. D'autres acceptent l'évidence, le fait que ce qui valait hier (...) n'est plus vrai aujourd'hui et le sera encore moins demain* »[319] résument bien l'institution, le temps et l'économie.

Alternatives économiques n° 336, juin 2014 et « Le capital au XXIe siècle » *in Revue de la Régulation* n° 14. 2013.

317 G Allègre & X. Timbeau (2014) : « La critique du capital au XXIe siècle à la recherche des fondements macroéconomiques des inégalités » in *document de travail*

318 G. Jacob (1989-1990) : « La révolution industrielle et l'Imerina au XIXe siècle ou l'impossible transfert » in *Omaly sy Anio n° 29-32*, pp. 225-235. Antananarivo

319 J. K. Galbraith & N. Salinger (1978). *Op.cit.* p. 14

REFERENCES ET BIBLIOGRAPHIES

1) OUVRAGES GENERAUX

BERTALANFFY, L. von (1968). *Théorie générale des systèmes*, Trad : Jean Benoîst Chabrol, Paris, Dunod, 1973.

BIELER A. (1995) : *La force cachée des protestants*. Genève. Labor et Fides.

BOUDON R. & BOURRICAUD F. (1982) : *Dictionnaire critique de la sociologie*. Paris, PUF.

BOUDON R. (2007) : *Essais sur la théorie générale de la rationalité*. Paris, PUF.

BOURRICAUD F. (1977) : *L'individualisme institutionnel*. Paris, PUF.

COLLIOT-THÉLÈNE C. (1990) : *Max Weber et l'histoire*. Paris, PUF.

COLLIOT-THÉLÈNE C. (2006) : *La Sociologie de Max Weber*. Paris, La Découverte.

DAHL O. (2006) : *Signes & Significations à Madagascar. Des cas de communication interculturelle*. Paris, Présence africaine.

DISSELKAMP A. (1994) : *L'éthique protestante de Max Weber*. Paris, PUF.

DOUMERGUE E. (1899-1927) : *Jean Calvin : les hommes et les choses de son temps*, 7 volumes. Lausanne, Bridel.

DUBOIS R. (1978) : *Olombelona. Essai sur l'existence personnelle et collective à Madagascar*. Paris, l'Harmattan.

FORTIN R. (2004) : *Comprendre la complexité, Introduction à la méthode d'Edgar Morin*. Paris, L'Harmattan.

GOYAU G. (1919) : *Une ville église : Genève*. Paris, Perrin. Cité par Biéler, *op.cit*.

HABERMAS J. (1981) : « La Modernité : un projet inachevé » in *Critique*, 1981, t. XXXVII, n° 413, p. 958.

HARDYMANN J.T. (1952): *The principles and Methods of Missionary Work illustrated by the Work of the L.M.S. in Madagascar to 1920*. Thesis for the degree of Bachelor of Divinity. University of Oxford.

HONGISHEIM P. (1968) : *On Max Weber, New York Free Press*.

HUME D. (1742) : *Essays moral, political and literary*, 2 vol., Edinburgh.

HUYGHUES-BELROSE V. (2001) : *Les premiers missionnaires protestants de Madagascar (1795-1827)*. Paris, Inalco-Karthala.

KALBERG S. (2002) : *La sociologie historique comparative de Max Weber*. Paris, La Découverte.

LAFORTUNE J.-M. (2004) : *Introduction aux analyses sociologiques du Temps Hors Travail* : Fondements. Presses de l'université, Québec.

LAURENT A. (1994) : *L'Individualisme méthodologique*. Que-sais-je ? Paris, PUF.

MALET N. (1977) : *Dieu selon Calvin : des mots à la doctrine*. Ed. L'Age d'Homme.

MANN T. (1901) : *Les Buddenbrook*, éd. Le livre de Poche.

MORGAN E.S (2002) : *Benjamin Franklin*. Paris, Nouveaux horizons [2005].

MORIN E. (1977) : *La méthode*. Quatre volumes. Paris, Le Seuil.

MORIN E. (1984) *: Sociologie,* Paris, Fayard.

MORIN E. (1990) : *Introduction à la pensée complexe*, Paris, Le Seuil.

MORIN E. (1992) : *La Connaissance de la connaissance* (Tome 3). Paris, Le Seuil, Nouvelle édition, coll. Points.

PEYREFITTE A. (1995) : *La société de confiance*. Paris, éd. Odile Jacob.

RAHAJARIZAFY A. (2004) : *Filozofia malagasy*. Antananarivo, Ambozontany.

RICKERT H. (1921) : *The Limits of Concept Formation* in *Natural Science*. New York, Cambridge University Press [1986]. Cité et traduit par Hédoin.

SIMON H.A. (1988) : *The sciences of the artificial*. Cambridge, MIT Press. Cité par Quinet.

STRAUSS L (1986) : *Droit naturel et histoire*. Paris, Flammarion.

TOURRAINE A. (2010) : *Après la crise*. Paris, éd. du Seuil.

WEBER M. (1922) : *Sociologie des religions*. Paris, Gallimard [1996].

WEBER M. (1992) : *Essais sur la théorie de la science*. Paris, Plon, « Presses Pocket ».

YONGGI CHO P. (1986) : *Au-Delà des Chiffres*. Floride, éd. Vida.

YONGGI CHO P. (1987) : *La Prière : Clé du Réveil*. Floride, éd. Vida.

2) OUVRAGES ECONOMIQUES

ACEMOGLU D., JOHNSON S., ROBINSON J.A. (2002) : « Reversal of Fortune: Geography and Institutions in the Making of the Modern World Income Distribution »,*The Quarterly Journal of Economics*, 117 (4) : 1231-1294. Cité par C. Hédoin (2011) in « Institutionnalisme en économie » in Dicopohttp://www.dicopo.fr/.

AGLIETTA M. & ORLEAN A. (1982) : *La Violence de la monnaie*, PUF, Paris.

AKERLOF G.A. et SHILLERR. J. (2009) : *Les esprits animaux. Comment les forces psychologiques mènent la finance et l'économie*. Pearson.

AMABLE B. (2005) : *Les cinq capitalismes : Diversité des systèmes économiques et sociaux dans la mondialisation*, Paris, Seuil.

BANERJEE A.V. & DUFLO E. (2012) : *Repenser la pauvreté*. Paris, éd du Seuil.

BAUMGARTEN E. (1964) : *Max Weber : Werk und Person*. Tübingen. Mohr.

BEAUD M. et DOSTALER G. (1996) : *La pensée économique depuis Keynes*. Paris, éd du Seuil.

BIELER A. (1959) : *La pensée économique et sociale de Calvin*, préface de Michel Rocard, Genève, 2e éd. Georg Editeur,[2008].

BOYER R. (2004) : *Une théorie du capitalisme est-elle possible ?*, Paris, Odile Jacob.

BRUHNS H. (dir) (2004) : *Histoire et économie politique en Allemagne de Gustav Schmoller à Max Weber*. Paris, Ed. de la maison des sciences de l'homme.

BUCHANAN J.M. (1994) : *Ethics and economic progress*. Oklahoma, Ed. University of Oklahoma Press.

CHAVANCE B. (2012) : *L'économie institutionnelle*. Paris 2e Ed. La découverte.

COHEN D. (2009) : *La prospérité du vice. Une introduction (inquiète) à l'économie*. Paris, Albin Michel.

COHEN D. (2012) : *Homo oeconomicus, prophète égaré des temps modernes*. Paris, Albin Michel.

COMMONS J.R. (1924) : *Legal Foundations of Capitalism.* New York, The Macmillan company.

DULOT A. & P. SPIESER P. (2011) : *L'économie entre savoir et illusion. Critique de la raison économique*. Paris, L'Harmattan.

DUGGER W.M. (1992) : *Underground Economics: A Decade of Institutionalist Dissent*. Sharpe éd cité par C. Ferraton (2008) « Les valeurs guident et accompagnent notre recherche. L'institutionnalisme de Myrdal » in *Feuillets économie politique moderne*, ENS éd.

DUPUY J.-P. (2014) : *L'Avenir de l'économie*. Paris, Flammarion.

EASTERLY W. (2006) : *Les pays pauvres sont-ils condamnés à le rester ?* ["The Elusive Quest for Growth:Economists' Adventures and Misadventures in the Tropics"], Éditions d'Organisation.

GALBRAITH J.K & SALINGER N. (1978) : *Tout savoir ou presque sur l'économie*. Paris, Le Seuil.

HAU M. (1994) : *Histoire économique de l'Allemagne, XIXe-XXe siècles*. Ed. Economica.

HEDOIN C. (2009) : « *Le rapport entre théorie et histoire dans les approches historicistes et institutionnalistes en économie : essai de reconstruction rationnelle du programme de recherche scientifique de l'institutionnalisme historique* ». Thèse de doctorat en Sciences Economiques. Faculté de sciences économiques, sociales et de gestion. Université de Reims Champagne-Ardenne. Reims 2009.

HUGON P. (2006) : *L'économie de l'Afrique*. Paris, La découverte 5e édition.

INSTAT (2012-2013) : *Enquête nationale sur le suivi des objectifs du millénaire pour le développement à Madagascar. Eliminer l'extrême pauvreté et la faim*. ENSMOD, Instat.

KOULIBALY M. (1992) : *Le libéralisme, chance pour l'Afrique*. Paris, L'Harmattan.

LONG D. (2009) : *Capitalisme & Christianisme. 2000 ans d'une tumultueuse histoire*. Paris, Bourrin.

LUCCHINI N. (2011) : *La microéconomie en fiches*. Paris, Ellipses.

MANDRARA E.T. (2003) : *Court traité de développement*. Paris, l'Harmattan.

MANKIW G.N. (2011) : *Macroéconomie. Bruxelles,* 5e éd. de Boeck.

MARIS B. (2003) : *Lettre ouverte aux gourous de l'économie qui nous prennent pour des imbéciles*. Paris, Albin Michel.

MARX K. (1968) : *L'idéologie allemande. Paris*, Ed. Sociales.

MORISHIMA M. (1987) : *Capitalisme et Confucianisme : Technologie occidentale et éthique japonaise*. Paris, Flammarion.

MOUCHOT C. (2003) : *Méthodologie économique*. Paris, éd. du Seuil.

MYRDAL G (1976) : *Le drame de l'Asie : une enquête sur la pauvreté des nations*. Paris, Le Seuil.

MYRDAL G. (1997) : *An American Dilemma.* Russell Sage Fondation.

NORTH D. (1984) : "Transaction costs, institutions, and economic history" in *Journal of institutional and theoretical economics*. Ed March, n° 140, 1 pp. 8-17

NORTH D. (1990) : *Institutions, Institutionnal Change and Economic performance*, Cambridge University Press.

NORTH D. (2005) : *Le processus du développement économique*. Paris, éd. d'Organisations.

NORTH D. & WALLIS J.J & WEINGAST B.R. (2010) : *Violence et ordres sociaux*. Paris, éd. Gallimard.

OSTROM E. (1990) : "*Governing the Commons: The Evolution of Institutions for Collective Action*".Cambridge University Press.

OSTROM (2010) : *Gouvernance des biens communs. Pour une nouvelle approche des ressources naturelles*, Bruxelles, De Boeck.

PERKIN D. & S RADELET S. LINDAUER D.L (2011) : *Economie de développement*. Bruxelles, 3e Ed. de Boeck.

PERROUX F. (1945) : *Le Néo-marginalisme*, Paris, Domat-Montchrestien.

PIKETTY T. (2013) : *Le capital au XXIe siècle*. Paris, éd. du Seuil.

POLANYI K. (1983) : *La grande transformation*. Paris, Gallimard.

RAZAFINDRAVONONA J. (2007) : « *Pauvreté et distribution des services sociaux à Madagascar* ». Faculté de droit, d'économie, de gestion et de sociologie. Université d'Antananarivo. Thèse de doctorat en Economie.

SIMON H.A. (1983) : *Models of bounded rationality*. 2 vol. Cambridge, MIT Press.

SAMUELSON A. (1990) : *Les grands courants de la Pensée économique : concepts de base et questions essentielle*. Grenoble, 3e éd. Presses Universitaires de Grenoble.

SAPIR J. (2000,2003) : *Les trous noirs de la science économique : essai de l'impossibilité de penser le temps et l'argent*. Paris, éd Albin Michel et éd. du Seuil.

SAY J.-B. (1841) : *Traité d'économie politique*. Guillaumin et Cie, Paris.

SCHUMPETER J.A. (1954) : *Histoire de l'analyse économique*, 3 tomes, Gallimard, Paris [2004].

SILEM A. (2005) : *Histoire de l'analyse économique*. Paris, Hachette supérieur.

SWEDBERG R. (1998) : *Max Weber and the Idea of Economic Sociology*, Princeton, Princeton University Press.

TAWNEY R.-H. (1926) : *La religion et l'essor du capitalisme*. Paris, [éd. 1951].

VARIAN H.R. (2011) : *La microéconomie*. Bruxelles, 7e éd. de Boeck.

VEBLEN T. (1970) : *Théorie de la classe de loisir*. Paris, Gallimard.

WEBER M. (1922) : *Économie et société.* 2 tomes. Paris, Plon. [1995, 2004].

WEBER M. (1923) : *Histoire économique. Esquisse d'une histoire universelle de l'économie et de la société.* Traduction C Bouchindhomme, préface P. Raynaud. Paris, Gallimard. [1991].

WEBER M. (2002) : *L'éthique protestante et l'esprit du capitalisme*. Trad. Kalinowski Paris, 3e éd. Flammarion.

WILLIAMSON O. (1994) : *Les institutions de l'économie* (The Economic Institutions of Capitalism, Relational Contracting). Paris, Interéditions.

3) ARTICLES / REVUES

ALLEGRE G. & TIMBEAU X. (2014) : « La critique du capital au XXIe siècle à la recherche des fondements macroéconomiques des inégalités » in *document de travail* n° 214-06, OFCE, mars 2014.

BARRO R. (2004) : "Religion faith and economic growth: what Matter most-Belief or Belonging?" in *Héritage lecture* n° 841 du 17 juin 2004 et in *Problèmes économiques* n° 2882 du 14 septembre 2005.

BASLE M. (1988) : « Veblen » in *Histoire des pensées économique*. Sirey, Paris.

BENDIABDELLAH A. & KERZABI A. (2005) : « Théorie évolutionniste et assurance » in *IVe forum des assurances*, Conseil national des assurances Alger Novembre 2005.

BERGIER J.-F. (1962) : « La pensée économique et sociale de Calvin » in *Annales. Économies, Sociétés, Civilisations*. 17e année, N. 2, 1962. pp. 348-355.

BESSY C., FAVEREAU O. (2003) : « Institutions et économie des conventions ». *Qu'a-t-on appris sur les institutions ? Histoire de la pensée et théorie. Cahiers d'économie politique n° 44*, L'Harmattan.

BIHR A. (2006) : « Les origines du capitalisme selon Max Weber » in *Revue pluridisciplinaire en sciences de l'homme et de la société N° 2*. La construction de l'individualité. Juin 2006.http://www.revue- interrogations.org

BOUDON R. (2001) : « La rationalité du religieux selon Max Weber », in *L'Année sociologique*, 2001/1 Vol. 51, pp. 9-50.

BOUDON R. (2011) : « Une approche cognitive de la rationalité ». *Idées économiques et sociales*. n° 165. Ed. SCEREN-CNDP. Septembre 2011. pp. 24-36.

BOUGNOUX D. & MAFFESOLI M. (2008) : « La fonction symbolique créatrice de lien. » In BATAZZI C. et MASONI LACROIX C. (dir). MEI (médiation et information), n° 29 (« Communication, organisation, symboles »). Paris, l'Harmattan.

BOYER R. (2014) in encadré « le retour de l'économie politique » in *Alternatives économiques* n° 336, juin 2014.

BOYER R. (2013) : « Le capital au XXIe siècle » in *Revue de la Régulation* n° 14. 2013.

BRENTANO L. (1908) : « Die Entwicklung der Wertlehre, Munich, Verlag der Akademie », cité par LALLEMENT M. : « Max Weber, la théorie et les apories de la rationalisation économique », in *Les cahiers du Centre de Recherches Historiques*. 2004.

BRESSON A. (2007) : « Au-delà du primitivisme ou du modernisme : Max Weber ou John Nash » pp. 17-30 in *Pallas Economie et société en Grèce classique et hellénistique*. Ed. Presses universitaires du Mirail.

BROUSSEAU E. (2000) : « Processus évolutionnaires et institutions. Quelles alternatives à la rationalité parfaite ? » in *Revue économique*. Volume 51, n° 5, pp. 1185-1213.

BRETTE O. (2004) : « Connaissances technologiques, institutions et droits de propriétés dans la pensée de Thorstein Veblen » : in *Cahiers d'économie politique*, n° 48, L'Harmattan, 2004, pp. 111-143.

BRUHNS H. (1996) : « Max Weber, l'économie et l'histoire », *Annales* HSS, n° 6, novembre-décembre, 1996, pp. 1259-1287.

BRUHNS H. (2004) : « Max Weber, économie antique et science économique moderne », in *Les Cahiers du Centre de Recherches Historiques*, n° 34 | 2004. url: http://ccrh.revues.org/209 ; DOI : 10.4000/ccrh.209.

BRUHNS H. (2004) : « Max Weber : théorie économique et histoire de l'économie » in *Histoire et économie politique en Allemagne de Gustav Schmoller à Max Weber*. Bruhns H. (dir). Paris, Ed. de la maison des sciences de l'homme.

BRUNO P. & G. BONOLI (1999) : « Phénomènes de Path Dependence et réformes des systèmes de protection sociale ». In *Revue française de science politique*, 49e année, n° 3, 1999. pp. 399-420.

CAILLE A. (2002) préface in KALBERG S. *La sociologie historique comparative de Max Weber*. Paris, Ed. La découverte.

CAMDESSUS M. (1995) : interview in *Revue de l'Océan Indien Madagascar (ROI)*. Antananarivo, Madprint.

CATELLIN S. (2004) : « L'abduction : une pratique de la découverte scientifique et littéraire », in *Hermès*, La Revue 2004/2 (n° 39). C.N.R.S. éd. pp. 179-185.

CLERC D. (1995) : « Le protestantisme et l'esprit du capitalisme » in *Alternatives Economiques* n° 126 - avril 1995.

CLERC D. (1999) : « Eloge du libéralisme : sous la confiance, la dictature du marché » in *Alternatives Economiques* n° 167 - février 1999.

CLERC D. (2005) : « Religions et capitalisme » in *Alternatives Economiques* Hors-série n° 065 - avril 2005.

COHEN D. (2006) : « Les paradoxes de la croissance française », in *Le monde* du 08.03.2006.

DELIEGE A. (2008) : « La place de l'économie de marché dans une société rurale malgache : l'actualité des travaux de Polanyi », *Revue Interventions économiques*| Le renouveau de la pensée polanyienne. url:http://interventionseconomiques.revues.org/326

DEGRAVE F. et LEMAITRE A. (2008) : « Approches substantives de l'économie : des outils pour l'étude des organisations d'économie sociale », *Revue Interventions économiques* N° 38.

DENZEAU A. et NORTH D. (1994) : "Shared mental Models: Ideologies and Institutions", in *Kyklos*, vol. 47 n° 1.

DOSTALER G. (2009) : « Thomas d'Aquin et le péché de l'usure » in *Alternatives Economiques* n° 277 - février 2009.

DUPRAT G. (1995) : « Max Weber. Politique et histoire ». In *revue européenne des sciences sociales* Tome 33 n° 101. Genève, Librairie Droz.

FEYMARD-DUVERANAY F. (2002) : « Pour un programme d'économie institutionnaliste » in *Revue économique* 2002/2 (Vol. 53). Presses de Sciences Po éd. www.persee.fr.

FACCHINI F. (2008) : « Culture, Diversité Culturelle et développement économique. Une mise en perspective critique de travaux récents » in *Revue Tiers Monde*, 2008/3 n° 195, p. 523-554.

FAVEREAU O. (1995) : « Quels enjeux pour la socio-économie ? », in *L'inscription sociale du marché*. A. JACOB et de H. VERIN (dir), L'Harmattan, cité par Postel & Sobel.

FERRATON C (2008) : « Les valeurs guident et accompagnent notre recherche L'institutionnalisme de Myrdal » in *Feuillets économie politique moderne*. ENS éd.

FRIEDBERG E. (2011) : « Rationalité et analyse des organisations ». *Idées économiques et sociales*. n° 165. Septembre 2011. SCEREN- CNDP.

GALBRAITH J.K. (2013) : « Les mensonges du capitalisme » in *Le nouvel observateur Hors-série*. Déc 2013-Janv 2014. Interview de F. Aramanet et J-G Fredet.

GISLAINJ.-J. (2003) : « L'émergence de la problématique des institutions en économie » in *Qu'a-t-on appris sur les institutions ? Histoire de la pensée et théorie. Cahiers d'économie politique*, n° 44, L'Harmattan.

GUTIERREZ MARTINEZ D. (2009) : « Max Weber et la démagification du monde » in *Max Weber l'Histoire ouverte. Réflexions croisées sur le statut scientifique et l'actualité du propos wébérien*. Cahier. Paris, l'Harmattan.205

HAU M. (1998) : « Religion et capitalisme en Allemagne » in *Alternatives Economiques* n° 160 - juin 1998.

HECHT J. (1960) : « La pensée économique et sociale de Calvin » in *Population 15 année n° 2* 1960 pp. 357-360.

HEDOIN C. (2010) : « Le réalisme critique de Tony Lawson : apports et limites dans une perspective institutionnaliste » in *Cahier d'économie politique n° 58, Histoire de la pensée et théories*. Paris, l'Harmattan.

HEDOIN C. (2011) : « Institutionnalisme en économie » in Dicopohttp://www.dicopo.fr/.

JACOB G. (1989-1990) : « La révolution industrielle et l'Imerina au XIXe siècle ou l'impossible transfert » in *Omaly sy Anio* n° 29-32, pp. 225-235, Antananarivo.

LALLEMENT M. (2004) : « Max Weber, la théorie et les apories de la rationalisation économique », in *Les cahiers du Centre de Recherches Historiques* n° 34.

LÖWY M. (2002) : « Marx et Weber critiques du capitalisme » in *Europe Solidaire Sans Frontières*. http://www.europe-solidaire.org/ spip.php?article3707

MACKE G. (2014) : « L'austérité en Europe profite aux universités américaines ». Interview de T. Piketty, in *Challenges* n° 404, du 09 au 15 Octobre 2014.

MAC CORMICK K. (2002) : "Veblen and the New Growth Theory: Community as the Source of Capital's Productivity", *Review of Social Economy*, vol. 60, #2, Juin 2002, pp. 263-279.

MAFFESOLI M. & BOUGNOUX D. (2008) : « La fonction symbolique créatrice de lien. » In Batazzi C. et Masoni Lacroix C. (dir). *MEI* (médiation et information), n° 29 (« Communication, organisation, symboles »). Paris, l'Harmattan.

MAURIN L (2001) : « Marx, Weber et les valeurs, encadré issu de l'article Les Français sont-ils devenus libéraux ? », in *Alternatives Economiques* n° 188 - janvier 2001.206

MENARD C. (2003) : « L'approche néo-institutionnelle », in *Qu'a-t-on appris sur les institutions ?* Histoire de la pensée et théorie. Cahiers d'économie politique, n° 44, Paris L'Harmattan.

MONGIN P. (1986) : « Simon, Stigler et les théories de la rationalité limité ». *Information sur les sciences sociales*, 25, n° 3, pp. 555-606, cité par C. Quinet (1994) : « Herbert Simon et la rationalité » in *Revue française d'économie*. Vol. 9 n° 1 pp. 133-181 p° 134.

MOREL S. (2009) « La critique de la théorie économique ou l'enjeu de la compréhension des faits économiques », 15 mai, 11 p. in site *Économie autrement*, http://www.economieautrement.org.

MOREL S. (2010), « L'économie du travail commonsienne : l'analyse transactionnelle de la relation salariale », *Revue Interventions économiques* n° 42. url: http://interventionseconomiques.revues. org/1254.

MOTTA R. (2009) : « Max Weber : vocation, ascétisme intramondain et vie dévote. Quelques remarques. », in *Max Weber l'Histoire ouverte. Réflexions croisées sur le statut scientifique et l'actualité du propos wébérien*. Sous la direction de C. Proeschel. Cahier politique. Paris, l'Harmattan.

NAU H. H (2005) : "Institutional, evolutionary and cultural aspects" in *Max Weber's social economics, Cahiers d'économie Politique*, 2005/2 n° 49. Paris, l'Harmattan p. 127-142.

NORTH D. (1994) : "Economic performance through time", in *American Economic Review*, vol. 84, n° 3.

O'HARA P.A. (2007) : "Principles of Institutional-Evolutionary Political Economy-Converging Themes from the Schools of Heterodoxy", *Journal of Economics Issues*, vol. 41, n° 1, 1-41.

PARIENTY A. (2005) : « L'éthique protestante et l'esprit du capitalisme Max Weber », in *Alternatives Economiques* Poche n° 021 - novembre 2005.

PARIENTY A. (2010) : « Pourquoi certains pays se développent-ils et d'autres pas ? », in *Alternatives Economiques* Poche n° 046 - novembre 2010.

PREVOST B. (2010) : « Douglass North : hétérodoxie néo-institutionnelle versus néolibéralisme ? » in *Revue de la régulation* n° 7 | 1er semestre. URL: http://regulation.revues.org/7719.207

PROBLEMES ECONOMIQUES (1997) : « La croissance économique » in *Problèmes économiques*, Numéros 2510 à 2511. Documentation française.

PROESCHEL C. (dir) (2009) : *Max Weber l'Histoire ouverte. Réflexions croisées sur le statut scientifique et l'actualité du propos wébérien*. Cahier politique. Paris, l'Harmattan.

QUINET C. (1994) : « Herbert Simon et la rationalité », in *Revue française d'économie*. Vol. 9 n° 1 pp. 133-181.

RADASIMALALA V. (2015) : « L'enrichissement illicite reste impuni » in *L'Express de Madagascar du 07/02/15*.

SARAM P.A. (1998) : "Reflections on the Reception of Veblen and Weber in American Sociology" in *International Journal of Politics, Culture and Society*, vol. 11, 579-605. Cité et traduit par Hédoin *op.cit*.

SEBAGH T. (2014) : « Compte rendu Ethics and economic progress J.M Buchanan » in *Journal de Economistes et des Etudes Humaines*. Volume 5, Issue 1, Pages 196-204.

SEGUY J. (1987) : « De Max Weber encore », in *Archives des sciences sociales des religions*. N. 64/2, 1987. pp. 193-206.

SWEDBERG R. (2004) : « La sociologie économique de Max Weber » in *Histoire et économie politique en Allemagne de*

Gustav Schmoller à Max Weber. BRUHN H. (dir). Paris, Ed. de la maison des sciences de l'homme.

TOBOSO, F. (2001) : "Institutional Individualism and institutional change: the search for a middle way mode explanation", *Cambridge Journal of Economics*, N. 25, pp. 765-783.

TREMBLAY D.-G. (2007) : « Le rôle des institutions dans le processus de l'innovation ; l'apport de Thorstein Veblen » in *Revue Interventions* économiques n° 36. URL : http://interventionseconomiques.revues. org/562.

VALLEJO-GOMEZ (2008) : « La pensée complexe : Antidote pour les pensées uniques ». Entretien avec Edgar Morin. In *Synergies Mondes* n° 4 pp. 249-262.

VEBLEN T. (1898) : "Why is economics not an evolutionary science?" in *Quarterly Journal of economics*, Juillet 1898, repris in Veblen T. (1919), 208

The place of science in Modern civilization. New Brunswick, Transactions Publishers [2006]. Cité et traduit par Hédoin *op.cit*.

VEBLEN T. (1909) : "The limitations of marginal utility" in *journal of political economy*, vol XVII, n° 9. repris in Veblen T. (1919), *The place of science in Modern civilization*. New Brunswick, Transactions Publishers [2006]

VINCENT J.-M. (1995) : *Le désenchantement du monde : Max Weber et Walter Benjamin* in Revue européenne des sciences sociales, Tome XXXIII, n° 101 pp. 95-106. Librairie Droz, Paris.

VODAREVSKI V. (2010) : « Comment Keynes a falsifié Jean-Baptiste Say » in *Contrepoints.org* (18/12/ 2010).

WEBER M. (1908) : «Die Grenznutzlehre und das "psychophysische Grundgesetz" » in *Gesammelte Aufsätze zur Wissenschaftslehre*, Tübingen, J. C. B. Mohr (Paul Siebeck), UTB, 1967. Cité par M. Lallement : Max Weber, la théorie et les apories de la rationalisation économique, in *Les cahiers du Centre de Recherches Historiques 2004.*

4) ENTRETIENS :

FREMIGACCI J. (2011) : Entretien ouvert sur la considération de l'historien malgache de la chronologie et du temps.

RAMAMONJISOA J. (2007) : Entretien sociologique ouvert sur le protestantisme en général, sur le puritanisme à Madagascar, et du blocage du capitalisme dans le monde malgache.

RAMANANDRAIBE M. (2017) : Entretien ouvert sur le parcours et sur les valeurs morales et économiques du groupe Ramanandraibe.

RODIN S.H. (2015) : Entretien sur l'épistémologie de la science.

TABLE DES FIGURES

TABLE DES MATIÈRES

L'HARMATTAN ITALIA
Via Degli Artisti 15; 10124 Torino
harmattan.italia@gmail.com

L'HARMATTAN HONGRIE
Könyvesbolt ; Kossuth L. u. 14-16
1053 Budapest

L'HARMATTAN KINSHASA
185, avenue Nyangwe
Commune de Lingwala
Kinshasa, R.D. Congo
(00243) 998697603 ou (00243) 999229662

L'HARMATTAN CONGO
67, av. E. P. Lumumba
Bât. – Congo Pharmacie (Bib. Nat.)
BP2874 Brazzaville
harmattan.congo@yahoo.fr

L'HARMATTAN GUINÉE
Almamya Rue KA 028, en face
du restaurant Le Cèdre
OKB agency BP 3470 Conakry
(00224) 657 20 85 08 / 664 28 91 96
harmattanguinee@yahoo.fr

L'HARMATTAN MALI
Rue 73, Porte 536, Niamakoro,
Cité Unicef, Bamako
Tél. 00 (223) 20205724 / +(223) 76378082
poudiougopaul@yahoo.fr
pp.harmattan@gmail.com

L'HARMATTAN CAMEROUN
TSINGA/FECAFOOT
BP 11486 Yaoundé
699198028/675441949
harmattancam@yahoo.com

L'HARMATTAN CÔTE D'IVOIRE
Résidence Karl / cité des arts
Abidjan-Cocody 03 BP 1588 Abidjan 03
(00225) 05 77 87 31
etien_nda@yahoo.fr

L'HARMATTAN BURKINA
Penou Achille Some
Ouagadougou
(+226) 70 26 88 27

L'HARMATTAN SÉNÉGAL
10 VDN en face Mermoz, après le pont de Fann
BP 45034 Dakar Fann
33 825 98 58 / 33 860 9858
senharmattan@gmail.com / senlibraire@gmail.com
www.harmattansenegal.com

www.ingramcontent.com/pod-product-compliance
Lightning Source LLC
LaVergne TN
LVHW011259061026
849535LV00005B/1311
9782343138091